王岐山

布陣19大

作者/王淨文 季達

目錄

王岐山布陣19大

第一章

從插隊知青到經濟學者

被外界稱為「當代武松」的中共中紀委書記王岐山還有一個身分——經濟學者。和那個年代的很多城市青年一樣，王岐山也有過下鄉插隊當知青的經歷。那麼，王岐山是如何從知青成為經濟學者的呢？有人認為他的妻子姚明珊在這個過程中起了重要作用。

當年在康坪大隊插隊的北京知青合影，後排右一為王岐山。（資料圖）

第一節

上尉與紅色批鬥

國民黨「上尉」挨批鬥

　　王岐山出生於 1948 年 7 月 1 日，祖籍中國山西天鎮，出生地是山東省青島。王岐山的父親叫王德政，出生於山西天鎮縣馬家皂鄉安家皂村，7 歲上私塾，13 歲入縣立第一高等小學校。1929 年，王德政從南開預科考入清華大學，專攻土木工程建築，1933 年從清華畢業。

　　王德政畢業後去山東省青島工作。工作幾年，抗日戰爭便爆發了，王德政不願為日本人工作，於是去了王岐山母親的老家山東平度，在山區做教員。

　　當時平度是國民黨的遊擊區。王德政很有些抗日情緒，於是國民黨就給這位清華大學畢業的山區教員封了個「上尉」軍銜。1949 年，抗戰勝利，青島成了國民黨的五大「特轄市」之一，王德政返回青島，繼續做城市規劃工作，搞土木建設。

1949 年，在國共內戰中，共產黨靠「人海戰術」篡權成功，國民黨敗退台灣。國民黨給王德政買了船票，勸其從青島「撤退」台灣。不過王德政很「天真」，認為自己有能耐、有技術，中共來了也要搞建設，自己不去台灣也有用武之地，於是堅持留在大陸。

結果 1950 年代初，中共大搞運動，「土改」、「鎮反」、「三反」、「五反」，一次接一次，很快，頂著國民黨「上尉」軍銜的王德政被人抄了家。不過，到了運動後期，中共發現王德政「上尉」軍銜徒有虛名，1956 年，中共建設部點名王德政，將其調入北京。

「文革」之後，王岐山曾和父親聊天，說起那段抄家往事，王德政說，「也虧了那次抄家，受了驚嚇，從此不敢亂說亂動」。「文革」之前的「反右派」、「反右傾鬥爭」，王德政卻因為「說話少」而躲了過去。直到「文革」爆發，一度領取過國民黨「上尉」俸祿的這椿陳年往事才被造反派再次挖了出來，王德政受到批鬥，並被安排打掃單位衛生。

「文革」喧囂了十年之後，直到毛澤東死後，華國鋒發動宮廷政變逮捕了江青「四人幫」，運動才結束。很快，鄧小平上台，啟用胡耀邦主持「平反」工作。和大多數在中共極左運動被批鬥的中國人一樣，1980 年代初，王德政被「平反」，晚景平順，2001 年逝世。

王岐山入讀「紅色中學」

隨著父親王德政於 1956 年被調入中共建設部，王岐山也從青島轉學到北京，當時王岐山 8 歲。

到了 1967 年，王岐山進入北京第三十五中就讀。北京第三十五中是一所地地道道的「紅色中學」，前身是北平私立志成中學，創辦於 1923 年。

當時志成中學採取男女分校制，男校在二龍坑內小口袋胡同，是原清末官辦蠶業講習所舊址；女校在豐盛胡同。首屆學校董事會董事長為鄧萃英，校長為吳鑒。該校 1930 年代時，在校學生總人數曾達到 2700 多人，當時屬於規模較大的學校。

1949 年，志成中學改名為新生中學，1952 年定為北京市第三十五中學，成為北京市示範中學。

北京第三十五中著名校友包括相聲表演演員馬季、劉少奇之妻王光美、物理學家鄧稼先、北京市華遠地產股份有限公司董事長任志強等，當然還有王岐山。

2014 年 4 月 20 日，是周日。北京第三十五中 1967 屆高中畢業的 4 班同學舉辦同學聚會，也邀請王岐山，當時大家覺得他未必能出席。

但是當天上午 9 點 30 分左右，誰也沒有料到，王岐山突然、悄悄地回到母校見到了當年的同學和老師，大家紛紛圍攏上來與他交談。王待了約 40 分鐘，與他同行的只有祕書和司機，沒有帶保鏢和任何下屬官員。

王岐山惹禍遭「大批鬥」

任志強是中國大陸地產界的大佬，以敢言著稱。在 2013 年 9 月 1 日出版的自傳《野心優雅》一書中，任志強披露自己的初中輔導員是王岐山。

1964 年秋，任志強考上了第二志願北京市第三十五中學。任志強上初一時班上的輔導員是姚明偉，姚依林的大兒子，高三後他去了越南學習，中間由蔣小泉接手過一段時間。再接下來就是王岐山了，當時他上高二，他是陪伴時間最長的輔導員。

任志強在書中稱，從在校學習到「上山下鄉」，再到北京，自己都跟王岐山保持各種各樣的聯繫。至今王岐山還會偶爾在半夜打來電話，他們經常一聊就聊很久。

當任志強滿 15 歲之後，要退出「少先隊」，王岐山找他談話，讓他寫申請加入「共青團」。但任志強的注意力卻被小學沒有的籃球、足球、排球所吸引，最終沒有加入「共青團」。至今王岐山數次與任志強見面，也一再提起此事。

王岐山擔任輔導員，還惹出了一場「大禍」。據王岐山的舊識「老驥」回憶，他聽到王岐山在北京三十五中讀書期間，曾犯過「小錯誤」，受過「小批判」。但王岐山自己講：「那可不是小錯誤、小批判，是全校的大批鬥呢！」

王岐山讀高一時就擔任初一年級的輔導員。那時班上有個同學頗傲氣，一次開會，他堅持說自己的世界觀百分之百沒問題。王岐山於是找他談話，希望他能謙虛點。

王岐山說，「那時候，高中政治課上正好在講艾思奇的哲學觀點，課餘時間，我又比較喜歡看書，就把艾思奇寫的《辯證唯物主義和歷史唯物主義》也找來看了，我贊成艾的觀點，但從哲學高度看，說一件事、一個人，百分之百好，似乎太絕對。於是我在和這個同學談話時，講到這麼一個觀點：如果雷鋒還活著，他也不能說自己的世界觀是百分之百正確的。第一，從哲學的高度看，『活到老，學到老』才是正確的；第二，一個人如果這樣說自己，未免太過驕傲……」

那個初一的同學當時被王岐山的這番話說服了。但後來，他把王岐山的這些話——特別是用雷鋒作比喻的說法給傳了出去，同學們傳來傳去，傳得多了，就走了樣。等到「文革」來臨，就有人把王岐山的這些話給「捅」了出來，於是，全校的大會上，同學們批判了「惡毒攻擊雷鋒」的王岐山。

下鄉插隊之前，中共軍隊進駐學校，王岐山支持恢復學校秩序，軍代表當時就給王岐山平了反。這時候，那些曾經批判過王岐山的同學有點擔心，王岐山對他們說，運動來了，誰都可能說錯話，辦錯事……於是相逢一笑完事。

王岐山後來還對「老驥」說，「很可惜，插隊之前，他們把批鬥我的照片、錄音都給銷毀了。要是留到現在，其實倒挺有點紀念意義呢。現在校慶時，我和這些同學再次見面，大家都是很融洽的，談到往事，都是哈哈大笑。」

第二節

延安知青歲月

王岐山與姚明珊的故事

「文革」初期，「紅衛兵」被毛澤東利用來打倒劉少奇；劉少奇一倒，「紅衛兵」們沒有了多少利用價值，於是毛澤東下令城市青年「上山下鄉」。

1969 年初，北京第三十五中高二學生王岐山，隨兩萬多北京知青來到陝西，在延安馮莊公社插隊落戶。王岐山被分配到馮莊公社康坪生產大隊，同來的還有中共高官姚依林之女姚明珊，當時姚明珊是王岐山的女朋友。王與姚的關係，當地人是聽北京知青們說的，「他們在北京就認識」。隊裡的北京知青，男娃奔著王岐山，女娃跟著姚明珊，一起來到康坪。

不過，關於王岐山和姚明珊，還有另外一個故事版本。《從姚依林到王岐山》一書作者郭清曾提到一個沒有寫進書中的傳聞：

當初，王岐山從北京到陝北插隊落戶時，已有女友，後來女友因勞動受傷，王岐山便到女知青住處照顧她，正是在照顧女友期間，他與姚明珊相愛了……不久，兩人雙雙離開陝北，王岐山被調到陝西博物館，從而成為「太子黨」，並在姚家的關照下，進入中共官場。

從 1969 年初到延安插隊，到 1971 年被抽調到陝西省博物館，王岐山只當了兩年的知青。《王岐山：中國「拆彈」專家》的作者楊韻認為，天上接連掉下「餡餅」來，這與王岐山的妻子、北京下鄉知青姚明珊——更準確地說，與姚明珊的父親，不能說沒有關係。

姚明珊的父親姚依林，1935 年就加入中共，參與領導「一二九」運動。「文革」前他先後任職中共國務院貿易部、商業部、財貿辦公室副主任、中央財貿政治部，「文革」中遭受迫害，直至 1973 年，被毛澤東和周恩來重新任用，任對外貿易部第一副部長——正是同一年，王岐山進大學。姚依林後來任中共中央政治局常委、國務院常務副總理。

姚依林有四名子女，女兒姚明瑞、姚明珊、姚明端、兒子姚明偉。其中姚明端的丈夫是前任北京市長孟學農。

1994 年 12 月，姚依林去世；2001 年 10 月，曾任中共機械工業部副部長的姚明偉病逝；2009 年，曾任中共外貿部調研員的姚明瑞病逝。

由於岳父姚依林的關係，外界將王岐山歸入「太子黨」之列。不過，也有看法認為，姚依林直到 1979 年當上副總理，這才勉強算是「高幹」。而這之前，王岐山在大學畢業後被分配到中國社會科學院近代史所工作，並和姚明珊結婚了。故王岐山娶得姚家女只能說碰巧撈到一支「潛力股」，王岐山在中共官場不斷升官，更多是靠他的個人能力。

王岐山本人也希望淡化對他靠「老泰山」發跡的印象，夫婦二人極少出雙入對，連 2009 年姚明珊一家人回老家安徽池州省親，向姚依林銅像獻花，王岐山都刻意迴避，沒有同行。

坊間有傳聞，王、姚已經離婚。不過傳聞顯然有誤：王岐山的恩師、西北大學韓偉教授，妻子 2006 年病故時，王岐山和妻子姚明珊聯名祭悼師母。

《從姚依林到王岐山》一書引述幾個消息來源都證實，王岐山與姚明珊仍在維持著這段持續了 30 多年的「政治婚姻」。據知情者透露，王姚的關係的確很緊張，甚至有段時間都鬧到幾乎離婚的地步。

那段時間，王的壓力很大，尤其是輿論，對他很不利，當時有姚的親友就罵他「王世美」。知情者還說，由於姚明珊的身體不好，加上父親姚依林去世後姚家的權勢和影響也不大了，這樣一來，在王姚關係緊張那幾年，姚就變成了「弱者」，王因此遭到不少指責。

該書寫到，當初王姚感情不和、關係緊張，與王岐山有一位紅顏知己也有關係。這位據稱對王岐山的女友及家庭非常熟悉的消息人士稱，王的高姓女友出身將領家庭，她對王非常傾慕，多次對密友傾訴自己對於王岐山的滿腹熾烈情愫，還透露，王岐山對她也是青睞有加，然而卻明確地告訴過她，不可能與自己的妻子分手，再與她另組家庭，她也心甘情願。兩人交往多年，關係最熱之時，也正是王岐山在金融系統呼風喚雨之際。後來這位高女士還是離了婚，高女士的前夫是一位中共軍隊中將、某大軍區副司令員。

　　高女士曾是軍醫，有海外生活背景，現在國內，沒有再改嫁。不過，由於此事涉及太多個人隱私，作者不便披露更多詳情。

王岐山與習近平的交情

　　2015 年 3 月 5 日，習近平參加中共人大會議上海團審議結束後，當看到上海電視節目主持人曹可凡，習近平詢問最近在忙什麼？曹可凡順勢推介正在東方衛視製作播出的電視劇《平凡的世界》。

　　報導稱，曹可凡剛提到該劇由路遙小說改編而來，習近平就接話：「好幾個頻道都在播。」曹可凡有點驚訝，補充道：「這部劇是上海拍的，從買劇本到拍攝花了八、九年時間。」據稱，這引起了習近平的興趣，主動表示：「路遙我認識，當年下鄉辦事時還和他住過一個窯洞，曾深入交流過。路遙和谷溪他們創辦《山花》的時候，還是寫詩的，不寫小說。」

　　與習近平同住一個窯洞的熱門人物不光有路遙，還有王岐山。當王岐山在延安馮莊公社康坪村插隊時，習近平也在延安延川縣梁家河插隊。據說，王岐山與習近平就是從那個時候開始交往的。

　　知青們一周勞動六天，學習一天。幹完一天活，年輕人回來下下棋，打打撲克，是常有的事。而「人家王岐山就學習，拿個石板做個桌子」，「他就看他的那些物理化學數學。」時任康坪村村支書的尹治海也誇王岐山學得好，「他看外國的經濟方面的書。」對這稀罕物，村裡有人議論：哎呀他看的是什麼書？外國的書，是不是「有問題」的書？

對於這稀有之書的來源，延長縣作協主席張思明知道一些。他曾為寫作習近平延安插隊經歷而在延川縣梁家河採訪，並於2002年赴福建拜訪時任省長習近平。他曾聽習談起，下鄉初期，一次從北京返回延川，因路途遙遠，先到了馮莊找王岐山借宿一夜，兩人就合蓋了一床被子。當時習帶著一本經濟方面的書，王岐山給留了下來。

港媒還援引當地村民徐俊富回憶，當年的王岐山「瘦長瘦長的」，「腦子反應快，嘴皮子也快，沒人能說得過他」。那時，每天吃完飯，徐俊富就跑到知青的窯洞裡「耍」，有的知青聽手搖留聲機，也有人喜歡玩撲克牌。而王岐山卻對此興趣不大，他的愛好就是看書。「因為讀一本西方政治學的書，公社領導還批評他，不該閱讀『反動書籍』。」

尹大才是下放較早的延安本地人，帶著老婆孩子插隊，住在北京知青的隔壁，他也記得王岐山跟他說過自己和習近平的友情，「我知道他們好。」王曾問尹：習仲勛你知道嗎？尹答：知道，西北局第一書記，國務院副總理。王：他兒子也在延川，他們那邊如果請你過去你去嗎？尹：我去你給我掙工分啊？

王岐山是出名的愛看書之人。後來，王岐山任北京市長時，曾公開表示討厭聽別人講套話，稱「我沒有那麼多時間來給他們扯這些事，留下時間我還不如多看幾本書。」

除了自己愛看書，王岐山還喜歡向同事、下屬推薦「好書」，例如，他曾向下屬推薦《舊制度與大革命》、《大清相國》等書。2012年11月30日，王岐山在主持召開反腐座談會時，向與會的8位學者推薦《舊制度與大革命》一書。

　　《舊制度與大革命》是法國貴族托克維爾 19 世紀撰寫的，是在探討 1789 年至 1799 年的法國大革命的起因。托克維爾提出，路易十六的統治要比路易十四寬鬆得多，人們也覺得自由得多，甚至那個時期是法國最繁榮時期，並已開始改革，可是偏偏爆發了大革命。

　　《大清相國》是作家王躍文所著的長篇歷史小說，講述一代名相陳廷敬行走官場 50 餘年生涯，體現他揭時弊、倡清廉、恤百姓，充滿著濟世救民的理想主義情懷。

　　有消息稱，有接近中共高層圈內的知情人士透露，王岐山對法國大革命現象的最大感慨是「當舊制度的某些部分已廢除時，人們對剩下的部分常常抱有百倍的仇恨，更加不能容忍。」

成為陝西博物館講解員

　　1971 年下半年，陝西博物館大門重開，並到延安招了來 10 位北京知青做講解員。康坪隊上有兩個名額，最終，口才好的王岐山和王小楓經面試後被錄用。此時，姚明珊因父親的問題，無法回城，王岐山不想先走，但公社催促，只能暫別女友，來到西安。

　　陝西歷史博物館研究員王世平記得，他比王岐山晚半年分配到碑林。一去，王世平也是在展廳做講解員，因此與王岐山共事，成為友好，保持至今。

　　王世平要比王岐山大三歲，但他這個「老五屆」的最後一屆（指 1966 年文革爆發時的在校大學生，按學制應在 1966 至 1970 年暑期畢業）大學生很佩服當時這位「老高二」（指 1967 年的高中二年級）。同樣是講解碑林石刻，有人是死記硬背地背講稿，講起來乾巴巴的，而王岐山「不是固定背書，而是很自由，講法活一些」。

王岐山曾提過最初到碑林時的模樣：「我們 10 個北京知青從延安坐著卡車到了西安，整整坐了一天。」誰知到了碑林，博物館館長、書記非常不高興，「說領來的是 10 個什麼人啊？男的不像男的，女的不像女的。」

那時穿的都是補丁衣服，「頭髮跟杆子黏得似的。」王岐山說，所以講解員首先「得有點兒形象」。已經過去 40 多年了，「我現在還可以去西安講碑林。」

王世平回憶說：「他的組織能力很強，團結了一大幫西安本地的知青。」有些人觀點不一致，但王岐山與他們的關係都好。當時幾乎每天都有好些人到碑林來找王岐山。

這一度引起「軍代表」的不滿，抱怨說，每天都有找你的幾十個人不買票進來。王岐山聽了就笑一笑。

多年以後，王世平看到一種評價說，王岐山廣泛結交各界精英朋友，「這是他鮮明的個性特點，在西安已經表現出來了。」

其實來找王岐山的青年人，並不都是為了逃票進碑林看展覽，更多的是大家在宿舍裡一塊議論當時的時政等各種事情。

但當年的王岐山並不是「消息最靈通的」，王世平說：「打倒四人幫的消息就是我聽一個青年說了，然後一起去告訴他的。」

王岐山甚至也不是「內部書」的來源——那個時候，所謂的革命樣板戲流行，文化匱乏的知識青年，盡一切可能翻找書籍，悄悄交換閱讀。

王岐山很看重在那個年代結交的友情，一直保持到現在。碑林有一名退休職工，姓黃，廣東人。王岐山進碑林時，她已經 50 多歲了，退休後回了老家。1997 年，當王岐山赴廣東任省委常委、副省長時，抽空找到黃老太太，時常探望，老人又意外又感動。

2011 年 2 月，時任國務院副總理王岐山在西安調研期間，特意安排一晚上的時間，約上 8 位（實到 7 位）友人在老博物館敘舊。

那一晚，王岐山將敘舊與工作的界限嚴格劃定。館長邀他順道看一下新的石刻館，他沒答應；館裡送他碑帖作禮物，「一塊真的碑帖都上萬塊錢」，他一口回絕；館裡專門負責拍照的工作人員沒能進入王的敘舊局。

第三節

擅長聯絡的讀書人

讀大學與做民國歷史研究

在碑林做了兩年多講解員，1973 年，王岐山被推薦到西北大學歷史系歷史專業學習。據王岐山的同學回憶，青年時期的王岐山總是身背一個黃書包，奔放不羈、特立獨行，所思所想與當時的流行思潮帶有某種距離。

1975 年，「批鄧、反擊右傾翻案風」運動興起。當時「批鄧、反擊右傾翻案風」在全國範圍內愈演愈烈的氛圍下，每一天都可以在西北大學發現很多新的大字報，王岐山也不甘沉默，他的大字報也混雜其中。但與當時大字報中普遍流行的對中共中央精神與政策的重複與跟風不同，在當時的同學眼中稍顯另類。據王岐山一位當時在中文系學習的同學回憶，王岐山甚至被同學列為重點關注對象，因為他的大字報中總是會出現一些「不和諧」的音符。

這一時期，王結識了許多志同道合的年輕人，一起參加當時在西安的地下讀書會。在「文革」後期，不少城市都有「內部書店」，一部分高級幹部享有在此類書店買書的特權。「讀書會」成員中不乏高幹子弟，因此在那個相對封閉的年代，「讀書會」的成員往往能接觸到常人看不到的「內部書」。

上海交通大學媒體與設計學院教授葛岩當年同為「讀書會」成員，他認為王岐山身上有一種「強烈的政治興趣」，「在當時西安對政治感興趣的青年人中，王歧山是敏感政治新聞的重要來源。」

1976年，「讀書會」的夥伴們就是從王岐山處首先得知了「四人幫」被抓的消息，當時中央文件尚未傳達，於是眾人到飯館「飲酒至酣」。在這一年早些時候的清明節，王岐山和「讀書會」的朋友們就曾來到西安新城廣場，參加「悼念」周恩來的活動。這在「四人幫」尚掌握大權的當時，是頗具風險的「反革命事件」。

1976年，從西北大學畢業後，王岐山回到陝西省博物館工作。1979年底，王岐山作為實習研究員，到中國社科院近代史研究所民國研究室工作。時任民國史室副主任的朱信泉曾對媒體描述，王岐山是「一個熱情、肯幹、非常外向的年輕人⋯⋯學了四年歷史，基本功不錯。」

當時民國史室分為三個小組，分別編纂《民國人物傳》、《中華民國大事記》和《中華民國史》，王岐山被分到編纂《民國人物傳》組。

不久，朱信泉就交給了王岐山一個任務——幫助湖北作者賀覺非修訂歷史著作《辛亥武昌起義人物傳》。為了完成這本書的修訂，近代史研究所專門從北京市委黨校借了兩間房子。賀覺非和王岐山一老一少住了進去。忙活了近半年，將書稿最終敲定。王岐山並沒有在這本歷史著作上署名，「但他的工作相當於責編，付出了大量的努力。」朱信泉研究員說。

「最後作者覺得很滿意，認為王岐山的文字水準和對史料的掌握能力比同齡人要高出許多。」這本書的修訂，是王岐山在近代史研究所交的第一份「答卷」。「如果這麼發展下去，他肯定會成為一名出色的研究員。」朱信泉曾如此評價。

完成《辛亥武昌起義人物傳》後，王岐山又投入《民國人物傳》的編纂工作，他和兩三個人一起，負責東北、西北地方近300名民國人物傳記的組稿和編纂工作。王岐山擔綱一部分人物傳的寫作，並在東北等地約學者寫稿。就在此時，王岐山開始關注現實的國計民生、開始關注金融問題。

成為京城「四君子」一員

1978年8月，王岐山的岳父姚依林出任中共商業部部長、黨組書記。中共11屆三中全會之後，姚依林出任中共中央副祕書長、中央辦公廳主任。就在這一段時期，王開始將一部分注意力從歷史研究轉移到改革和經濟問題上。

當時，中國長期積累的各類國民經濟問題開始顯現。人們對於中國未來的走向感到迷茫，也存在分歧。1979年，全國提出建設10個「大慶」、30個「大化肥」，以及若干個「大鋼廠」，「大躍進」中打了雞血一樣的時局隱隱可見。

這些急躁的政策，引起了社科院研究生黃江南的注意。當時在社科院的學生中，流行著一種小型沙龍，十來個年輕人聚在一起，討論經濟和社會問題。其中就有社科院研究生院的第一批研究生黃江南、朱嘉明，以及後來的社會學家李銀河。

此後，黃江南結識了《農民日報》的記者翁永曦，翁將他的一幫朋友也帶進了這個圈子。這些年輕人約定時間舉行了三次討論會。未曾想，由於口口相傳，討論會的影響力日趨擴大。第一次只有三五十人，第二次上百人，第三次則達到近千人之眾。許多人慕名而來，彼此相互不認識。黃江南形容這樣的相逢和聚會為「英雄不問出處，只較武功。」

在討論會上，黃江南對國民經濟結構失調的分析勾起了李銀河的興趣：「我們當時認為，80 年代初，中國可能要出現一次結構性的經濟危機。」李銀河認為這要讓中共領導層知道，於是，她把王岐山介紹給黃江南。

王岐山與黃江南等人聊了一次就理解了他們的想法，黃江南對王稱讚不已：「岐山這個人，他不學經濟真是可惜了。他異常聰明，對經濟知識的吸收和理解非常快，第一次聽就懂。」王岐山很快提議起草一個報告呈交中共中央。

於是，黃江南、翁永曦、朱嘉明，再加上王岐山，一行四人在北京車公莊附近的市委黨校租了一個房間，在裡頭關了幾天，寫出了報告。在這篇題為《關於我國當前經濟形勢和國民經濟調整的若干看法》的報告中，四個年輕人「預測了 1980 年經濟將要出現的衰退，分析了衰退產生的原因，並給出了應對危機的對策。」

在報告中，王岐山主要負責分析危機可能造成的社會影響。報告完成之後，王岐山首先向姚依林做了彙報。此後，姚又當面聽取了幾位年輕人的闡述，深感此事重要，於是將報告轉給了陳雲。陳雲批示：「一個學工業的，一個學農業的，寫了一份很好的報告。」

這份報告最終轉到了時任中共國務院總理的趙紫陽處，趙在中南海一個會議室接見了他們。這次對話發生於 1979 年底，當時翁永曦 32 歲，王岐山 31 歲，黃江南 29 歲，年齡最小的朱嘉明 28 歲。

這次接見被後來人稱為第一次「老青對話」，參與對話的，除了趙紫陽和三位年輕人外（朱嘉明此時在安徽參加改革會議，不在北京），還有中共國務院負責經濟工作的高層官員，包括姚依林、薛暮橋、馬洪等人。

從此之後，四個年輕人就經常湊在一塊討論研究、寫報告。從生態、農業，到經濟體制改革，無所不談。「因為中央領導都比較認可，凡是我們送的報告，他們都比較重視。所以這個報告就成了一個系列，就叫『四簽名』。後來也不知道誰就給改成『四君子』了。」

「四君子」名氣越來越大之後，各部部長不時會帶著一些司長請他們去做報告、提建議。

王岐山和九號院大有淵源

「文革」結束之後，在當時的中共高層人士鄧力群和國家農業委員會（簡稱「農委」）副主任的杜潤生支持下，一些對農村的經濟、社會問題產生了濃烈的興趣的回城知青籌劃成立了一個機構：中國農村發展問題研究組（簡稱「農發組」）。

　　當時農發組的成員以學生為主，其中包括後來的知名經濟學家周其仁，以及鄧力群的兒子鄧英淘。經過鄧力群與中共國家計委的溝通，農發組被掛靠在社科院農經所，經費則由農委發放。

　　1981 年，農發組在杜潤生的主導下，開始參與起草中央一號文件。這份名為《全國農村工作會議紀要》的文件肯定了「包產到戶」和「包幹到戶」。「包產到戶」自此合法化，「人民公社」在政策層面被瓦解了。

　　此後，中共中央農村政策研究室（簡稱「農研室」）和國務院農村發展研究中心成立，兩套班子一套人馬，杜潤生任主任。原有的中共國家農業委員會則被撤銷了。農研室由於坐落於北京西黃城根南街九號，又被習慣地稱為「九號院」。

　　1982 年，由於杜潤生的賞識，王岐山被借調到農研室。他在九號院一待就是 7 年。

　　王岐山在農研室的工作主要是安排遞送文件資料、組織會議座談。趙樹凱當時在農研室任辦公室祕書，在他的印象中，王岐山「廣泛交往」並且有「很強的組織能力」，先是擔任聯絡室成果處處長，很快又被提拔為該室的副主任。

　　某個中國新年後，到基層任職的高幹子弟習近平、劉源、萬季飛等人曾在農研室做了一場彙報。後來，習近平在一次會議中提及這段特約研究員的經歷，「每年一號文件起草前，都要把我們幾個（習近平、劉源、陸學藝、翁永曦）請過去，先讓我們講，農村政策研究室處級以上幹部參加。」

　　《走向未來叢書》也是聯絡室與外界合作的結果，王岐山擔任叢書編委。這套叢書上市之後，不斷再版。

　　1986 年，農村發展所成立，王岐山任所長。他依舊嗜書如命，喜歡給朋友們開書單。他當時推薦的書是日本前首相吉田茂寫的《激蕩的百年史》，這本書從明治時期日本打開國門、致力維新說起，一直敘述至二戰之後在廢墟上重建日本，並創造經濟奇跡的整個過程。

農村發展所成立兩年後，陳錫文和杜鷹、林毅夫成了正副所長，王則去中國農村信託投資公司任總經理了。

參與組織「莫干山會議」

1984 年 9 月 3 日至 10 日，在杭州德清縣莫干山上，召開了由朱嘉明、劉佑成、黃江南、張鋼等青年經濟工作者組織的全國中青年經濟科學工作者學術討論會，簡稱「莫干山會議」。會議的組織者們採用了新聞機構聯名發起的方法。

1984 年 6 月 12 日，《經濟日報》刊登了一條兩百字的簡訊，作為會議徵集論文的啟事。簡訊稱，會議由《經濟日報》、《經濟學周報》、《世界經濟導報》、《中國青年》和浙江省社會科學院聯合召開。後來，中央人民廣播電台、《中國青年報》、《中國村鎮百業信息報》、《經濟效益報》和浙江省經濟研究中心也加入了聯名的之列。

從 6 月 12 日開始全國徵文，到 8 月 15 日兩個月間，會議組織方收到了來自全國的 1300 餘篇論文，平均每日二十餘篇，作者遍布各行各業。會議籌備者們最終從中選出了 124 名代表參會。

知名經濟學家華生也曾參加了莫干山會議，他後來接受媒體採訪時表示，莫干山會議「最主要的實際組織者和領導者是王岐山，那時他是杜潤生手下的大將，80 年代初我們都是從他那兒領出差費到農村去調研。」

　　莫干山會議主要討論中國大陸經濟體制改革中的「重大理論問題和現實問題」，為中共 12 屆三中全會提供智力支持。這次會後，有了第二次「老青對話」。

　　會議之後一共形成了八份專題報告。其中，作為中共國家體改委「筆桿子」的徐景安，由王岐山點將，執筆主報告《價格改革的兩種思路》。

　　10 月 10 日，時任國務院總理的趙紫陽批示：「『價格改革的兩種思路』很開腦筋。」一個多月後，中共 12 屆三中全會上通過了《中共中央關於經濟體制改革的決定》，提出了此前諱莫如深的「商品經濟」概念，突破了計畫經濟的傳統束縛。

　　中共國務院發展研究中心主任馬洪也找了他們。會後，很多人進入了中共政府體改部門，比如田源成為國家體改委委員。從西北來的年紀最小的參會者張維迎只有 24 歲，當時在讀研究生的最後半年，這年 12 月，他去體改委報到上班了。會後，還有一批人去江西參加價格改革試點工作。

王岐山布陣 19 大

「救火隊長」
處理爛攤子

當王岐山踏入經濟領域之後，很快成為這一領域的「專家」。上個世紀90年代，王岐山參與了中國股市的建立，後經歷了廣東金融危機，得「救火隊長」稱號。2003年的薩斯危機，王岐山也被急調入北京，處理爛攤子。

在承接北京薩斯疫情爛攤子之後，2004年2月21日，王岐山上任北京市市長。（AFP）

第一節

參與推動中國股市建立

1988 年，王岐山任中國農村信託投資公司總經理，此時中國非銀行金融機構剛剛起步。這並非王岐山首次接觸金融，早在發展所時期，為了啟動中國農村改革試驗區，王岐山就曾與世界銀行洽談數億美元的貸款項目。最終世界銀行同意將這些貸款給了中國。

外界評論說，中農信的創建是王岐山獨具眼光的一次作為。那段時間興起的非金融機構，還有中信、光大、中創等。而從更大的背景看，當時中國非銀行金融機構尚起步，中國資本市場建設剛剛開始。事實上，在社科院近代史研究所工作時的王岐山，就開始對金融產生了興趣。

時任民國史室副主任朱信泉研究員曾對媒體回憶說：「王岐山作為一個歷史學者，興趣卻在現實的國計民生，他在經濟問題上有著獨到的見解。」

在這期間，王岐山還參與了中國股市的建立過程，這跟曾經留學美國的太子黨王波明也大有關係。

王波明的父親王炳南從 1964 年至 1975 年，一直任外交部副部長。1980 年，王波明到美國留學。1987 年在哥倫比亞大學拿到法學碩士學位，後在紐約交易所工作一段時間。沒過多久，就趕上了 1987 年 10 月 19 日星期一的紐約股票交易所「大股災」。

不久，王波明牽頭成立了「中國旅美商會」，簡稱 CBA。當時旅美的中國留學生總共有三個大會：經濟學會、科技學會和 CBA。因為王波明是學國際金融的，所以 CBA 的成員主要是學商的學生。「大夥時常聚會，參政、議政意識挺強。」

在這裡，王波明認識了高西慶，高西慶後來擔任中國證監會副主席。當時王波明的 CBA 需要一個律師，而高西慶是留學生裡唯一拿了律師證的中國人。

不止是高西慶，CBA 還有很多這樣的人，李青原、王巍、劉二飛等。中國國內也有一幫這樣的人。王岐山、周小川、張曉彬、張紹杰、周其仁……從 1984 年開始，北京成立了一個青年經濟學會。

這兩幫人一碰上，簡直一拍即合。1988 年 3 月，由王波明、高西慶、王巍執筆，聯合李青原、劉二飛、茅桐、王大偉、盛溢，八人共同寫成了《關於促成中國證券市場法制化和規範化的政策建議》。

「經濟學有三要素：人力、原材料、資本市場。中國經濟體制改革的初期就缺資本市場。」「你想想 80 年代，別說股票，連個股份制企業都少見，更別提《證券法》了，整個經濟體制改革都完全沒起來。」

那時王波明和高西慶約定回國創業，兩人都沒拿綠卡。但回國後的王波明和高西慶都沒有工作單位，他們四處奔波，也屢屢受挫。直到他們遇上中國新技術創業投資公司總經理張曉彬，他給了王波明 10 萬元贊助。

1988 年 7 月 9 日，人民銀行總行在萬壽賓館召開「金融體制改革和北京證券交易所籌備研討會」。

會後，王波明和高西慶參與，由宮著銘、張曉彬主持，歷時近一個月編寫了《關於中國證券市場創辦與管理的設想》，即證券白皮書。白皮書的主要內容包括了《籌建北京證券交易所的設想和可行性報告》、《證券管理法的基本設想》和《建立國家證券管理委員會的建議》。

不久，上頭就對這個白皮書作了批示，而且中南海還開會專門討論股票問題。這次國務院會議由宮著銘主持，負責農業信託投資公司的王岐山等人弄了份建立北京股票市場的建議書，王岐山的岳父、時任國務院副總理的姚依林採納了王波明的建議：先由基層自發研究，按「民間推動，政府支援」的模式來進行。這對王波明他們來說，相當於拿到了尚方寶劍。

2006 年 10 月，王波明在接受《南方人物周刊》採訪時回憶，宮著銘當時是人行司長，而王岐山那時則負責中國農業信託投資公司，剛剛涉入金融領域。他和高西慶雖然懂證券市場，可是上層運作得靠宮著銘和王岐山他們。王岐山對這事一直很積極，王波明認為王岐山那會兒還不太懂股票市場是怎麼回事，但已經隱約地感到了這事的重要性。

1989 年 1 月 15 日，九家非銀行金融機構的負責人在北京飯店發起了一個會，討論中國證券市場早期的籌備工作。很多國家級的金融機構也參加了會議。

九大非銀金融機構包括中信、光大、北京國投、中創等。會議最後確定，與會的九家公司，每家公司各出 50 萬元人民幣，作為組建機構的經費，並成立一個民間的機構來推動證券市場的建立。

這個機構就取名為「北京證券交易所研究設計聯合辦公室」，簡稱「聯辦」（後來又正式更名為「中國證券市場研究設計中心」）。成立時間是 1989 年 3 月 15 日，王波明出任副總幹事，理事長為經叔平。

不過，中國的第一家證券交易所並沒有落戶北京，北京至今也沒有證券交易所，相反，是上海取代了北京。這和時任上海市長的朱鎔基有關了。

1990 年三、四月份，朱鎔基知道「聯辦」後，向王波明他們發出了邀請，並表示可以解決他們的戶口問題。成立了籌畫交易所小組，尉文淵任組長。

1990 年 8 月，中共中央出台《開發浦東綱要》，提出把上海建成遠東金融中心。這時候，上海和深圳開始爭奪中國第一個證券市場的開業權。北京，已經被落在後面。

接著，出現了一個插曲是：朱鎔基在加拿大訪問時，就宣布上海要建立自己的證券交易所，而且年底就要開張。這使得深圳變得被動起來。不過，深圳還是搶在了前頭，1990 年 12 月 1 日，深交所試營業；同年 12 月 19 日，上交所開業。

1992 年 8 月，深圳因新股認購引發風波後，中共國務院決定成立證券監管機構。當時沒有一步到位，而是搞了個折中。證監會是事業單位，上面還有一個證券委，證券委是權力機構。各個部的一把手都在證券委任職。證監會是證券委的辦事機構。劉鴻儒出任首屆證監會主席。

「至於『聯辦』，1989 年到 1992 年，它的使命就是幫助建立中國證券市場。證券交易所成立特別是證監會成立後，『聯辦』的使命完成了，錢花光了，人也沒得用了。」

而王波明自股市成型後，一直游離於核心圈外。他一直任職「聯辦」副總幹事，以及「聯辦」旗下一攬子財經媒體的社長或總編，包括《財經》、《證券市場周刊》、和訊網等。

第二節

推動成立中金公司

　　從 1989 年，王岐山任中國建設銀行副行長，並在此後 9 年裡一直在銀行系統中工作。1993 年 6 月，王岐山任人民銀行副行長；1994 年，任建設銀行行長、黨組書記。在此期間，王岐山推動建行和摩根士丹利合作，成立了中國第一家合資投資銀行——中國國際金融有限公司，並兼任董事長職務。

　　朱鎔基和其他中共高層領導人認為中金集團是中國在金融改革中邁出的重要一步。中金集團的最初構想源自於時任建行行長的王岐山和摩根士丹利的 Wadsworth，在 1995 年 6 月 25 日正式掛牌營業時，中金最初的出資比例是中國建設銀行擁有合資公司 42.5％的股份，摩根士丹利擁有 35％，餘下的則被分給其他投資人。作為在中金公司持股比例最大的建設銀行的行長，王岐山全面負責並擔任公司 CEO。

　　不過，中國建設銀行和摩根士丹利之間，「華爾街貴族」和

「中國」聯姻失敗告終。到了 2002 年，摩根士丹利把公司的絕對控制權交還給中方。

曾任《華爾街日報》駐京總編 James McGrego 在書籍《十億消費者》對這一失敗結局作過如下分析：摩根士丹利如果能夠把王岐山看作是一個有著政治需求的政治家，而不是一個頑固的商業合作夥伴，它也許就會採取不同的做法。摩根士丹利本來可以為合資公司制定一套不同的工作和經營計畫，以滿足中國在經濟改革進程中的需要，以及王岐山未來的政治生涯的需要。

2011 年前後，中國大型國有企業海外上市潮告一段落，也是從那時開始，中金開始變得沉寂。

在此之前，中金在中國企業海外上市中扮演了重要角色。有資料顯示，1997 年至 2011 年間，中金完成的中國企業海外 IPO 融資規模，約占中國企業海外 IPO 總融資規模的 38％。

1997 年，中金完成首個大型項目——中國電信（香港）42 億美元的首次海外 IPO。至今，其客戶已覆蓋電信、石油石化、能源、銀行、保險等多個行業。比如 2010 年，中金就被聘為中國農業銀行（601288）上市的主承銷商，為後者 221 億美元的融資計畫提供支援。

一直以來，為國有大型企業提供服務是中金的優勢所在。但從另一方面看，其業績也因此受到這一「親密」關係的影響。

中國證券業協會的資料顯示，中金 2013 年的淨利潤排名為第 45 名，2012 年，其在這一指標上的排名則為第 29 名。

2013 年 A 股 IPO 的暫停，讓券商業績受到不少影響。中金試圖把注意力轉向港股 IPO 與跨境並購等海外業務。據 Dealogic 資料顯示，這一做法，使中金成為 A 股股本融資排名第一的公司，但這並沒有阻止這家公司淨利潤排名的下滑。

自營業務表現不佳，是造成其淨利潤排名下滑的一個重要原因。A 股的不溫不火、銀行間市場資金面緊張、提高了公司回購拆借成本，都使得中金的自營業務收入降幅超過了行業平均水準。

而在財富管理、資產管理以及直接投資業務等方面，中金並未表現出明顯高於同行的競爭潛力。相比其他證券公司，中金還受制於資本規模，這也使其對上市更為迫切。

2014 年 10 月，在中國國際金融公司啟動上市之際，中共前國務院總理朱鎔基之子、57 歲的朱雲來辭去了中金董事兼 CEO 的職務。朱雲來加入中金 16 年，執掌中金 12 年。公開簡歷顯示，朱雲來於威斯康辛大學獲得氣象學博士學位，芝加哥 De Paul 大學獲得會計碩士學位。在芝加哥 Arthur Anderson 公司短暫地做了一段時間會計後，他進入紐約瑞信第一波士頓銀行培訓。在朱鎔基擔任總理後，他被召回國安置到中金公司作為其事業起點。

在中金公司，朱雲來是投行部門最底層的管理人員。據書籍描述，朱雲來努力保持低調，他看上去很喜歡自己的工作，不厭其煩地編寫關於國有企業財務細節的報告。但是中金公司的中方員工很快就開始利用朱雲來的存在。他們在各種場合都加入他的名字，拉他參加各種會議來獲取承銷業務。

《十億消費者》透露，朱雲來作決策，很少徵求他人的意見。他有著同他父親（朱鎔基）一樣的頑固的自信，不同意朱雲來意見的人被冷藏。但他也是一個勤奮的人。他把中金打造成一家相對來說管理得較好的國有企業，保護他們免遭外國投行的吞噬。朱雲來賦予中金公司的使命是改造中共的國有產業。

　　作者在《十億消費者》一書中作出如下推斷，朱雲來和他在中金公司的高層管理人員有著他父親一樣的恐懼，不過這種恐懼是現代版的。他們和西方投行家們一樣勤奮工作，有著很好的收入，但是他們總是擔心如果北京的政治風向發生轉變，他們就會成為新一輪政治運動的目標，被指控為通過實際上的國有資產私有化而牟取百萬美元暴利的人。

　　朱雲來是新生一代，受過西方的教育，但是和王岐山一樣，他也顯示出一種政治恐懼症，這種恐懼主導了中共官員及其家人的行為方式。王岐山和朱雲來對中外合資公司的態度是非常典型的中共政府的態度。中共政府往往並不是真的在意打造實質的合作關係，他們需要的只是一個載體，能夠獲得外國的技術、資金和專業知識，同時又保持中國人對公司的控制。

第三節

經歷廣東金融危機

1997 年，亞洲金融危機爆發。從 1997 年 1 月到 1998 年 1 月，泰銖貶值 56.3％，印尼盾貶值 84.8％，菲律賓比索貶值 43.4％，馬來西亞林吉特貶值 48.3％。

1997 年 12 月，時任中國建設銀行行長王岐山被任命為中共廣東省委常委。一個月以後，王岐山當選為廣東省常務副省長。其時，香港正處於亞洲金融風暴的衝擊之中，股市地產大跌。而作為香港的「後院」，廣東也不可避免地受到了波及。王此時赴任，頗有「救火」的味道。

接著，廣東當局成立包括王岐山在內的「化解金融危機五人領導小組」，處理日益嚴重的支付危機，決定破產廣東省國際信託投資公司（廣國投）和重組粵海企業集團（粵海）。

「廣國投」的全稱是廣東國際信託投資公司，成立於 1980 年，是中國第二大信託投資公司，僅次於中國國際信託公司，由廣東省政府全資所有。1983 年經中國人民銀行批准為非銀行金融機構，並享有外匯經營權。

在此之後，廣國投的經營規模不斷擴大，海外融資額總計 50 多億美元。及至亞洲金融危機爆發，加之自身的管理不善，廣國投陷入了外債支付危機。其資產總額為 214.71 億元，負債 361.65 億元，資產負債率高達 168.23％，嚴重資不抵債。而另一家粵海集團也陷入危機，經畢馬威會計師事務所審計，粵海資不抵債 91.2 億港元。

兩家的債務，已經超出廣東當局的支付能力之外。而當時面臨債務支付危機的企業，遠不止廣國投和粵海兩家。曾有學者估計，當時中國企業在香港的國際債務總額，可能超過 800 億美元，相當於亞洲金融危機期間中國外匯儲備的 60％。

面對這一局面，一方面，王岐山向外界傳遞強硬信息，即「中共政府對廣國投破產的處理完全符合國際通行的做法，中共政府不該也不會替廣國投還債」。另一方面，王岐山極力向債權人解釋廣國投的信用不等同於主權信用，其「政府背景已被稀釋，接近於零」。

廣國投破產，是中國歷史上最大的破產案。當時廣東省政府雇傭全球五大會計師事務所之一——畢馬威進行財務清算，以清算組顧問的名義扮演清盤官的角色。

廣國投必須接受從未有過的徹底調查，與中共政府不清不楚的關係、令人起疑的決策失誤、嚴重的貪污腐敗、倡狂的瀆職犯罪，不得不全方位地暴露在公眾面前。

1999 年 1 月 10 日，廣國投申請破產。當時披露廣國投的資產總額，相當於債務總額的 60％。資產的追償率只有 30％左右，債務的追償率只有 18％。國際債權人被告知，廣國投的貸款，90％已經逾期；超過 80％的股本投資所在的公司，或者已經破產，或者「正處於困難中」。2000 年 10 月 31 日，第三次債權人會議，實現的償債只是經過驗證的債務總額的 3.38％。

據估計，廣國投最終能夠收回的資產，為確認債務的 34％。到此時，大多數債權人可以登記出在廣國投的損失。境內外共有近 500 名債權人申報債權。此案歷時 4 年，最終破產清償率為 12.51％。

對於粵海集團，王岐山則採取了重組的策略。當時，在粵海欠下的 46 億美元外債中，1999 年 1 月到期 6.8 億美元，4 月到期 11.7 億美元，負債比率高達 74％。1998 年 10 月 8 日，廣東當局決定，在廣國投破產的同時「挽救」粵海。10 月 26 日，官方宣布，粵海的債務將通過重組解決。

關於重組粵海的談判時走時停，經過一系列的討價還價，2000 年 12 月 6 日，國際債權人終於接受高盛提出和修改的重組方案。

當時，廣東當局為重組注資高達 20.1 億美元，幾乎等於債權人總額 21.2 億美元的削債，平均削債率達 42.78％。經過重組之後，粵海的資產負債比例為 67％，與之前相比已有明顯改善。

當廣國投破產和粵海重組進入操作程式時，1999 年底，以王岐山為首的廣東省政府著手處理地方其他國投、城信社、農金會等中小金融機構的人民幣支付危機。

1999 年 11 月 23 日，廣東省成立以王岐山為組長的「廣東省地方中小金融機構和農金會金融風險處置工作協調小組」，省長助理武捷思、中國人民銀行廣州分行行長蔣超良、廣州證券管理辦公室主任劉興強任副組長。

廣東省向中央銀行「一攬子」借款 380 億元；同時，中共中央銀行向中國人民銀行廣州分行增撥 70 億元再貸款額度，專項用於解決人民銀行自辦地方金融機構的遺留問題。

時任廣東省省長的盧瑞華在 2006 年接受《中國經濟周刊》採訪時回憶稱：「當時向中央借錢是一個非常果斷的措施，當時朱鎔基總理是支持的。時任廣東常務副省長是王岐山，他是銀行家，他懂得這一規則，他提出來向中央借錢，我贊成。」

用這 450 億元，到 2000 年 10 月，不到一年時間內，廣東省政府對 147 家城信社 1063 個分支機構，16 家國投及 14 家辦事處，國投下屬 48 家證券營業部，以及 843 家農金會實施停業整頓。

到 2000 年 3 月 11 日，汕尾、韶關、梅州、潮州、湛江、中山、肇慶、汕頭、佛山、珠海、江門、茂名、惠州和廣州市（四家）共 17 家市屬國投，全部停業整頓。

廣東的危機處理方式推廣到整個中國大陸。中國大陸最終挺過東南亞經濟危機，廣東成為外向型經濟龍頭地區，從 2000 年至 2001 年，廣東稅收增加了 700 億，提前 6 年還上借款。

自此，王岐山在國際金融界頗有名聲，並獲得「小朱鎔基」的稱號。

劍橋大學發展學會席王小強和中信泰富政治及經濟研究部的 PeterNola，在 2008 年廣國投事件十周年之際，寫了一篇影響深遠的文章《廣東化解金融危機十年回首》，稱快刀斬亂麻式的處理，未必能夠成為信用土壤。在廣國投與粵海案中，對腐敗分子進行了大規模清洗。

第四節

處理海南房地產「爛攤子」

　　香港《爭鳴》雜誌 2015 年 4 月號披露，王岐山 3 月中旬在中紀委內部會議上講話中聲稱：「我的政途是坎坷的，幾番險惡。」

　　報導稱，王岐山所說的「政治坎坷」、「險惡」是指中共 15 屆中央安排王岐山到廣東省擔任省委常委，不到一年後改任副省長，負責經濟，但仍難立足。

　　王岐山在廣東近三年都住在省委招待所。當時各種舉報王岐山的報告不間斷送到中央書記處、國務院。時任總理朱鎔基氣憤發話說：「廣東王國容納不了王岐山，國務院大門敞開。」2000 年年底，王岐山被任命為國務院經濟體制改革辦主任。

　　據報，當年中共廣東省委以常委會決議向中央書記處提交關於王岐山不宜負責組織工作的報告，稱王岐山有政治野心、凌駕省委書記、省委集體、組織幫派活動等。

　　最後時任廣東省委書記李長春宣稱：「王岐山留在廣東省委班子，很難展開工作。」王離開廣東時，省委沒有舉行歡送會。

　　2002 年 11 月 21 日，身為國務院體改辦主任的王岐山調任海南省委書記，處理海南房地產泡沫破裂後遺留下來的「難題」，以挽救這個經濟持續 10 年低迷的中國最大的經濟特區。

　　王岐山就任海南省委書記一個月後，中共國務院宣布批准海南關於處置積壓房地產的方案。

　　王岐山在海南工作僅 5 個月。當地一位局級官員曾對媒體評說，對比以前提出的「工業立省」思路，王岐山等人提出「生態立省」，要把海南建成全國的度假村和中華民族的四季花園，抓住了海南的實質。另外，在全國都在擴建城市時，王岐山將工作重點放在農村，「五網工程加沼氣」即王岐山的提議。所謂五網是指路、水、電、廣電、通信，提出要用 5 到 10 年使海南農村的基礎設施建設完成。

　　上述官員稱，「這意味著，5 到 10 年，王岐山將沒有顯赫的政績，但這個思路對海南來說是非常重要的，他也是非常反對搞政績工程的人。」

　　中共中央對他的評價是「不要面子工程，專注長遠發展」。

　　在海南工作期間，王岐山多次強調「海南所有的發展都要服從於生態第一、可持續發展這一首要戰略。」他親自抓了尖峰嶺炸山採石、白沙糖廠廢水污染松濤水庫、東寨港紅樹林低水準開發等問題。

　　2003 年 1 月 18 日，時任海南省政協委員的林業局幹部劉福堂在省政協會議上宣讀《我省毀林案屢禁不止原因及對策》的提案。王岐山聽後神情激動，右手高舉發言稿，說道：「我有點坐不住了，這是個很大的事啊！」王岐山厲聲說：「誰再破壞海南生態環境，我跟他玩命！」「生態是海南人民的生命線，是海南經濟發展的前提，海南人做一切事情首先要考慮到的就應該是保護這優越的生態環境。」

2003 年 3 月 10 日下午，王岐山參加審議中共全國人大常委會工作報告時，就海南的生態環境保護問題強調，不能低水準開發毀了海南旅遊資源。

王岐山說：「我一到海南，就想看看海南的旅遊開發情況。有個星期天，我也沒跟誰打招呼，自己買票進去看看世界第三、中國第一的紅樹林。我一看，完了！呵！好傢伙，那船開得那個快呀！鳥兒嚇跑了，浪還把兩邊的紅樹林打退了一米多。」

2012 年，海口市啟動了保護紅樹林的整治工作，開展全面取締保護區範圍內的鹹水鴨養殖等 11 項工作，對保護區內的約 2400 畝蝦塘基本實現退塘還林。

2014 年 3 月 28 日，中共海口市人大常委會全票通過《關於加強東寨港紅樹林濕地保護管理的決定》，決定將東寨港紅樹林濕地總體保護和控制的範圍由 5 萬多畝增加至 12 萬多畝。其中，新移交海口管理的 9466 畝灘塗水產養殖區，將實施退養還林，規劃建設為三江紅樹林濕地公園。由此，這裡將成為中國最大面積的紅樹林濕地。

自 2014 年 4 月 1 日開園以來，海口紅樹林鄉村旅遊區生意一直火爆，自駕車不斷湧入，休閒棧道上遊客絡繹不絕。

2015 年 3 月 8 日，王岐山以中紀委書記的身分參加中共 12 屆全國人大三次會議海南代表團的審議。王岐山希望海南加大生態建設和環境保護力度。

　　王岐山還頗有興致地向來自儋州的鄧澤永代表詢問起儋州鹹魚的情況。「我們儋州的鹹魚過去是一條一條賣，現在改小包裝了。」鄧澤永說。

　　「改小包裝還是我提出來的。之前是整條賣，吃的時候費勁，得拿到陽台用斧子砍。」王岐山的話引得現場笑聲一片。

　　從「鹹魚」這個小話題，王岐山談到了培育和拉動消費這個話題。「市場經濟條件下，要不斷地跟上需求，讓遊客在你這把錢花出去。」王岐山說，海南要打造旅遊休閒度假目的地，「吃」是吸引和拉動消費的一個重要部分。「擺開八仙桌，招待十六方」，建設國際旅遊島，海南的食品大有文章可以做。

急調入京 收拾薩斯爛攤

2003 年 4 月 22 日，中共北京市長孟學農因瞞報薩斯（SARS）疫情被撤職，剛到海南上任 5 個月的王岐山被急調回京，擔任北京市委副書記、代市長。

王岐山任第二天，即下達隔離令，對受薩斯污染的人員、場所依法實施隔離。

據《江澤民其人》一書介紹，薩斯最初於 2002 年 11 月在中國南方爆發，在 2003 年蔓延近 30 個國家，8000 多人感染，800 多患者死亡，造成 300 億美元的經濟損失。

那時正值中共召開 16 大，江澤民關注自己保留中央軍委主席一事，中國媒體被要求為這次大會創造良好的政治氣氛，並經常重複江的口號「穩定壓倒一切」。中共的中央宣傳部內部刊物上明確地提到過，嚴重急性呼吸系統綜合症（SARS，薩斯），大陸稱做非典，是被要求不予公開報導的事情之一。

　　第一病例在廣東被發現後，以江系人馬李長春（時任廣東省委書記）為首的宣傳部門百般遮掩隱瞞，疫情逐漸蔓延至其他省。當李長春離開廣東後，廣東官員內部開始有不同意見。當有地方報紙報導薩斯疫情時，江澤民又急調浙江省委書記張德江為廣東省委書記，直接控制廣東省委宣傳部長鐘陽勝，多次下令禁止媒體報導疫情。到 2 月底 3 月初時，廣東省委宣傳部索性對各大報進行人事改組。一場大換血下來，廣東媒體落入中宣部江系人馬手中，在疫情報導上突然偃旗息鼓。

　　掩蓋疫情是典型的掩耳盜鈴，雖然消息可以封鎖，病毒卻無法封鎖，廣東的薩斯迅速蔓延開來。自 2003 年 2 月全球爆發薩斯疫情後，世界各地區幾乎每天都在報導新增及死亡病例。而在薩斯發源地的中國，官方媒介一片沉默。

　　2003 年 3 月初，全國人大、政協在北京開會時，有個爆炸性新聞，廣東一位醫生病情太重去香港治療，很快死在那裡。香港傳媒才注意到薩斯已在身邊，但為時已晚。從那時起，薩斯開始在香港蔓延。

　　這下全世界都開始恐慌。世界衛生組織（WHO）要求中共立即通報國內的薩斯發病情況和擴散範圍。

　　3 月 26 日，江澤民私人醫生、衛生部部長張文康在世界衛生組織的壓力下在北京首度公開疫情。但他只說廣東一省有 792 人感染，31 人死亡，對其他各省的疫情一概不提。胡錦濤要求地方政府與官員每天上報疫情，並不得緩報、漏報及瞞報。江的親信張文康公然對抗胡錦濤說，中國沒有法律規定必須每天上報疫情。許多觀察家認為，這種刻意掩蓋造成疫情失去控制，從中國南方的廣東省蔓延至 20 多個省市，包括首都北京及中南海。隨著進、出國的人流，疫情很快擴散全球多國地區。

實際上，當時北美的獨立華語電視台——新唐人電視台從 2003 年 2 月即開始發布警訊，報導和追蹤薩斯疫情，可惜由於大陸的新聞封鎖，民眾無法獲知這一關係他們身家性命的重要信息。

《大紀元》也率先報導這種不明來歷惡性肺炎，隔日香港《蘋果日報》跟進，世界衛生組織才開始關注。

《大紀元》後來獲得 2005 年度加拿大政府「全國民族新聞媒體理事會獎」，被讚揚在中共政府承認之前，率先報導了非典肺炎（SARS，薩斯）在中國的爆發，對中國人及世界其他人了解薩斯的真實情況起了好作用。

2004 年 11 月《大紀元》發表的《九評共產黨》，在論證中共的洗腦術從「赤裸裸」走向「精緻化」時，這樣寫道：英文雜誌《中國聚焦》（ChinaScope）2004 年 10 月登載了一篇中共如何用更「精緻」的手法製造謊言、掩蓋真相的案例分析。

在 2003 年大陸薩斯病期間，外界普遍質疑中共隱瞞疫情，但中共一再否認。為了了解中共對於薩斯病的報導是不是客觀，作者閱讀了新華網從年初到 4 月初的所有 400 多篇關於薩斯病的報導。

從這些報導中，作者了解到薩斯病一出現，從中央到地方的專家及時會診，給予治療，病人已經康復出院；壞人掀起搶購風，政府及時闢謠，杜絕流言，保障了人民生活秩序的穩定；外國極少數反華勢力沒有根據的懷疑中共政府隱瞞，但絕大多數國家和人民是不相信他們的，廣州國際交流會將是歷史上參展廠家最多的一次；外國遊客作證說在中國旅遊是安全的；特別是（被蒙蔽的）世界衛生組織專家也出面說中共配合得好，措施得當，沒有問題；（被耽誤 20 多天的）專家還被批准去廣東公開考察。

讀完這 400 多篇報導，作者覺得中共在這 4 個月的時間裡一切都很透明，對人民健康絕對負責，怎麼可能隱瞞什麼消息呢？直到 4 月 20 日，國務院新聞辦舉行記者招待會，宣布中國薩斯病全面爆發，變相承認一直隱瞞疫情，作者才明白真相，切切實實見證了中共的流氓欺騙手段。

4 月 4 日，中共解放軍總醫院的退休外科醫生蔣彥永率先披露北京瞞報「非典」疫情，國際譁然。

4 月 20 日這天，北京「非典」確診病例從 37 例激增至 339 例。當天，中共國務院召開新聞發布會，向外界公開了「非典」的真實情況，同時將張文康免職，之後，時任北京市市長的孟學農也被迫引咎辭職。

外界稱張文康是江澤民的鐵桿親信，不過，張只是中共中央委員，他敢於在國際媒體面前公然撒謊造謠，是得到江澤民的最高旨意，張充其量只是一個馬前卒而已，奉命維護老江的形象，而團派的孟學農更是被江派拉去當陪綁的了。

王岐山正是在這個時候被「空降」到了北京。在急赴北京的第二天，清晨 8 點零 5 分，王岐山就來到北京急救中心指揮大廳。他一語不發，只是觀察。王岐山面前，是一盤危局。

已退休的呼吸道傳染病專家朱宗涵醫生，被緊急任命為北京市「非典」防治專家組組長。王岐山出任代市長後，朱宗涵接到了讓他去市委開會的通知。會上，王岐山和眾人討論了防治「非典」的初步方案。

「每天都有人死」，朱宗涵並沒有危言聳聽。王岐山上任第九天，病例數就從 339 例暴增至 2705 例。由於恐慌，市民中已出現搶購、囤積物資的現象。在 4 月 24 日的第一次政府常務會議上，王岐山提出：「我就要求你們彙報的時候，一就是一，二就是二。軍中無戲言。」「困難要向人民群眾講清楚」。

王岐山將原來五天公布一次疫情的慣例，改為每天公布一次。因此，北京感染「非典」的病例和死亡人數比此前成倍擴大，他說：「我可以負責任地講，我上任以來公布的數字都是非常準確的、坦白的。」

在媒體的報導中不難發現，「說句實話」似乎是王岐山的口頭禪。4 月 30 日上午，王岐山出席北京防治非典型肺炎聯合工作小組的第二次新聞發布會。會後，他在接受央視半個小時的採訪中，一共說了 18 次「說句實話」、「說實在的」。

6 月 24 日，王岐山到任第 65 天，世界衛生組織宣布，解除對北京的旅遊警告，將北京排除出疫區名單。

王岐山在代理市長十個月後，在中共北京市 12 屆人大二次會議上，高票當選北京市市長。

王岐山留在北京市委，直到 2007 年奧運召開之前。可以說，他這頂京都官帽是中共派系鬥爭中的又一江胡鬥的過程中，「鷸蚌相爭，漁翁得利」的例子。

王岐山布陣 19 大

第三章

權傾一時 險遭暗殺

王岐山掌中紀委是習近平的布署，兩人達成默契開打「反腐」戰役。首當其衝的是江派政法委「第二中央」，18大之後，這個實權落到了王岐山手裡，成為極具實權的強勢人物。而由反腐展開的江習生死搏鬥中，王岐山也屢傳遭暗殺的消息。

王岐山出任中紀委書記後，傳出多次險遭暗殺的消息。（Getty Images）

第一節

權傾一時 習授權反腐

2012 年 11 月 15 日，王岐山和李克強一樣，沒有懸念的進入了中共政治局常委，成為中國最有權勢的七人之一。不過讓人驚訝的是，預期擔任常務副總理的王岐山，既走出了國務院，又沒擔任人大委員長，而是當了中紀委書記。此前路透社曾透露，王岐山在 2012 年兩會上透露自己「想修改刑法」，並大談法治建設和人大立法工作，他的這番話被媒體解讀為他將「在明年 3 月兩會上接替吳邦國出任全國人大委員長」。

習近平高調反腐「清黨」

習近平上台半個月後，大陸微博就傳聞，「中共醞釀『北京整風』運動將於明年春天在全國全面展開！預計此次運動涉及層面之廣、打查力度之大、持續時間之長將是中共歷史罕見！」《新紀元》周刊當時在（第 304 期 2012/12/06）《習近平「北京整風」王岐山執刀》一文中分析了習近平為何讓王岐山當中紀委書記，目的就是為了配合他在第一任上反腐。

18 大後，習近平在 2012 年 11 月 17 日主持中共政治局第一次集體學習時警告說：「腐敗問題越演越烈，最終必然會亡黨、亡國。」習也承認，近年來中共發生的嚴違法案件，「性質非常惡劣，政治影響極壞，令人怵目驚心。」

隨後習多次強調，要把「腐敗分子清除出黨」。新任中共政治局常委、中紀委書記王岐山則把反腐稱為「一場鬥爭」。中紀委發文稱：「任何人觸犯了黨紀、國法都要依紀、依法嚴肅查處，絕不姑息。」

當時香港媒體表示，在金融海嘯後遺症還在發展和深化之際，把王岐山這名老手調離經濟戰線，出掌中紀委，是否「亂點鴛鴦譜」？還有的說，王岐山掌中紀委，以他與太子黨的關係，富人和紅色家族可以安心和放心了，因為他們的利益會得到照顧云云。不過《新紀元》分析說，反腐是習近平能否真正掌權執政的關鍵，在頭五年中，習一定會把主要精力用在配合王岐山的反腐上，只有反腐取得成功，新來的執政者才能樹立威信，推行自己的政策。

「習式五年計畫」反腐成第一首要

2012 年 11 月 19 日，中共官媒新華社全文刊登了 17 日習近平在其上任後的第一次政治局學習會議上的講話。在談及腐敗問題時，習說：「物必先腐，而後蟲生。……大量事實告訴我們，腐敗問題越演越烈，最終必然會亡黨亡國！」

「物必先腐，而後蟲生」，出自宋代蘇軾的《范增論》——「物必先腐也而後蟲生之，人必先疑而後讒入之。」暗指自己先有弱點而後為外物所侵害，長期擔任中央黨校校長的習近平，深知中共官員貪腐現狀。此前《新紀元》周刊報導說，有消息透露習近平的改革方針是：在頭五年，「從上至下，從黨內到黨外，從易到難」，等反腐成功後，再進一步搞政改。

如果說 16 大時，中共提出「初步探索出一條適合我國現階段基本國情的有效開展反腐倡廉的路子」，到 17 大時宣布「走出了一條中國特色反腐倡廉道路」，那到了習近平的 18 大，中共反腐的共識和路子已經很清楚了，然而反腐現狀卻是「越反越腐」。

18 大上，習近平把「加強主要領導監督」首次寫入了黨章，強調「選拔幹部要堅持德才兼備、以德為先的原則」，既然腐敗滋生了蟲子，那先抓出蟲子也就成了反腐第一步，很多人預測，薄熙來案、劉志軍案將是習近平反腐的第一炮。

當時有北京消息人士對《新紀元》透露說，安排王岐山去中紀委是習近平的布署，目前兩人達成默契，要拿反腐開刀。

回顧中共經濟發展以及官員貪腐情況，1980 年代貪官們主要靠批文發財，1990 年代主要靠股市，1990 年代末則集中在房地產、金融等資本密集行業，很多貪官為了洗錢，把錢在幾個戶頭上轉幾個圈，帳面上就難以看出問題，也就把中紀委的調查官員給糊弄過去了。不過王岐山是金融專家，貪官們玩的這些把戲騙不了王岐山。

王岐山監管政法委 楊晶分管政法

18 大後，原周永康負責的政法委被降格，由新任政治局委員、公安部長孟建柱兼任中央政法委書記、維穩小組組長、綜治委主任。政治局常委分工中，中紀委書記王岐山將兼管政法系統，這類似 15 屆的尉健行，二者都以中紀委書記身分兼管政法。習近平還把趙洪祝調回中紀委做第一副書記，給王岐山當助手。

周永康在位時一人獨大，每年支配高達 1100 億美元的維穩經費，該預算超過了中共的國防預算，在江澤民的主導下，周永康將政法委演變成了可與中央抗衡的「第二中央」，成為薄熙來聯合周永康奪權上位逼宮的最大資本。如今這個實權落到了王岐山手裡。王岐山不但管理各級黨官，還管理國內安全，從某個角度看，王岐山將成為中共 18 大集團中極具實權的強勢人物。

在中共體制中，最高權力機構「政治局常委」只制定政策，具體如何執行主要靠中央書記處，18 大書記處與往年不同的是由六人增加為七人。常委書記由於地位重要，以前都是由「王儲」胡錦濤與習近平擔任，江澤民第一親信曾慶紅也擔任過這個職務，這次卻是千夫所指的「言論殺手」劉雲山。剩下六人分工，原先由中央政策研究室主任王滬寧擔任的書記處書記，改由杜青林與楊晶來接任。

北京知情者告訴《新紀元》，18 大政法系統將被改「一人獨大」為「三層分管」：即王岐山「領銜」、孟建柱具體負責、楊晶協管，目的就是相互制衡。

楊晶 1953 年 12 月生於內蒙古準格爾旗，中央黨校研究生學歷。除了擔任中央書記處書記外，他還兼任中央統戰部副部長，國家民族事務委員會主任、黨組書記。楊晶 17 歲在準格爾旗農機廠當工人、27 歲時進入內蒙古大學學習漢語，1988 年 33 歲時擔任內蒙古達拉特旗委書記，2004 年升為內蒙古黨委副書記，2008 年為中央統戰部副部長。

此前《新紀元》報導了 18 大後，中央社會治安綜合治理委員會（綜治委）從政法委中分離，拆分成為平級機構；軍警撤出綜治委，國安也可能劃出政法委，各地政法委書記一般由市常委兼任，而公安局長一般不再染指政法委。

朱鎔基點名 處理粵海風波

在《新紀元》2012 年 10 月出版書《18 大中南海新權貴》一書中，詳細介紹了王岐山如何從學者變成官員，如何從平民變成太子黨，其強勢的作風和才高氣盛的性格來源於何處，有人預測，習近平利用王岐山反腐，最害怕的就是金融界蛀蟲。以下簡單描述一下王岐山的辦事作風。

1980 年廣東省政府出資 500 萬元人民幣，在香港註冊成立粵海企業集團，主要負責向海外借錢。當時海外投資者都認定，借錢給粵海實際上是借錢給中共政府，有政府撐腰，對粵海借錢大可放心，於是粵海迅速發展，旗下擁有五家上市公司，其中旗艦「粵海投」還被選為 33 家恆生指數成分股之一。

不過由於經營不善，粵海逐漸出現流動性不足和支付困難的跡象，1997 年下半年開始的金融危機成為粵海敗落的導火線，等到了 1998 年底，國際著名評估公司「畢馬威」對粵海進行重點審計，發現其資不抵債，欠款 46 億美元，負債率高達 74%。

當時朱鎔基總理點名，委任王岐山為廣東省常務副省長，專門處理蔓延全省的金融亂象。王岐山上任第一天就是處理危在旦夕的粵海支付危機，提出重組粵海集團，「誰的孩子誰抱走」，政府不替國有金融機構埋單。當時粵海重組債務近 60 億美元，涉及 200 多家銀行、500 多家企業、1000 多位貿易債權人，規模之龐大，在全球企業重組史上罕見。

那時不少外資銀行還想打官司控告粵海，王岐山非常強硬地說：「你們可以去告，上哪都可以，在國內、在廣東省肯定贏不了，到國外我也願意奉陪！」與此同時，王岐山聘請美國高盛集團為廣東省財政顧問，保爾森對這樁亞洲最大的重組案極為重視，親自出馬，不久高盛投資粵海 2000 萬美元，經過兩年的調整，王岐山化解了廣東金融海嘯。

王岐山獲溫家寶賞識

外界多把王岐山視為朱鎔基的衣缽傳人，因為他倆都有類似的強悍的性格和言論，都有雷厲風行的作風。不過人們往往忽視了溫家寶對王岐山的栽培。

2007 年，王岐山還只是北京市長，按照中共官場規則，他要先升為北京市市委書記之後才能進入政治局，然而受溫家寶賞識，王岐山成為第一個跳過市委書記一級、直接升任政治局委員的人，並在溫家寶手下擔任分管金融的國務院副總理。

中國媒體大多竭力吹捧王岐山，說他治理薩斯高效有力，說他充當救火隊長、上任北京市長後，19 天就基本控制了薩斯疫情，其實那只是官方上報的感染人數開始下降，真實的感染人數絕不只是官方公布的那幾百人。由於採用嚴格的隔離，具體死了多少人，外界不得而知，王岐山也就順勢成為虛假的非典英雄。

民間給王岐山反腐支招

2012 年 11 月 16 日習近平陣營上任第二天，中國公民甄鵬在網上發表了《致中紀委王岐山書記的公開信》，呼籲王岐山在其職權範圍內做到四點：一、實行官員財產公開制。二、成立獨立的司法人事委員會。三、提名法律專業人士出任最高法院院長、最高檢察院檢察長和司法部部長。四、將中紀委限制人身權利的行為納入法律框架，最典型的就是「雙規」。

有消息稱，王岐山的中紀委有可能採用這些新招，但是否能真正實施，誰也不得而知。當年朱鎔基號稱打造一百口棺材埋葬貪官，但最後大多變成了空話，因為共產制度產生的新階級，注定要產生腐敗貪官。

對於第三點建議人們發現，最高法院院長王勝俊，學歷史出身，不懂法律，卻被周永康提拔成了高院院長；而司法部長吳愛英，更是從山東農村的公社書記到婦聯主任，由於會拍周永康的馬屁，拿錢買官，最後竟成了掌管全國律師和監獄的頭號女人。

就在 18 大之前的 2012 年 10 月 22 日，吳愛英還逆潮流公開支援周永康，稱要「認真學習貫徹周永康等中央領導同志在全國政法委書記座談會上的重要講話精神」。此次會議還釋放出強烈的反對廢除勞教制度的信號，吳聲稱要強化勞教管理並加大勞教場所建設力度。

很顯然，勞教存廢不僅關涉維穩系統，更關乎司法部的灰色收入。司法系統「吃黑錢」幾乎是公開的祕密，主要來源有兩個，一是勞教場所提供的非規範收入。到目前為止，中共審計署還從沒擁有百萬勞力的勞教所進行過審計，二是全國律師協會的繳費，每年司法部利用審核頒發律師執照的高壓手法，強制律師「上貢」，其數額驚人。

法外授權 早該廢除的勞教所

中共的勞教所可謂中國最黑暗的地方。任何人可以不經審判就被警察隨意逮捕，隨意毒打折磨、隨意決定關押一至三年，隨意強制勞動。據 2012 年 4 月統計，中國大陸有 681 所監獄，在職監獄警察 30 萬名，在押犯人 164 萬。這上百萬的無償勞動力，是中共手工出口產品的主力，國際社會一直呼籲禁止奴役勞工。

據人權組織調查，從 1999 年 7 月 20 日中共迫害法輪功以來，至少有 30 萬法輪功學員先後被勞教，警察不但用最繁重的體力勞動和洗腦等精神折磨摧殘他們，還喪盡天良地活摘法輪功學員的器官。中共的勞教所監獄裡，每個法輪功學員一進勞教所就被「體檢」，抽血化驗登記，隨時準備被摘取器官，而普通刑事犯則不做這類體檢。

中共體制內很多人都呼籲廢除勞教制度，因為其存在本身就是非法的，是法外授權，但由於江澤民、羅干、周永康之流的阻撓，勞教制一直在大陸存在，因為這是江澤民迫害法輪功的最賣力的機構。

不准念稿 繞開財產公開

王岐山的特立獨行不光體現在他的衣著上，也體現在開會上。中共 18 大常委第一次亮相時，就只有王岐山一人是藍色領帶，第二次集體亮相參觀復興之路展覽時，就王岐山一人穿牛仔褲運動鞋。在中紀委開會時，他也要求：「參加王某人的會，不准念發言稿，要學會深刻思考。」

2012 年 11 月 30 日在中紀委與專家的研討會上，王岐山要求與會者盡量少用講話稿，要多提觀點，因為上報資料他都看過了。他說：「說長話容易，說短話不容易。」他還拿邱吉爾一段話說：「如果給我五分鐘，我提前一周準備；如果是 20 分鐘，我提前兩天；如果是一小時，我隨時可以講。這個演講就是屬隨時可信口聊的水準。」

研討會上，與會者力主盡快建立領導幹部財產申報制度。早在 1994 年《財產收入申報法》就已列入全國人大常委會立法項目，但卻始終未進入立法程式，1995 年中共發布了「關於黨政機關縣（處）級以上領導幹部收入申報的規定」，2006 年發布了「關於黨員領導幹部報告個人有關事項的規定」，2011 年發表了「關於領導幹部報告個人有關事項的規定」，首次將領導幹部本人、配偶及子女的房產列入報告範圍，但事實證明這些「內部公開」對於反腐無濟於事。

由於房產價值高，專家建議以公布房產來發掘腐敗，不過王岐山並沒有在這一問題上跟進。相反，王岐山在座談會上講話的重點卻是：各級紀檢要以身作則。他認為，各級紀檢不但形同虛設，在重大違規問題中，更是監守自盜，越反越腐。

從紀檢開刀 從金融高管下手

這次無論是習近平還是王岐山，都從「自先腐後生蟲」的角度，強調先從自身做起，具體到紀檢領域，就是先整頓紀檢人員本身。

在百姓眼中，中紀委早已是一個利益集團，一些反貪官員其身不正、通過反腐來斂財已是公開的祕密，尤其是一些省部級官員的重大案件，經辦人員上下其手，對貪官及其親屬敲詐勒索，往往一個項目辦下來，很多經辦人員已成為千萬富翁。在這樣的體制下，要想徹底根治腐敗根本是與虎謀皮。

比如 2010 年 12 月 30 日遭到槍決的原湖南省郴州市紀委書記，掌控紀檢大權 11 年，但他本人卻在 1997 年到 2006 年期間，受賄索賄 30 多萬人民幣，還有近千萬不明財產。

另外有消息稱，王岐山在金融機構高層會議上也先聲奪人：「金融機構，特別是上層，不是全部也差不多九成已是千萬富翁，借 1 億元收 2000 萬私人回傭，每月薪金 5000 元，獎金四、五萬，這是哪家訂立的，夠黑、太黑。」於是人們預計王岐山的到來令國營金融大佬的日子很不好過。

目前中國銀行高級官員可以隨意將數額巨大的資金借貸出去，並暗中撈取個人的巨額好處。這種坑害人民的利益、肥了自己腰包的腐敗醜聞比比皆是，導致民不聊生，怨聲載道。

2012 年 7 月有報導稱，中國金融系統已經岌岌可危，總計爛帳至少已經高達 26 萬億，相對於 7.5 萬億的淨資產，中國所有的銀行已經破產，留下一堆爛帳。

不過不少人對王岐山的高調表示質疑。回想朱鎔基上台時也是慷慨陳詞，他曾當著各國記者的面誓言「不管前面是地雷陣還是萬丈深淵，我都將一往無前。」「我這裡準備了 100 口棺材，99 口留給貪官，一口留給我自己。」然而，面對中共整部專制機器的全方位制度性的腐敗，一個小小的人又能發揮多大作用呢？事實是，朱鎔基任職期間以及之後，中共腐敗現象愈發嚴重。

中紀委曾寫文章反駁民眾提出的「越反越腐」現象，並給出數據說 2010 年有 1 萬 9527 人受到黨紀處分，其中縣處級以上幹部 5098 人，移送司法機關的 804 人。但相對於無官不貪的局面，800 人在中共 7000 萬黨員中的比例微乎其微，這說明絕大多數貪官是非常安全的。再比如中紀委處罰賣官的官員，但從未處罰買官的官員，因為幾乎人人都在買官，法不責眾，法律都變形了。

毫無疑問，等待王岐山的也同樣是反腐的萬丈深淵，無法飛越。

第二節

掀反腐風暴 反腐立法成熱點

王岐山話裡有話

2013 年 2 月 25 日，就在一年一度的中共人大政協兩會召開前夕，官媒新華社發布了一個月前的 1 月 22 日習近平在北京召開的第 18 屆中紀委第二次全體會議的消息以及王岐山的報告全文。

在新華社公布的王岐山的 6000 多字的講話中，王岐山表示 2013 年中紀委要做好反腐工作，要「嚴肅查處違反政治紀律行為，絕不允許公開發表同中央決定相違背的言論，絕不允許『上有政策、下有對策』，絕不允許有令不行、有禁不止。」

在具體內容中人們發現，王岐山的講話中有幾點特別有針對性的話語。如他強調「個別高級幹部嚴重違紀」，令讀者都在猜測這些高級幹部指的是誰。報告還說「嚴禁以公款互相宴請」，要「規範幹部退休從業行為」，要「糾公務員考錄不正之風」，「紀檢幹部不准辦人情案」等。

大陸很多媒體把王岐山的講話解讀為「王岐山要加強對裸官的監管」，有人表示，王岐山此次劍指「裸官」，找到了將反腐敗深入延續下去的良好突破口。首先，「裸官」的負面影響力極大，民眾對於家人都變成外國人的「裸官」深惡痛絕。其次，「裸官」的出現更多的是監管制度存在問題，在中國嚴密的戶口制度下，對「裸官」的查處成本應當是相對較低的。

但王岐山的講話，不但針對裸官，更針對那些退了休的，喜歡公款宴請的個別高級幹部，細心品味海外流傳的王岐山的講話稿，人們還發現王岐山提到「路線鬥爭」的問題，從中人們能看到更多的意涵。

官員財產公開和反腐立法將成兩會熱點

對於 2013 年 3 月 5 日召開的兩會，當時很多媒體解讀說，反腐立法將成為兩會熱點，有人還預測習近平與李克強將在公布官員財產和人大確立反腐法律這兩方面著手，不過，根據各方情況分析，中共要真正實施這兩點的現實性並不大，無論兩會上這兩個話題討論得多麼熱烈，最後結果都會不了了之，中國現有法律再完備，不具體落實執行，一切都是空話。

20 多年前中共就提出了反腐，一方面是加大力度反腐，另一方面卻出現了腐敗越來越嚴重的現象，老百姓說，「中共是越反越腐」了，根本無法標本兼治。

早在 2009 年就有人大代表呼籲出台反腐敗法，全國人大也曾將修改完善反腐敗方面的有關單行法律，列入立法計畫，但四年過去了，無論專家學者和民間如何呼籲，反腐法的立法進程都「難產」了。究其根源，因為中共已經成為一個特權「新階級」，假如沒有腐敗的特權，中共這個新階級就會被消滅，就會自動消失，反過來也就是說，中共不可能不腐敗，腐敗已經成為中共存在的一個「生存支柱」，中共黨員就是靠腐敗凝聚在一起的，腐敗消除了，中共也就滅亡了。

據2012年底「全國人大法律委員會關於代表議案審議結果的報告」顯示：「2008年至2012年，11屆全國人大常委會曾將涉及反腐倡廉制度建設的修改刑法、刑事訴訟法、行政監察法、預演算法等，以及研究論證建立國家公職人員財產申報方面的法律制度等，列入立法計畫和年度立法工作計畫。」但上述立法內容並未完成，在該份報告中，全國人大法律委建議，將「修改完善反腐敗方面的有關單行法律」列入下屆全國人大常委會立法規劃中，就這樣一屆推一屆。

外界認為，反腐敗國家立法的第一步，應是制定官員家庭財產公示制度，目前《中國共產黨紀律處分條例》和《行政機關公務員處分條例》，這些規定還只停留在中共內部監督層面上，沒有具體實施的配套規定，民眾也無法監督，這等於形同虛設。

如何公布官員財產呢？2012年11月，汪洋在廣東試行了官員財產公示制度，一些地區準備將配偶、子女的財產情況納入公開範圍。不過有官員聲稱，「短期內，全國性的官員家庭財產公示制度還難以出台」，如何讓民眾或各級人大，有效地監督同級官員的財產申報，這成了很多媒體熱議的話題。

開局反腐 「習八條」特有所指

　　每年兩會，反腐都是各界關注度最高的話題之一。習近平上台後，先是強調「打鐵還須自身硬」，一天後又說，「物必先腐而後蟲生」，隨後他發誓要「把權力關進制度的籠子裡」，在短短 100 天的時間裡，至少有 27 名廳級以上幹部被處置，其餘級別的官員則更多。

　　特別引入注目的是周永康的馬仔、四川省委副書記李春城、中央能源局局長劉鐵男、中央編譯局局長衣俊卿這幾位副部級官員的落馬，用往年的標準來看，王岐山掀起的已是一場反腐風暴。有人猜測說，相對於以後打大老虎的驚險，目前這三名副部級的馬仔落馬，可能也就只夠稱之為毛毛雨了。

　　很多政治敏感人士在閱讀了王岐山的講話稿後發現，王岐山的話中有話，矛頭直指江澤民派系，因為王岐山強調的那幾點，正好點在江澤民的腦袋上。還有傳言說，王岐山把反腐上升到「路線鬥爭」的高度來對待。

　　18 大後，胡錦濤以全退來阻斷江澤民的老人干政之路。2012 年 12 月 4 日，習近平在中共政治局高調推出「習八條」，即有關「改進工作作風」的八項規定，被認為是從政策法規層面鞏固胡錦濤終結「老人干政」，其中「除中央統一安排外，個人不公開出版著作、講話單行本，不發賀信、賀電，不題詞、題字」，被認為是直接針對最喜歡到處留言題字的江澤民。

　　然而江澤民不甘心就此退出權力舞台，從 2012 年 12 月 22 日至 28 日，六天的時間裡四次公開露面題詞作賦等，公開叫板「習八條」。習近平團隊也不甘示弱，在 2013 年 1 月 21 日，習近平臨時改變主意，突然參加原中共中央軍委祕書長、總政治部主任楊白冰的遺體告別儀式，官方公布的領導人排序名單上，江澤民第一次出現在第 12 名上，前面 11 名依次為中共七名新任常委、外加還有政府職位的胡錦濤、吳邦國、溫家寶、賈慶林。

而在此前兩個多月，中共官方對丁光訓去世「表示慰問」的時候，江澤民仍然排名第三，再往前推，中共 18 大前，江澤民的名字一直排在胡錦濤之後，名列第二，儘管江不再擔任任何實際職位。有外國記者戲稱，從江的排名上，就能看出胡錦濤時代中國有兩個權力中心，江澤民「不在其位，卻謀其政」，這跟慈禧太后有何差別？

在楊白冰追悼會之後的第二天，即北京時間 2013 年 1 月 23 日凌晨，新華社還專門發布簡訊，證實江澤民今後排名都會在時任常委之後。新華社在簡訊中極為罕見地將江澤民的生平履歷極為詳細地列出，外界解讀說，即使這不是「定論」，也算是「蓋棺」之舉，意味著江的政治生涯到此結束。這時很多人才驀然醒悟，胡錦濤的全退，真的就像《大紀元》此前報導的那樣，是學了董存瑞捨身炸碉堡，徹底炸毀了江澤民干政，若胡不這樣做，江恐怕還會一直賴下去。

在《新紀元》出版的新書《習近平對江澤民亮出殺手鐧》一書中，講述了 2013 年元旦，《南方周末》新年獻詞中原本強調習近平的「憲法夢」等內容，遭廣東宣傳部長庹震操刀刪改，隨後事件不斷發酵。「南周事件」向外界曝光了中南海二大機密：第一，習近平正遭遇來自江派薄黨的攻擊；第二，雙方在相互搏擊的過程中洩露了江澤民陣營的最大恐懼點、也是習近平針對江澤民的「殺手鐧」──中國勞教所。

　　2013 年 1 月 7 日，中共突然宣布年內取消勞教制度，同時習近平高調講話，更加強調他所提出來的「憲法夢」。勞教制度是中共整個政法委的核心，很多法輪功學員都在被勞教之中。過去十幾年裡，政法委的頭目從勞教制度中獲取了很多經濟利益，還涉及到活摘器官的問題。習近平針對勞教所開刀，變相針對政法委和周永康等人開刀，實際上撬動了江澤民的根，江的恐懼點。

　　「南周事件」的核心涉及江派劉雲山、庹震等封殺習近平的「憲法夢」，江派恐懼習近平實施憲法治國、打擊腐敗，也因此，代表江派的劉雲山在「南周事件」上一直與習近平公開唱反調。

江澤民貪腐生活正是中紀委目標

　　就在江澤民公開挑釁「習八條」時，《動向》雜誌報導了江澤民退休後的貪腐生活。江澤民 2012 年在上海居住 150 天，除其住宿、交通等開支由市政府列作行政開支外，僅宴請簽單 237.7 萬，相當於上海市 34 個中等職工的總收入。

　　2008 年就有人爆料說，中共中央委員以上離休高幹，每年公款開銷就高達 1000 億人民幣；僅中共前黨魁江澤民、前總理李鵬等高級離休官員 11 人，每年公款消費達 10 億元，平均每人近一億元！江澤民等享受的特權待遇，包括各地行宮、專機、專列、高級轎車、專家醫療組等。

　　上行下效。《南方都市報》2012 年 3 月 4 日報導稱，中共三公消費（公車消費、公款吃喝、公費旅遊）在 2006 年就達千億元，相當於全年財政支出的 30％。2008 年 3 月，全國人大常委會辦公廳研究室特約研究員王錫鋅在《新聞 1+1》中披露，他估算中

共官員用於公款吃喝、公費出國、公車開支的花銷一年有 9000
億人民幣。9000 億相當於 30 艘航母的造價，儘管每年百姓納稅，
但至今中國沒有一艘真正的航母。

王岐山在中紀委第二次會議上強調「個別高級幹部嚴重違
紀」，「嚴禁以公款互相宴請」，要「規範幹部退休從業行為」，
「紀檢幹部不准辦人情案」等，是否是針對江澤民派系來的，這
還難說，但有一點是非常清楚的，江澤民在位十多年，一手扶植
了大量貪官，而江澤民本人也是中共現行官場上很多特大老虎的
保護傘和黑後台。

《財經》曝光江派鐵桿黨羽的驚人黑幕

2013 年 2 月 24 日，就在官方發表王岐山講話的前一天，《財
經》雜誌發表文章《連氏無間道》，該文報導了江家幫的腐敗鏈
條和江澤民鐵桿黨羽的驚人貪腐，同一天，新華網頭條是習近平
針對江澤民的「腐敗治國」而發出的「依法治國」，外界稱，這
些舉動給人「開弓沒有回頭箭」的感覺。

在《新紀元》315 期封面故事《習近平的太子黨盟軍》中，
介紹了王岐山和他的密友王波明，利用《財經》雜誌充當中紀委
反腐先頭兵。

2 月 25 日，被稱為香港央視的鳳凰網轉載《財經》的《連氏
無間道》文章，標題改為《「公海賭王」被指涉薄谷開來案曾為
黃光裕洗錢》。此文在兩會前，在薄熙來進入司法程式倒計時的
階段，發出強烈的對以江澤民為首的「挺薄黨」的嚴肅警告。

據《財經》報導，新近調查的薄谷開來及其家人的經濟帳目，

也與「公海賭王」連卓釗的連氏賭廳及其地下錢莊網絡存在交集。後者與大陸腐敗鏈條存在多大範圍的網絡，或許只有連氏清楚。

文章還稱，連卓釗、前內地首富黃光裕、「南粵政法王」陳紹基、深圳市原市長許宗衡、粵浙原省紀委書記王華元、公安部原部長助理鄭少東等在內的政商權貴，形成超級分利聯盟，並通過公海賭船、洗錢網絡等方式，將贓款聯於貸款、地下錢莊聯於境外銀行，黑道與白道互為利用、商界與政界交相滲透，大量走私、洗錢、行賄，安然往來於其間，進而在國家秩序之外構建了強大而有力的次級秩序。在這一秩序中，黑道幫派規則大行其道，社會公共秩序毫無尊嚴。

上面提到的人全部是江澤民、周永康的鐵桿。此文在兩會前夕出來，傳遞重要信息，習近平的反腐討伐，正逼近江澤民。此文的作者之一羅昌平，現為《財經》雜誌副主編，曾於 2012 年 12 月 6 日，微博實名舉報現任國家發改委副主任、國家能源局局長劉鐵男涉嫌偽造學歷、與商人結成官商同盟等問題。劉鐵男被稱為江澤民的財務大管家。

文章還寫道，回望十年，這宗南國大案與上海陳良宇社保案、北京劉志華城建案、天津李寶金、宋平順、皮黔生案、重慶薄熙來、王立軍案，構成中國地方官場強震的四極。而該案主要發生於廣東，且勾連起北京、深圳、香港、澳門等地的商脈，亦映照出開放之區的隱祕一角。

《財經》比喻江派的黑色聯盟是「遊弋在法外公海之上的『海王星號』，儼然是一個隱密而龐大的特殊人際網絡樞紐。」「政商之間，真實版的連氏無間道，超越電影劇本，折射出一個缺乏法治的市場，在原罪與共罪間鞏固著無間環境，其必然導致自由市場、法治正義與執政倫理的多重損毀。」

　　兩會上官方公布王岐山的反腐講話，矛頭直指中南海高層，接下來的戲各方正拭目以待。

第三節

暗殺不斷 習王「輸不起」

自王岐山 2012 年擔任中共中紀委書記以來曾先後多次遭到暗殺。中共「18 大」後，大批江派官員落馬，江澤民、曾慶紅、周永康等對習近平陣營不斷發起攻擊、多次尋機暗殺政治對手。據中共內部通報資料顯示，2013 年到 2015 年之間，中紀委主要官員在工作期間遭遇暴力攻擊、暗殺等事件 40 餘次，其中針對王岐山的有 12 次以上。

據港媒消息，2013 年 8 月下旬，王岐山到江西、南昌等地，期間有兩名「上訪」人士向王岐山遞交「申冤狀」，後被王隨行警衛抓個正著。據知，兩名遞狀者並非受迫害冤民，而是被開除出公安系統的警官，查證是被雇用的殺手。被抓時曾企圖自殺。

2014 年中國新年前夕，王岐山還收到含有劇毒「山埃」（氰化鉀）的賀年卡。中南海方面即展開追擊、偵查，但線索又被擱置。

2014 年 3 月初，王岐山到天津查案，車隊開往現場途中，隨行第三輛旅遊車突然起火焚燒，車上載著警衛、工程人員，而王岐山是乘坐第二輛旅遊車上，算避過一劫。

2014 年 3 月中旬中共「兩會」後，王岐山在吉林長春準備按行程乘車出發時，安全部門告知車隊多輛車後輪胎發現螺栓鬆動，被人為破壞。

2015 年習近平當局進入反腐關鍵年，王岐山也成為中共內部腐敗集團仇視的目標之一，多次遭遇暗殺。

如 2015 年 2 月下旬至 3 月初，王岐山先後到山西、天津調研。王岐山在山西省委常委會上稱「山西官場是腐敗墮落重災區，根深蒂固，積重難返……」發言的主題大多和反腐敗相關。

有媒體報導，當天安排王岐山到中共山西省黨校、省警官高等專科學校視察的行程取消。消息稱，這是臨出發前省保衛部和中央保衛部交換情報後決定。在前往中共山西省黨校、專科學校必經之路查獲兩名職業槍手，他們正布署針對王岐山為下手目標。

槍手是兩名被開除的省武警官員。據稱，殺手在被攔截時，得知事情要敗露，嚼食衣領內早已準備好的劇毒身亡。中共中央保衛部門已就暗殺事件展開專案調查。

緊接著，在 2015 年 3 月中共「兩會」前夕，王岐山抵天津調研天津開發資金的流失、負債近 3 萬億的問題。王岐山在市委、市政府召開的會議上要求天津當局必須保留好自 2007 年以來的天津高層會議的會議記錄、政府工程開發資金借貸等原始單據……不准延誤、不准有人干預等。王岐山還說，天津當局過去、現在是否有問題，問題是否嚴重，大家都是心知肚明的等。

有報導稱，會議當天傍晚，王岐山推辭了天津市委、市政府給其安排的便宴等活動。原來當天在天津市委、市政府保衛人員查獲三名「上訪人員」，他們稱要向王岐山請願告狀，但從他們隨身物品中搜到手槍，而且子彈上了膛。消息表示，他們選擇傍晚混入市委後，伺機對王岐山下手。被逮捕的人是河北省委辦原保衛人員，曾因犯罪被判刑，服完刑後搞運輸。

2014 年 3 月 27 日至 28 日，王岐山赴河南省調研期間，儘管做了周密保衛工作，不過王岐山仍遭遇有內線的暗殺行動，而王岐山對此次活動的行程提前採取「空城計」。在 27 日早上啟程前告知河南省委、省紀委，但沒告知調研活動日程。並由中央警衛局、總參保衛部安排專機，著陸地點臨近鄭州軍用機場。原定 27 日至 29 日的 3 天活動日程改為 2 天，原安排在鄭州省委大樓召開座談會，改在開封市委大樓召開。原安排的調研地點全部做了調整。

據稱，28 日清晨在河南省委招待所還是發生兩宗涉及針對王岐山的暴力攻擊、暗殺事件。包括省委招待所凌晨兩次停電，而同一時間三輛省委保衛部專用車在停車房起火爆炸。

王岐山再三強調反腐「輸不起」

2014 年 11 月 3 日，中共官媒刊發王岐山 6000 餘字的長文。文中提到中共腐敗問題，並稱反腐敗「是一場輸不起的鬥爭」。大陸媒體紛紛以《王岐山在人民日報撰文：反腐是一場輸不起的鬥爭》為標題轉載。

此前 10 月 25 日，王岐山在中共 18 屆中紀委第四次全體會議上聲稱，反腐「是一場輸不起的鬥爭」，一旦反彈，後果不堪設想。8月在中共政協常委會議時也提到：「8項規定的成功與否，已經變成一場輸不起的戰鬥。」

2014年11月12日，港媒《東方日報》刊發署名評論文章稱，北京當局反貪腐、「打老虎」舉大旗的是習近平，具體操刀、衝鋒陷陣的是中紀委書記王岐山。當時50名省部級貪官被拿下，周永康、徐才厚兩大貪腐集團被搗毀。但王岐山面臨巨大壓力。

評論稱，中共內部存在大大小小的利益集團、貪官污吏的勢力極為龐大，一有機會，他們的反撲將十分可怕和瘋狂。習近平輸不起，王岐山更輸不起。

評論認為，王岐山反腐的重點是「18大」之後形成的「領導班子」、特別是「還要提拔使用的領導幹部」身上，這些官員自恃「後台」夠硬，誰也動不了，而且還有「年齡優勢」，幾年後更上層樓，到時誰勝誰負未可知。

王岐山布陣 19 大

第四章

強控中紀委
立家規清門戶

2014 年 6 月 25 日，在中南海針對香港白皮書事件展開激烈博弈之際，陸媒報導江澤民當年的對頭楊白冰葬禮受到最高「禮遇」，貶江意味濃厚。2015 年 6 月 14 日喬石離開了人世，追悼會當天中共下半旗致哀。喬石是唯一一個敢和江澤民當面拍桌子的人。

習近平上台之後，王岐山成了最有權勢的人物。（Getty Images）

第一節

中紀委擴權內幕

中共 18 屆三中全會召開後，有人說最大的贏家就是王岐山，此話不假。王岐山執掌的中紀委（管黨內紀律）和監察局（負責政府反貪）權力大增，打破原來的平級管理，所有地方反貪的官員，都由中紀委任命，向中紀委負責。原本在中共政治局七大常委裡排行倒數第二的王岐山，成了主管中共貪官生與死的「小閻王」。

因為中共無官不貪，每個人都有把柄，如果北京想要整誰，就查他的貪污問題。王岐山坐大中紀委書記，以「反腐」為李克強經改開路，習近平以國安會及軍權做後盾，其目的都是為了從江派利益集團手中「奪權奪財」。

自從 2012 年 11 月中共 18 大召開後，以前主管金融的國務院副總理王歧山，出人意料地被習近平任命為中共中央紀律檢查委員會（中紀委）的書記。在習近平不斷高喊「腐敗亡黨亡國」

的提醒下，王岐山在反腐中手段強硬。據不完全統計，王岐山上任以來，以薄熙來事件為主線，相繼打倒了以江澤民派系為主的10隻小「老虎」，2013年拍打的「蒼蠅」超過三萬多，平均算起來，王岐山上任後前8個月每兩天就有一名廳級高官落馬。

中紀委擴權 紀檢入駐各級黨委

在2013年11月12日結束的中共18大三中全會上，王岐山的「打老虎捉蒼蠅」行動得到進一步背書。中共三中全會的《決定》稱，要「全面落實中央紀委向中央一級黨和國家機關派駐紀檢機構」，這等於更加明確宣布了王岐山在中共最高一級的中央部委機構的監察地位。全會決定同時還規定，「各級紀委的負責人的任命不再由同級的黨委提名，改由上級紀委機構直接任命」，也就是說，王岐山不但縱向管理各級地方紀委，同時橫向覆蓋了中共各級政府機構和國營企業，橫向縱向全方位地介入了監察管理中。

三中全會結束後的翌日（11月13日），王岐山在北京召開中紀委會議，就中紀委的全面管轄作出布署。王岐山將向有中共中央四大直屬部之稱的中宣部、中組部、統戰部和中共中央對外聯絡部派駐紀檢組，取代原有在編制上隸屬於各自部門的紀檢人員，並將繼續推進近年收回省委書記對地方紀委書記任命權的做法，將「紀檢雙重領導制」具體化。

有媒體報導說，目前大陸有16名省級紀委書記從外省或中央部委直接「空降」，包括北京、天津、山西、內蒙古、吉林、江蘇等，其中12位從外省調任，四位從中共中央下派。任職短、鮮有連任也是「空降」紀委書記們的一大特點。2006 年「空降」上海任紀委書記的沈德詠只任職 17 個月，陳良宇案判決生效後即離任。更多的「空降」省級紀委書記一屆任滿後即轉赴他任。

《新紀元》調查了大陸現任省級紀委書記擔任現職前的情況、上任時間等，整理出「31 名現任省級紀委書記任職情況一覽表」（見附錄）。由表上可以看出，現任省級紀委書記，已經有大半改由外地官員擔任。王岐山在內部講話中表示，中紀委下派的官員，任期必須短，不能超過一屆（五年），最好三年調任。

「大諸侯」也被中紀委管轄

18 大三中全會不久，中共中組部和中宣部共同出版了《三中全會學習輔導百問》一書，對中紀委權力的擴張作出了進一步解讀。

比如過去擔任上海市委書記的陳良宇，和直轄市重慶市委書記的薄熙來，他們由於同時是中共中央政治局委員，按照以往，不歸上海市或重慶市的紀委監督管理。他們權傾一方而缺乏監督制約，直接對中南海形成威脅，於是爆出了很多政變貪腐醜聞。據《學習輔導百問》透露，今後包括中共中央政治局委員兼任地方黨委書記的幹部在內，均納入中紀委的巡視監督範圍內。

與此同時，王岐山還強化了「中央反腐協調小組」的作用。目前中共中央反腐敗協調工作小組由中紀委書記王岐山擔任組長，中組部部長趙樂際、中紀委副書記趙洪祝任副組長，成員包括公安部部長、最高法院長、最高檢檢察長等。

1996 年，中紀委提出建立由紀檢、法院、檢察、公安、行政

【附錄】31位現任省級紀委書記任職情況一覽表			
省分	姓名	任職時間	任省紀委書記前的職務
從外地調任			
北京	葉青純	2010.10～	河南省委常委、紀委書記
山西	李兆前	2011.2～	山東省副省長
內蒙古	張力	2008.5～	河北省委常委、祕書長
吉林	陳倫	2011.2～	福建省紀委副書記、省監察廳廳長
江蘇	弘強	2009.12～	江西省委常委、組織部長
浙江	任澤民	2009.5～	山西省委常委、組織部長
安徽	王賓宜	2010.9～	西藏黨委常委、政法委書記
山東	李法泉	2011.2～	吉林省委常委、紀委書記
廣東	黃先耀	2011.11～	湖北省委常委、紀委書記
貴州	宋璇濤	2010.9～	河南省副省長
雲南	辛維光	2011.10～	貴州省副省長
寧夏	陳緒國	2011.6～	湖北省紀委副書記、省監察廳廳長
從中央部委調任			
天津	臧獻甫	2006.11～	中央國家機關工委副書記
河南	尹晉華	2010.12～	司法部政治部主任
江西	周澤民	2012.9～	最高法院政治部主任
廣西	石生龍	2008.3～	中紀委駐最高檢察院紀檢組組長
從外地調入短暫任他職後轉任			
福建	倪岳峰	2013.7～	福建省副省長
湖北	侯長安	2012.1～	湖北省委常委、組織部長
重慶	徐松南	2013.7～	重慶市委常委、組織部長
從外地調入多年後轉任			
上海	楊曉渡	2012.5～	上海市委常委、統戰部長
黑龍江	黃建盛	2012.4～	黑龍江省委常委、政法委書記
河北	臧勝業	2006.11～	河北省委常委、省總工會主席
湖南	黃建國	2011.10～	湖南省委常委、組織部長
甘肅	張曉蘭	2012.3～	甘肅省副省長、慶陽市委書記
海南	馬勇霞	2012.4～	海南省檢察院檢察長
長期在本地工作			
遼寧	王俊蓮	2009～	遼寧省委常委、省總工會主席
陝西	郭永平	2007.5～	陝西省委常委、省總工會主席
新疆	宋愛榮	2011.10～	新疆黨委常委
青海	多傑熱旦	2012.5～	青海省委常委、統戰部長
西藏	金書波	2006.10～	西藏黨委祕書長

（新紀元製表）

監察、審計等單位主要領導參加的反腐敗協調小組，之後中國大陸縣級以上黨委基本都建立了該小組，但在江澤民貪腐治國的大氣候下，特別是江澤民違背中共自己的法律，發動對法輪功的鎮壓後，凡是支持江鎮壓法輪功的官員，江都賞給他法外貪腐的「好處」，從而更令反腐機構有名無實。習近平上台後，借三中全會「中央紀委向中央一級黨和國家機關派駐紀檢機構」。此舉使得中共省級以上部委及黨務部門都被王岐山安插了「釘子」，這是習近平陣營收復實權的一大步驟。

獨家：王岐山強硬回應阻力

2013 年 12 月，北京消息人士對《新紀元》說，中紀委權力擴張引起了不小的反彈。有「黨內元老」向習近平提出意見，認為中央部委的紀檢部門由中紀委派駐，會對部委工作造成干擾，形成兩個中心，形成一種中央對下級單位的不信任感。據說這個元老提出了具體案例，某單位黨委書記和紀委書記不和，相互拆台。

消息說，習近平對此表示此為中央決定，絕不退讓。

這位人士透露，王岐山上任中央紀委書記曾經和習近平達成默契，在紀檢和監察部門有百分之百的決定權。他提出的第一個措施，就是所有省部級以上的紀委書記，原則上應該由外地或者外單位調任，任命權和考察權在中紀委。

這一措施在三中全會的「若干重大問題決定」中獲得了正式背書。

王岐山在 2013 年全年約談了所有省部級紀委書記。三中全會的「決定」規劃了中央部委的紀委書記由中紀委考察任命和指揮，徹底脫離同級黨組的平級領導。

2013 年 11 月下旬，王岐山在紀委監察工作會議上，要求各級紀委「眼睛要亮一點，耳朵要長一點，鼻子要靈一點」，希望各級紀委能夠真正對同級黨委和行政官員進行「徹底監督」，「絕不留情」。

針對有人對中紀委權力擴張的意見，王岐山表示中紀委向中央部委「派駐工作只能加強不能削弱」，態度極為強硬。

除了中央部委之外，各省紀委書記也將由中紀委考察提名和（交由中組部）任命，名義上的雙重領導實際是中紀委主導。在隨後的改革中，很可能會把縣級市以下的局級紀委取消，全部由縣紀委和監察局負責監督。

中紀委將隨時向各地派出紀檢組和紀檢監察組進行巡視工作。北京的一位分析人士介紹說，紀檢組是派往黨的機構，主要是中央部委機關，而紀委監察組是派往政府部門的機構，以監察局的名義運作。實際上紀委和監察是一套班子兩個牌子。

中紀委權力擴張，中南海要達到的目的是：王岐山以反腐為推手，實際控制無官不貪的中共官員的人事任命，不聽命習李的，都將被以反腐之名而拋出。對於無官不貪的中共官員們來說，反腐就成為權力轉移的「潤滑劑」和「調節劑」，從而使中共官員們的人事任命的實權掌控在王岐山手中。

第二節

中紀委辦公室罕見曝光

　　要說中共貪官最怕啥，最怕的可能就是中紀委了。中紀委全稱：中共紀律檢查委員會，屬於中共黨委系統，並不隸屬於政府機構，不過最近幾年由於國務院成立了監察部，中紀委也就有了對外見人的門面了。這個被貪官形容為類似明朝東廠特務機構的中紀委，卻一直是個非常神祕的機構，人們一直都充滿好奇。

　　據山東《齊魯晚報》報導，中共中央紀委監察部 2014 年 1 月 10 日舉行新聞發布會，通報 2013 年的反腐結果，央視對此進行報導時，插入了相當數量的中紀委辦公樓的內外景鏡頭，撩開了這個執行中共黨內家法或幫規的神祕機構的一角。

　　中紀委地址位於北京西城區平安里西大街 41 號，樓高十多層，視頻中曝光的辦公室基本上兩人一間辦公室，其中某辦公室有三台印表機。報導表示，中紀委辦公所在地在地圖上沒有標注，沒有門牌，電信局查號台也沒有電話登記。整個大院被四米多高、一米多厚灰色磚牆包圍。雖無軍事禁區標誌，卻由中共軍隊負責保衛。

據公開的資料，中紀委最初是在中南海辦公。1978 年，中紀委曾經在中組部所屬的辦公樓辦公，1993 年 1 月，中紀委和監察部合署辦公，中紀委監察部便搬遷到如今這座帶著神祕色彩的大院。其中監察部在西院辦公，中紀委在東院辦公。

龐大院落內，坐落著兩棟十多層高的灰黑色建築，內設二十多個職能部門。其中最為引人注目的，便是負責高官貪腐案件查處的紀檢監察室。據稱，王岐山出掌中紀委後大擴軍，最惹人注目的是將原來八個監察室增至十個，分管全國 31 個省市自治區和中直機構、央企等。

曾有親共港媒報導中紀委原來的八大紀檢監察室的分工有著特定的安排：第一室到第四室主要負責中央各部委副部級以上中共官員案件的查處，由監察部四位副部長分管；第五室至第八室主要負責查處地方副省級以上中共官員。

很多人都在猜測，王岐山上任後，新增的兩個室，是否就是專門針對政治局委員一層的大案要案呢？比如針對薄熙來、周永康、江澤民之類的大老虎呢？因為原來八個室都有各自原定的工作，新增的大案就得需要成立新部門來負責了。

王岐山在中紀委內多次擴編

2014 年 1 月，《爭鳴》報導說，王岐山上任後，中紀委架構編制已經第二次擴編，2013 年 3 月增加 270 多人，主要來自中組部、總參保衛部、政法大學；10 月中旬又增加 125 人，主要來自中直機關、地方紀委。到 2013 年 12 月中旬，中紀委編製人員有 1270 多人，借調人員 416 人，培訓人員 340 多人，已向中央軍委借用了在近郊平谷區、延慶區、房山區三個營地作為中紀委的工作點。

中共三中全會後一個突出現象就是，習近平、李克強和王岐山形成了三權聯盟的格局，王岐山執掌的中紀委（管黨內紀律）和監察局（負責反貪）的權力大增，打破了原來的平級管理，所有地方反貪的官員，都由上級紀委任命，實行「紀檢雙重領導制」。也就是說，王岐山不但縱向管理各級地方紀委，同時橫向覆蓋了中共各級政府機構和國營企業。

截至 2013 年 10 月 14 日，中央紀委監察部對外派駐的紀檢組，為 51 個，分布在最高法院、最高檢察院；47 個「國務院組成部門、直屬機構、辦事機構、直屬事業機構、直屬特設機構」。王岐山自己的地位，也從政治局常委最後一名，躍升到實權最大的第二名。

第三節

喬石痛斥周永康
王岐山推兩個獨立

中共 18 大三中全會的司法改革包括將各地法院剝離出地方政府和地方政法委的管轄，由北京通過最高法直接領導。而早在 2012 年 3 月薄熙來案還處於朦朧階段時，《新紀元》周刊就在 3 月 29 日出刊的第 268 期焦點文章《喬石痛批政法委周永康》中，獨家報導了中共不得不面對的法院改革，這可能是最先預測法院獨立這個習近平司法改革新舉措的報導。

喬石曾上書建議法院獨立

《新紀元》當時報導，「北京消息人士說，中國政法界元老喬石最近（2012 年 3 月）致信胡錦濤和習近平，建議不要由公安部長當政法委書記，並抽掉政法委對法院的管轄權。胡習雖未表態，但王立軍、薄熙來事件後，改革建議很可能成為整治周永康治下政法委的借鑒。」

　　文章說，「喬石過去長期執掌中共政法機關，並受到彭真的長期栽培。重慶李莊律師案發生之後，北京康達律師事務所負責人傅洋，即彭真之子託情薄熙來達成妥協。傅洋也把李莊案件的一些情況轉交給喬石，希望這位已經『處江湖之遠』多年的老政法代為說情。北京消息人士透露，喬石對過去十年中共政法委的很多做法非常不以為然，而對王立軍和薄熙來在重慶處理李莊案手法尤為憤怒，他曾去電某位中共最高層，直斥王立軍『太不像話，不是個好人』。」

　　「知情人士透露，喬石雖然退休不理政事，但一直對國家大事頗為關心，尤其對長期執掌的政法系統情況仍很了解。他對最近幾年以來周永康執掌的政法委非常不以為然。中國有關部門的內部統計，目前中國大陸每年近 30 萬群體性事件，有一半和政法委管控的執法機關有關，中國約有 800 萬『長期上訪民眾』，其中 82% 是因為公檢法處理案件不公而上訪。

　　另外一方面，地方政府在拆遷和國企改革過程中，對付不滿民眾常常動用政法系統，包括公安、武警和法院，喬石對此非常不滿。他對身邊人士說，這是在走回頭路，鄧小平倡導的改革主要精神是黨政分家，現在不但黨政不分，而且是以黨代政甚至以黨代法，公安、檢察院和法院成了地方官員看家護院。他說：『鄧小平那麼大權威，當年要嚴打刑事犯罪還受到彭真的抵制，現在居然沒有人敢堅持原則了。』

　　彭真文革中遭長期關押，痛定思痛，復出後認定要建立社會主義法制，而不能再搞以黨代法和行政代法。80 年代和 90 年代，中共改革之一是逐步完善法制體系，包括律師制度的建立等等。

過去幾年，不少律師因為案件辯護和當地政法委意見不同而遭到打擊，甚至律師執照也無法延期，明顯破壞了中共當年司法體系改革的初意。喬石批評這是一種倒退，他認為還是要以法律治國，不能假借政法委之手回到人治制度。

喬石也認為，現任政法委主要是維穩，但其實本身已經成為製造不穩定的一個因素。除了公檢法司之外，現在又有維穩辦、綜治辦，人員越來越多，經費越花越多，但這種單純高壓不是解決問題的辦法。

北京消息人士說，喬石寫信給胡錦濤和習近平，就改革政法委提出建議。第一個建議，是以後最好不要由公安部門第一把手當政法委書記。他認為，公安局或公安廳第一把手執掌政法委，容易導致各類冤案，糾正起來也非常困難。第二個建議，是把法院從政法委管轄權下抽出去，使政法委不能干預法官具體案件的審判。

這位消息人士說，胡錦濤和習近平對此都並未表態。他分析說，喬石的建議如果實施，中共高層將面臨一個被提出多年的難題：法大還是黨大？如何在司法系統內堅持黨的領導？」

法院、監察局、反貪局的獨立

目前中共主要有五大類反腐機構：一，中共中央紀律檢查委員會（中紀委）及各級紀檢委，這屬於黨務系統。二，檢察院系統的反貪污賄賂總局及各級反貪局。三，檢察院系統的各級職務犯罪預防廳（局），這是屬於司法系統的半獨立機構。四，隸屬於國務院的監察部及其下屬的監察廳（局）。五，隸屬於國務院的國家預防腐敗局及其下屬局。這兩個屬於行政系統。

這五類機構從中央、省區市到縣，層層都設有相應的機構，形成了無所不在的網絡結構，中共官方稱是布下了天羅地網，但百姓發現，中共這幾十年反腐，結果是「越反越腐」，光是被曝光出來的貪官數量和貪腐金額都是逐年呈幾何指數的暴漲。

在這五大機構中，中紀委由於是黨務機構，因而具有最高效應。由於老百姓沒有多少機會和權力去貪污，大陸腐敗一般都和官員相關，在大陸要想當官，入黨是第一步。於是，這五大機構管理的對象大多是相同的人群。人們不禁要問，為何要設立這麼多性質雷同、重疊管理、辦事效率極低的機構呢？

這裡面最根本的原因是權力的歸屬。中共各派一貫利用反腐來打擊競爭對手，誰的手上有反腐工具，誰就在內鬥中占上風，於是各種勢力相繼找藉口，成立各種反腐機構，比如胡溫時期成立的監察部和預防腐敗局，都是為了從江派手中奪回權力，藉反腐懲治江派官員。

比如薄熙來案件中，最初審查薄熙來的就是曾任監察部部長、兼預防腐敗局局長、國務院糾風辦主任的馬馼。馬是溫家寶的親信，在江派反撲中，一度呼聲極高的馬最終沒有進入中共中央政治局。

王岐山接管中紀委後，不斷收權，把這五大反腐機構都整合在中紀委的控制之下。比如前不久人們看到，中紀委網站開通當天被打爆停頓五次。2013 年 9 月 2 日，中央紀委監察部網站（www.ccdi.gov.cn）正式開通，當天有近 38 萬次舉報，使網站癱瘓五次。發動民眾舉報貪官，是王岐山的建議。據說原來中央紀委監察部的多個網站比較分散，力量不集中，資源浪費。王岐山到了中央紀委之後，提出整合新的網站，把五網合一網。

此前，國家發改委副主任、國家能源局局長劉鐵男、原四川省委常委、副省長郭永祥郭永祥、時任四川省委副書記李春城等多名高官落馬均與大陸民眾舉報有關。此外，原政法委書記周永康、華潤集團董事長宋林都遭到網路實名舉報。

在此基礎上，三中全會後王岐山進一步搞出來兩個獨立：一是各地法院獨立出地方政府和地方政法委，由北京通過最高法院直接領導，撥款和人事都由最高法院決定。大陸觀察人士認為，這種中央垂直領導，可打破長期以來各地法院和檢察院無法擺脫地方政府轄制的僵局，司法改革或可邁出實質性的一步。不過實際能否真正做到，這還是個問號。

第二個獨立是把監察局和反貪局從行政序列中獨立出來，變成一個由上至下的獨立機構，由中紀委垂直領導，不受地方政府和黨委領導，從而提升紀檢監察機構的權重，從同級監督變為提級監督，省級領導由中紀委監督，市級領導由省紀委監督。據說這樣做的好處在於，可令現有紀檢監察機構擺脫地方掣肘，同時可以改變紀檢監察系統授權不足的情況，把原本疲弱的力量整合起來形成反腐合力。

自從王岐山擔任中紀委書記後，除了建立網路實名舉報，讓百姓能夠隨時舉報貪官外，還加強了中紀委的紀檢巡視能力，官方報導說，為了提升查辦案件的能力，中紀委把紀檢監察室從八個增加到了十個，同時還開展了一些試點。

三中全會前的 10 月底，最高法院下發通知，在上海、江蘇、浙江、廣東、陝西等省市部分法院開展深化司法公開、審判權運行機制試點，宣稱主要目標是建立符合司法規律的審判權運行機制，優化配置審判資源，嚴格落實獨任法官、合議庭、審判委員會辦案責任。

據《東方早報》報導，重慶江北區法院嘗試對審委會職責，院長、庭長職責做出明確劃分。審委會只討論決定法律適用，包括非法證據排除和證明責任適用，對事實認定，即證據的綜合認證只提出指導意見，貫徹直接言辭規則。院長、庭長等對案件審理的指導和監督，都要在案卷中留下痕跡。

儘管中共紙面上提出了很多改革措施，不過在行動中卻往往是一紙空文。最典型的例子是中國的憲法，中國憲法在條款的制定上可以說是「趕超國際水準」，但在實際中卻背道而馳，這樣的法規、這樣的改革又有什麼用呢？無論中共如此宣傳其司法改革，無論中紀委、政法委和法院如何上演新型「三國演義」，重慶李莊案至今沒有平反，這不是絕好的諷刺嗎？

第四節

取消雙規
王岐山扶持兩局一院

2013 年底，中共三中全會《決定》提出要在法律基礎上健全反腐機制，早已被人詬病的中紀委「雙規」政策再次遭受質疑，取消雙規呼聲不絕。

北京大學憲法與行政法研究中心主任姜明安對媒體表示，「今後領導幹部涉及職務犯罪，將不再由中紀委先介入辦案，涉及到追究其刑事責任的問題，將由檢察院直接介入辦理。」而知名反腐專家、清華大學廉政與治理研究中心主任程文浩也證實，中紀委已經作出決定，查處發現領導幹部的違法犯罪事實，都回到司法途徑，移交到檢察院。

當時《新紀元》獲悉，中紀委將廢除雙規，取而代之的是強化各地政府的監察局和反貪局，按照法律程式，由檢察院直接起訴，法院獨立審理。

雙規家規凌駕於國法

按照中共黨內文件《中共紀檢機關案件檢查工作條例》第 28 條第三款定義，「雙規」是指「要求有關人員在規定的時間、地點就案件所涉及的問題作出說明」。也就是說，「雙規」只適用於中共黨員，屬於中共的家規，而非國法，沒有法律條款支撐。如今大陸貪官落馬，一般流程是先行初步內部調查，調查基本屬實後再由中紀委進行「雙規」深入調查，之後對其進行「雙開」（開除黨籍、公職），然而移交國家司法機關審理。薄熙來案子就是這樣走的。

雙規本來是紀委的一道工作流程，但在實踐中卻往往演變為變相的隔離審查甚至刑事偵查。被調查人事實上處於一種類似被拘留或者逮捕的狀態，而且被「雙規」的期限也不明確。比如薄熙來在 2012 年 3 月 15 日被免去重慶市委書記之前就已失去人身自由，到 2012 年 4 月 10 日新華社發布消息稱薄被中紀委立案調查，9 月 28 日中共中央決定開除薄的黨籍和公職，第二天薄被正式逮捕。比薄熙來雙規時間更長的還有前北京市委書記陳希同，他從 1995 年 7 月被中紀委審查，直到 1997 年 8 月才被立案偵查，「雙規」長達兩年多。

大陸《憲法》第 37 條規定：「中華人民共和國公民的人身自由不受侵犯。任何公民，非經人民檢察院批准或者決定或者人民法院決定，並由公安機關執行，不受逮捕。禁止非法拘禁和以其他方法非法剝奪或者限制公民的人身自由，禁止非法搜查公民的身體。」這裡的公民既包括被無辜勞教的弱勢群體，也包括後來被法院確定有罪的貪官污吏。在人權保障上不能實行雙重標準，否則無異於飲鴆止渴。

王岐山祭旗 再提「生死存亡」

2013 年 11 月 24 日，新華網頭條報導，王岐山 22 日下午在湖北省武漢市調研期間，專程去 1927 年誕生的中央監察委員會舊址，向第一屆中央監察委員會 10 名成員的雕像獻花籃。中央紀委的前身則是中央監察委員會。

報導引用王岐山的話說：「忘記過去就意味著背叛。我這次來就是尋找中央紀律檢查委員會源頭和根脈，尋根溯源。」王岐山還說：「在當時極端嚴峻、惡劣環境下，決定成立中央監委，就是為了嚴懲叛徒。」同時，報導更是罕見強調：「在血雨腥風的鬥爭中，在生死考驗的抉擇前，10 名中央監委委員沒一名叛徒。」

中共黨內經常出現叛徒，參加中共一大的 13 名中方代表中，死的死，逃的逃，有人投靠日本人做了漢奸，有的脫黨投奔國民黨。到 1949 年中共掌權時，只有毛澤東和董必武兩人還留在中共黨裡。

報導還罕見稱，當時是在中共「生死存亡的關鍵時刻」，中共五大在武漢召開，大會選舉產生了中央監委。如今，此時的中共也面臨生死存亡的盡頭。此前王岐山推薦高官們閱讀《舊制度與大革命》，中南海深知中共統治已經快走到盡頭了，而且中共高層分裂成習近平和江澤民兩大陣營，大陸社會也處於動盪顛簸之際。2013 年三中全會剛結束，新疆就發生了激烈的警民衝突，隨後在中石油貪腐窩案開始指向前政法委書記周永康和「江澤民大管家」曾慶紅之際，11 月 22 日，青島中石化油管爆炸，屍橫遍野，被稱為「災難大片」再現。中南海高層會議也多次提到中共的「生死存亡」，此時新華網對王岐山的報導中也再次出現「生死存亡」的說法。

第五節

中紀委副書記王偉洩密案

2013 年 5 月 21 日，大陸財新網發表「中紀委副書記王偉證實被降職保級」，不過海外消息透露，王偉是因為捲入薄熙來案才招致此禍。

王偉時年 53 歲，遼寧建昌人，23 歲自中國人民大學畢業後留校，曾任校團委書記；33 歲時正式步入政壇，曾任北京市西城區區長助理、副區長；38 歲時進入中央紀委任職；45 歲時任中央紀委、中央組織部巡視工作辦公室主任，並明確為副部長級；兩年後任中央紀委常委、監察部副部長、新聞發言人；2012 年 11月任中央紀委副書記（排名最後）。

不過六個月後，王偉被貶到國務院三峽建設委員會辦公室當副主任、黨組成員，但保留了正部長級待遇。說他被貶，一是在三峽辦現任領導中，王偉排名位於 60 歲的黨組書記、主任聶衛國和 58 歲的黨組副書記、副主任盧純之後；二是相對於三峽辦這個閒職，中紀委可謂權力極大。

王偉長期任職中紀委，先後跟過兩任中紀委書記，其中吳官正時代他是中紀委辦公廳主任，號稱是吳的「大內總管」；賀國強時代他又是中紀委常委，直接聽命於賀。中紀委名義是中共黨紀監察部門，但權大如明朝東廠，中共各級官員，特別是貪官，最想巴結討好的就是中紀委官員，紀委官員藉此搞腐敗的也大有人在。

對於王偉的遭貶，香港《蘋果日報》報導稱，有傳聞指王偉在主責調查薄案時，涉嫌違反規定及洩露機密。消息指王曾是中紀委調查薄熙來案的主要成員，多次與薄「談話」。王在跟薄交手時，涉嫌沒按要求完成對薄的調查工作，且涉嫌洩露中央有關機密，於是中紀委書記王岐山藉機清理門戶。

據港媒透露，北京政壇一直傳說，習近平上台後對前屆中紀委在 2012 年 9 月 28 日作出的《關於薄熙來嚴重違紀案的審查報告》所定「六宗罪」不滿，習有意推翻定論。

海外把這次的審查結果稱為「七宗罪」，因為在六宗罪之後還留有一個尾巴：其他罪行。據新華社報導，中共中央政治局在宣布 18 大召開日期的同時，通過了中紀委的審查報告，並決定開除薄熙來的黨籍和公職。中紀委給出薄熙來違法亂紀「七宗罪」是：

「一、在擔任大連市、遼寧省、商務部領導職務和中央政治局委員兼重慶市委書記期間，嚴重違反黨的紀律；二、在王立軍事件和薄谷開來故意殺人案件中濫用職權，犯有嚴重錯誤、負有重大責任；三、利用職權為他人謀利，直接和通過家人收受他人巨額賄賂；四、利用職權、薄谷開來利用薄熙來的職務影響為他人謀利，其家人收受他人額財物；五、與多名女性發生或保持不正當性關係；六、違反組織人事紀律，用人失察失誤，造成嚴重後果；七、調查中還發現了薄熙來其他涉嫌犯罪問題線索。」

毫無疑問，這七條迴避了薄熙來案的核心問題：薄熙來夥同周永康計畫發動政變，推翻習近平。有人猜測王偉是受了江澤民派系官員的委託，特別是周永康之流的收買，才故意給薄熙來洩露祕密，以便裡外配合，串通口供，否則，假如沒有來自最高層的壓力，憑藉王偉幾十年在中紀委摔爬滾打練就的保密本事，他不會犯洩密這類低級錯誤的，除非他有意為之。

有趣的是，王偉被調職後，有關薄案將開審的消息隨之傳開。

第六節

治理「燈下黑」
緊盯中紀委內賊

王岐山內部清場瞄準江派人馬，已落馬者由左至右為：金道銘、李崇禧、王偉。
（新紀元資料室）

　　2014 年 5 月 9 日，中紀委監察部網站發布短訊：「中央紀委第四紀檢監察室主任魏健涉嫌嚴重違紀違法，目前正接受調查。」魏健是中共「18 大」後首位落馬的中央紀檢系統高官，外界認為此舉是王岐山在緊盯內賊、剔除「內線」、清理門戶。

　　大陸媒體「財新網」報導，魏健與周永康的四川幫可能有牽連。四川警察申勇微博稱：「吃裡扒外，為李春城同夥通風報信並收受巨額賄賂。堅決支持中紀委嚴肅內鬼！」

魏建是中紀委資深官員

　　「財新網」稱，中紀委將手術刀對準自己內部。消息人士稱，魏健在 2014 年 5 月 4 日上班後，從辦公室被帶走。

　　魏健在中紀委內部資歷頗深，曾任中紀委案件審理室副主任，2008 年接任第五紀檢監察室主任，五室主要是負責聯繫西南片區（雲南、貴州、四川、重慶和西藏）的紀檢監察工作。這些區域都是江派勢力活躍的地方。消息人士稱，魏健被查可能與他曾分管四川有關，被外界認為是王岐山在剔除「內線」。2012 年底原四川省委副書記李春城被查，之後四川多個高官落馬，成為反腐的風暴眼。

　　2012 年，魏健調任第二紀檢監察室主任，分管財政部、商務部、央行、審計署、稅務總局、工商總局、海關總署、銀監會、保監會、證監會等 26 家機構。中紀委 2014 年 3 月進行機構改革後，魏健改任第四紀檢監察室主任，主要負責聯繫金融口的相關單位。

　　其實中紀委早有清理門戶的意圖。2014 年 3 月其機構改革，新增三個內設機構，其中之一就是專門針對紀檢監察官員的監督室。

江派攪局　操縱金融以威脅

　　中紀委高官落馬，引起大陸媒體和官場很大反響，擁有註冊記者 3000 名的中國最大財經記者社區「藍鯨財經記者工作平台」第一時間在官微表示：查自己人了！第四監查室主要負責金融口。這麼說最近得盯金融口的新聞了。

　　2014 年 5 月 7 日，與王岐山關係密切的「財新網」報導稱，5 月 5 日中信銀行行長換人，李慶萍接替朱小黃擔任中信行長。5

月 5 日，港媒《東方日報》引述消息披露，王岐山要整肅、審計香港華潤、中銀、中信、光大國際及招商局這五大央企。

過去，江派人馬一直把持中國金融系統。隨著習江鬥不斷加劇，江澤民集團用其所把控的大型央企與習近平陣營對決，甚至不惜毀掉中國經濟。據悉，薄熙來案開審前一周，江派操縱股票攪局，導致大陸股市暴漲暴跌，引發中國證券史上最大錯帳交易糾紛。

2014 年 1 月 28 日，《南華早報》援引消息人士稱，由習近平領導的「國安委」將把工作重心放在應對「各種已顯露出來和新形成的威脅」，而金融業的安全問題將被歸類為「已顯露出來的威脅」。報導稱，主要負責經濟金融事務的總理李克強擔任國安委副主席。同時，當局將任命一位有金融業背景的官員出任國安委內「金融安全委員」一職。

王岐山清場不手軟

2014 年 5 月 6 日至 12 日，王岐山先後四次召集部分中共中央政府機關和中央企業、國有金融機構官員開會。王在會上表示，將重點查處「現在重要崗位且可能還要提拔使用」的中共官員。

此前，5 月 9 日，中紀委通報稱，第四紀檢監察室主任魏健被調查，成為中共「18 大」後中央紀檢系統首個落馬的高官。有陸媒報導稱，魏健與周永康老巢四川幫可能有牽連。

5 月 12 日，中共官媒報導稱，中紀委幹部室主任張立軍出任中紀委組織部部長。公開資料顯示，張立軍原任中紀委幹部室副主任，正局級，2009 年 5 月被提為副部級，2012 年 11 月 14 日，成為中紀委委員。

2014 年 3 月，中紀委網站稱，其內部進行機構調整，重新組建了組織部和宣傳部。外界認為，這是王岐山執掌的中紀委進行反腐的新動作，中紀委架構出現異動，或表明「老虎窩」龐大。

五周通報案件近千

5 月 12 日，中紀委監察部網站集中通報 237 件案件，是中紀委自 2014 年 4 月 8 日實行「每周通報」制度以來的第五次通報。

此前四次通報的日期分別為 4 月 8 日、14 日、21 日和 28 日，共計通報 719 起典型案件，共處理官員 823 人，其中鄉科級 692 人、縣處級 122 人、廳局級 9 人。

5 月 12 日通報的 237 件典型案件中，至少有 300 人被點名處理。自 4 月 8 日迄今，已有超過 1100 人被通報，其中鄉科級官員成為高危群體，占比超過八成。

外界分析，王岐山掌管的中紀委大規模通報中共官員的案件，令中共官場風聲鶴唳，使習近平陣營在中南海博弈過程中占據強勢地位。

習近平、王岐山討厭「燈下黑」

2014 年 1 月 14 日，中共七常委悉數參加 18 屆中紀委第三次全會。習近平在會上問，「你們監督別人，誰來監督你們？」

1 月 19 日，中紀委即發出通知，要求各級紀檢監察機關要「切實解決『燈下黑』問題」。之後發出三大動作：一、中紀委網站公開通報紀檢監察系統「違紀」官員；二、成立紀檢監察幹部監督室，並由中紀委排名第一的副書記、中央書記處書記趙洪祝分管；三、接連查處中紀委內部官員。

王岐山內部清場瞄準江派人馬

2014 年 2 月 27 日，山西省委副書記、人大副主任金道銘落馬。金曾長期在監察部任職，1997 年任中央紀委副祕書長。據報，呂梁市長丁雪峰賣官案，金與周永康之子周濱均在其中。2006 年金道銘調任中共山西省委常委、省紀委書記後，因其投靠周永康，2011 年兼任省政法委書記時，即稱「徵得中央政法委同意」。

中紀委內部清理的江派人馬還有：曾在紀檢系統工作近 18 年、周永康前大祕李崇禧；原中紀委副書記王偉被貶職，調任三峽辦當副主任。王偉被貶據悉是其參與調查薄熙來案，卻被周永康收買，給薄熙來通風報信。

王岐山心腹屢降上海

2014 年 3 月 31 日上午，第 12 巡視組召開巡視復旦大學工作動員會。巡視組組長董宏會上講話強調，當前反腐形勢依然嚴峻複雜，「對腐敗問題零容忍」，「敢於碰硬，巡視出威懾力，保持對腐敗分子的高壓態勢」。

董宏曾長期擔任王岐山的「大祕」。王岐山擔任廣東省副省長、國務院體改辦主任、海南省委書記、北京市長期間，董宏一路跟隨並擔任過廣東省政府副祕書長、國務院體改辦產業司司長、海南省委副祕書長、北京市政府副祕書長等職務。如今董宏再次成為王岐山的手下。

　　早在 2013 年 11 月 19 日，中紀委常委、審計署副審計長侯凱空降上海，出任市紀委書記、兼任上海市委委員、常委。

第七節

王岐山說：「我不是賀國強！」

2014 年 10 月，圍繞著周永康案，王岐山將江派暗藏在中紀委系統的「釘子」一一拔出，包括長期任職中紀委副書記的王偉被貶，曾任中央紀委副祕書長兼辦公廳主任的金道銘接受調查，曾任四川紀委書記的李崇禧被撤職。另外，今年 4 月，中紀委委員申維辰被宣布接受調查。

有港媒曾分析王岐山不懼江派權勢，敢打「大老虎」三大原因。首先，王岐山屬於太子黨，後台很硬；其次，王岐山無兒無女，不用貪污受賄留後路，不怕被人打擊報復，故其反腐無後顧之憂；第三，江派害怕背負「反黨」罪名，不敢公開反對王岐山的反腐。

大陸媒體澎湃新聞在一篇專訪中，引述北京航空航太大學廉潔研究與教育中心主任任建明的話說：「那些中央紀委副書記自己都半開玩笑地說，王書記讓去不敢不去啊！」顯示王岐山強硬掌控了中紀委。德國之聲中文網發表一篇題為《無所不能的王岐山》文章，同樣形容王岐山是一個讓中共黨員幹部心驚膽顫的人。

王岐山拔掉吳官正安插的心腹

隸屬江派的吳官正在 2007 年中共 17 大時，因權鬥失利被迫退休，由賀國強接替其中紀委書記的職務。之後，有多家媒體報導，吳官正在當時的交接儀式上很沒風度地上演了一齣「不告而別」的戲碼，以此表達不甘心退休和對賀國強的敵意。

據報導，在交接儀式上，吳講完話之後，理應由新任中紀委書記賀國強發表演講，但出乎意料的是，正當賀國強接過麥克風準備開口之際，吳官正卻收拾起皮包突然起身離開。面對台下 100 多名中紀委委員和工作人員，賀國強送也不是，不送也不是。猶豫之際，賀下意識起身朝門口走去相送，但這時吳官正已經大步走出門外，上車揚長而去。無奈，走了一半的賀國強只得趕緊回身，繼續他的就職演說。台下所有人都眼睜睜地看著這一幕發生。

吳官正退休後，在中紀委以人事布局架空賀國強。中共「18 大」後，吳官正故技重施，繼續在王岐山接掌的中紀委中安插自己的心腹，但僅僅半年，吳的心腹就被王岐山踢出。

2013 年 5 月，吳官正心腹、中紀委副書記王偉被調到中共國務院三峽建設委員會辦公室當副主任，保留正部長級待遇。由實權機構調到三峽辦這個冷衙門，由正部級出任副部職務，被貶意味明顯。

據悉，王偉長期任職中紀委，先後跟過兩任中紀委書記，其中吳官正時代他是中紀委辦公廳主任，號稱是吳的「大內總管」；賀國強時代他又是中紀委常委。

第五章

作風強硬　百虎落馬

習近平展開反腐運動以來，王岐山「老虎蒼蠅一起打」，而落馬的腐敗官員大部分是江澤民集團官員。這些官員對老百姓實行恐怖鎮壓時毫不手軟；如今這種恐怖的壓力，他們也要同樣地承受。

王岐山「老虎蒼蠅一起打」，而落馬的腐敗官員大多是江澤民集團官員。

第一節

廢了老對頭劉淇的大祕

劉淇（左）是王岐山（右）的對頭冤家。（Getty Images）

　　王岐山和劉淇可謂一對冤家對頭。2003 年「薩斯」流行時期，王岐山被胡錦濤調任北京市委副書記、北京市長，那時江澤民的親信、北京市委書記劉淇力主對外封鎖疫情；而王岐山則認為，越是掩蓋，疫情會發展得愈嚴重，外界也就愈多猜測。

　　劉淇為了排擠王岐山，命人暗中向中共中央政治局發出舉報王岐山的匿名、假名信達 700 多封。而王岐山也不示弱，亦發信向中央歷數劉淇的貪腐等罪行。王岐山告知中紀委，自己住宅的電話和市長專用電話都被竊聽，時間已長達二年多。經中共有關部門查證，竊聽器是劉淇授意安裝的。

　　據知情人透露，王岐山和劉淇兩人各有自己的人馬，在一棟樓裡工作，老死不相往來，「當時北京市委內打成了一鍋爛粥」。最後據稱胡錦濤等不得不介入，出席北京市委常委會議，責成劉淇在黨內做檢查。

17 大後，王岐山任中共副總理，胡錦濤把郭金龍調入北京，接替王岐山任北京市長，並擔任北京奧運會組委會執行主席、黨組副書記。

2012 年 7 月 3 日北京市委 11 屆一次全會上，郭金龍成為市委書記，王安順、吉林成為副書記，外界一直以為 18 大後才下台的劉淇的名字卻未出現在新一屆市委名單中，這意味著劉淇已被提前趕出局了。

但是劉淇在退休後又惹出事端。2012 年 7 月 15 日周日中午，據《新維月刊》報導，劉淇來到長白山散心，吉林省高官為拍馬屁，在遊客高峰期封閉整座長白山，數千名遊客被逼滯留景區外四、五個小時，引發抗議。劉淇回程時，大批憤怒的遊客包圍車隊，投擲塑膠瓶，高喊「反對特權」，又與警察、武警發生推撞，更有遊客稱遭武警毆打。糾纏一番後，最後由吉林省官員出面道歉，且安排遊客全部退票，事件才告平息。

對於劉淇這些做派，王岐山早就看不慣。2013 年 7 月 12 日，就在習近平、王岐山高調反腐、搞群眾路線教育實踐活動時，北京市委也搞了很多活動，但人們看到在幾次重要活動中，前任北京市委書記劉琪的大祕書、市人大常委會主任杜德印卻多次缺席，在市人大的官方網站上，主任依然是杜德印，但活動內容有兩個月沒有更新了，5 月 27 日後舉行的第九次、第十次人大常委會主任會議，都由市人大副主任梁偉主持，杜德印均未參加。有消息稱杜德印已被中紀委調查。

杜德印作為劉淇的大祕，知道劉的很多黑幕。民間廣泛流傳的是，劉淇藉奧運貪腐了幾十億，另外，他嚴厲打壓修煉真善忍的法輪功群眾，北京是迫害法輪功最嚴重的地區之一。

第二節

抓雲南副省長　回擊昆明血案

雲南昆明慘案發生後一周，2014 年
3 月 9 日，雲南副省長沈培平被抓。
（AFP）

深知昆明血案主使者為江澤民集團，但習近平陣營唯恐共產黨即刻垮台，只能噤聲；掌握雲南省委書記秦光榮與周案之間的瓜葛，卻礙於兩會政局敏感不便抓捕，於是改以王岐山主導的中紀委抓捕雲南副省長沈培平，予以回擊。

陸媒踢爆沈培平 瞞上「調動警力」

3 月 9 日，雲南昆明慘案發生後一周，中共中紀委監察網站稱，雲南省副省長沈培平正在接受調查。現年 51 歲的沈培平是地道的雲南人，2003 年至 2004 年曾在雲南省政府任副祕書長，其後長期在思茅市（後改名為普洱市）工作，先後任市委副書記、代市長、市長、市委書記，2013 年 1 月又升為雲南省副省長。

《新京報》當日引述普洱市一名退休老幹部表示，沈培平在任普洱市委副書記、市長期間，2008 年 7 月 19 日，孟連傣族拉祜族佤族自治縣發生群體性事件。

上述老幹部表示，針對當地膠農的合理訴求，沈培平背著省裡下令出動武警和警察，才導致事件升級。但一年後，沈培平升為普洱市委書記，老幹部說，「這是明顯帶病提拔」。

沈培平的後台是誰？

有消息稱，沈培平的靠山是雲南原省委書記白恩培，而白恩培則是周永康的大馬仔。白恩培曾與原雲南省長徐榮凱共同主導，將雲南寶貴的蘭坪鉛鋅礦，低價賣給了周永康的黑社會頭號馬仔劉漢。

中共官方資料顯示，白恩培曾在 2011 年陪同周永康出訪寮國，2007 年周永康考察雲南時，白恩培和時任省長的秦光榮相伴左右。而且，白恩培與周永康兩人在很多方面都十分相似，都積極參與迫害法輪功，如「雲南省法輪功轉化基地」就是白任期內實施的。此外，雲南也是開展人體器官移植手術醫院最多的省份之一。

據陸媒報導，沈培平和雲南省委書記秦光榮向周永康家族輸送數百億的利益，秦光榮給周永康上千億錫礦資源。

曾任雲南政法委書記、省長的現任雲南省委書記秦光榮，也是憑藉鎮壓法輪功而高升，他亦曾涉足薄案，且因積極投靠薄熙來並效忠稱「把雲南打造成支持薄書記的堅實基地」，受到了中共中央的調查，其腐敗問題也頻頻被海外媒體曝光。

中國時事評論員周曉輝分析：沈培平、白恩培與周永康因某種利益關係存在不可分割關係，發生在昆明的、被報導有江系馬仔主使的殺戮案，應該與他們有關聯，也很值得探究。或許沈培平的落馬正是習近平陣營向江系黑社會手法攪局的高調回應。

江澤民試圖再次發動政變

《大紀元》獲悉，由於軍權和黨務的權力被大量削弱，江澤民集團已經失去了在政治上直接與習近平對抗的能力。自原「610」頭目李東生被抓後，因為擔憂習近平碰觸法輪功問題，並公布周永康的反人類罪，江澤民集團近期正在試圖利用另類的政變辦法，把習近平趕下台。

消息稱，近期發生的幾起重大事件，都是江澤民集團在背後策劃。江澤民集團通過收買武警和黑社會暴徒，還精心安排了系列的「報復社會」的行動。當多個省份都發生這樣的慘劇，所有的國際和國內輿論都會譴責當權者。習近平會因此倒台，江派會順勢上台，「糾正習近平的錯誤」。

消息還指，江澤民集團正動用海內外所有的特務力量，散布習近平的負面消息，用殺戮百姓的方式，推倒習近平。江澤民集團海外的特務點也開足馬力運作，散布消息，這也是最近習近平擔任網路安全小組組長的真正用意。

中南海掌握周薄聯手政變證據

消息稱，中共當局是在 2013 年 12 月初軟禁周永康時掌握周薄聯手政變的關鍵證據，其中包括一份最「高規格」的組閣名單。

據悉，周永康夫婦被軟禁後，住處被搜查，調查周永康案的專案組從眾多的文書材料及周永康私人物品中發現一份名單，上面是周薄篡權成功後可以利用的黨政軍人選及相關職位，也就是政變成功後的組閣意向名單。這份名單成為周永康案政治定性的關鍵證據。

名單中不僅有薄熙來出任中共總書記、國家主席和中央軍委主席的內容，還有：原國資委主任蔣潔敏（2013 年 9 月 1 日已遭調查）出任國務院副總理，現任江蘇省委書記羅志軍出任公安部長，現任河北省委書記周本順（原政法委祕書長，2015 年 7 月 24 日已被調查）出任最高法院院長等。據稱軍方名單中包含了與薄熙來相熟的幾名人員。

文章表示，從這份名單可以看出，周薄政權結合了周永康在政法、中石油系統的主要人馬。

中共兩會進行時，外界聚焦習陣營將何時且以何罪公開周永康案。中南海早已掌握周永康的政變和活摘法輪功學員的反人類罪。當時中國政局博弈點在於「周永康案公開定性內容」。

第三節

太子黨內訌 定「六不准」

中共紅二代、紅三代內訌局面惡化，超乎想像。港媒曾曝光中共中央政治局常委會 2014 年 2 月不惜下重本，請中共元老、老軍頭親自出馬試圖擺平。據悉擺平分三步驟。中紀委書記王岐山則針對紅後代提出「六不准」。

擺平太子黨三步驟、「六不准」

港媒文章披露，擺平太子黨分三步驟。

第一步是由中共中央政治局出面，藉黨內、社會上層對紅二代、紅三代內鬥、內訌、內亂的強烈反應為依據，要求退離休副總理一級老同志都簽名表態支持中央政治局的決定和行動。

第二步是由中共中央書記處出面，分批召集擔任黨政省部軍一級或以上紅二代、紅三代參加組織生活會議，對照 18 屆三中全會精神和黨章作反思，習近平、李克強、范長龍、許其亮和栗戰書出席主持。

第三步是由中共中央辦公廳、國務院辦公廳和中央組織部出面，邀請已退離休及從黨政軍第一線退下的紅二代出席座談會，名為「交換意見和看法」，宋平、王岐山、張萬年、曹剛川出席座談會。喬石、趙南起分別在杭州、北京邀請已退下的紅二代活躍分子「談話」。

元老宋平在紅二代座談會上斥紅後代沾了父母不少光，享有了不少特權，搞了不少特殊化。他警告中共紅二代、紅三代不要搞權鬥拆台。

王岐山則在座談會上提出六「不准許」：不准許紅後代在黨內外搞拉幫結私活動；不准許搞非組織性活動；不准許與中央路線、方針、政策唱反調；不准許在政治上、經濟上、社會上、生活上搞「違紀」、違規、違法特殊化；不准許在社會活動上出現干擾、影響、危害中央戰略布署事件發生；不准許把內部問題帶到國際上。

有分析稱，偌大中國，有已經移民的「紅二代」，有仍駐留中國的「紅二代」；有贊成政治體制改革的「紅二代」，有堅持「毛家王朝」思想的「紅二代」；薄熙來案發後，有保薄的紅二代，有打薄的紅二代；有隸屬江派陣營的紅二代，有攀附習派陣營的紅二代；還有代表不同利益集團撈權撈錢的紅二代。無處不存在著強烈的利益衝突。雖然中共中央下大力氣擺平內訌，但大家都看得到，這種「共識」很可能被各人、各集團的切身利益隨時撕碎。

數百名太子黨向習近平表態

2014 年 2 月 15 日，在北京延安兒女聯誼會組織舉辦的新年團拜會上，有數百名中共「紅二代」太子黨力挺習近平。該聯誼會會長、中共元老胡喬木之女胡木英在會上發言：「多年積累的問題絕不是一朝一夕能夠解決，特別像打虎、拍蠅的對象都是黨內幹部、政府官員。他們掌握執政大權，編製了各種關係網，形成了多個利益集團，盤根錯節，這場鬥爭極為複雜艱難，是一場你死我活的鬥爭。」

同時，她稱：「『紅二代』認清形勢，在這場鬥爭中，支持習近平，不打橫炮、不幫倒忙……」

外界認為，隨著薄熙來被囚禁，孔丹和秦曉的吵架，曾慶紅的醜聞不斷被揭露，太子黨內部早已嚴重分裂。前政法委書記周永康案已被中南海坐實，曾慶紅被認為是下一個被打的「老老虎」。在新一輪政治風暴來臨之前，太子黨也在選邊站隊。

2 月 18 日，《炎黃春秋》雜誌社在北京舉行新年團拜，百多位退休高官、學者、律師等自由派人士齊聚聯誼會。一名與會的維權律師表示，前社長杜導正對他說，「改革的阻力在黨內很大很大很大，可能各方面的分歧、鬥爭呢應該說也比較激烈，說明很多問題領導層的意見還不一致吧。」

太子黨激烈爭吵 「中共該下台了」

習近平執掌中共最高權力的前後，太子黨內部已嚴重分裂。這包括以胡耀邦之子胡德平為代表的「改革派」，陳毅之子陳小魯參與的「中間派」，還有以權貴利益為代表的「保守派」等。

在 2013 年 4 月 13 日的《炎黃春秋》研討會上，胡耀邦的二兒子胡德華曾披露，孔丹、秦曉在 2013 年在北京四中舉辦的老三屆成功校友聚會上吵了起來，質疑彼此的政治信仰和個人操守，甚至大爆粗口。

據多方報導，孔丹指責秦曉「給領導添亂」，雙方你來我往一番爭論，最後孔丹爆粗稱：「你他 X 還是共產黨員不是了，你還有信仰沒有？」秦稱：「那你有信仰沒有啊，你把你的老婆孩子全放到美國去，那你有信仰嗎？」孔急眼大罵，隨後兩人拳腳相加。

《新紀元》評論稱，在中共內部，特別是習近平身邊的太子黨內部，左右派別的觀點之爭早已不是新聞了，雙方立場對立已經由來已久。而著名政論家胡平曾對此表示，這場爭吵的潛台詞是「中共該下台了」。

曾慶紅發動另類政變　醞釀更大風暴

在中共太子黨的分裂當中，習近平與薄熙來的分裂最為激烈，突顯中南海高層分崩搏擊升級。王立軍事件曝光了薄熙來與周永康密謀政變奪權陰謀，掀起中南海高層分崩的政治海嘯。薄熙來的倒台，也表明習近平與江澤民和曾慶紅兩人已經決裂。

在 2013 年 10 月 15 日，習近平的父親習仲勛百年誕辰座談會在北京人民大會堂舉行，紅二代們紛紛前來參加，但獨缺薄熙來和曾慶紅的「紅色家族」。外界認為，這是曾慶紅與習近平公開分裂的信號。

　　1999 年「7・20」開始，中共前黨魁江澤民一意孤行，發動對上億修煉「真善忍」的法輪功群眾團體鎮壓以來，在江的「打死算白死」、「打死算自殺」、「不查屍源，直接火化」等滅絕人性的政策下，經由曾慶紅等的策劃，以及先後兩任政法委書記羅干、周永康的直接指使，數百萬的法輪功學員被迫害致死，數萬法輪功學員的器官被活摘。

　　由於國際國內一億法輪功學員堅持 16 年之久的傳播真相，在大陸法輪功真相廣傳，中共活摘法輪功學員器官的驚人罪惡在國際廣泛曝光。

　　江澤民、曾慶紅、周永康、薄熙來等人在法輪功問題上欠下血債，擔心一旦失去權力後會被清算，早就密謀制定出一個針對中共未來接班人習近平的政變奪權計畫，以延續鎮壓政策。此計畫也因王立軍逃館而破局。

　　2014 年 2 月，繼中共公安部前正部級副部長李東生落馬後，從冀文林，到四川首富劉漢，以及之後的梁克、張東陽、李文喜等高官密集落馬，標示周永康案被一步步坐實。周永康政法幫的崩塌，直逼周永康的核心罪行——活摘法輪功學員器官。

　　恐懼遭清算的中共江澤民集團在薄周政變密謀破產，圍繞周永康案公開定性，因此策劃昆明血案等系列暴力恐怖襲擊活動，製造大陸社會全面混亂，捆綁、威脅現當權者，企圖用另外的政變方式逼其下台。

　　法輪功問題成為中南海高層搏擊的主線。面臨執政和自身安全雙重危機的現任當權者，與江澤民集團在圍繞法輪功受迫害問題上已逼近攤牌。

第四節

當眾羞辱吉林書記

王岐山（左）公然羞辱王儒林（中），是其性格使然，同時也是對「吉林幫」的敲打，而吉林幫頭目正是張德江（右）。（新紀元合成圖）

2014 年中共兩會期間，大陸媒體曾競相報導，中紀委書記王岐山在參加中共人大吉林代表團的審議時，當面「叫停」吉林省委書記王儒林的發言，指斥其搞「形式主義」，令其下不了台，顏面盡失。

據悉，得知該消息被廣泛報導轉載後，王儒林惱羞成怒，暴跳如雷，勒令嚴查信息如何外洩，要求刪除這一消息。

王儒林遭王岐山羞辱 惱羞成怒

3 月 10 日，王岐山以政治局常委和中紀委書記的身分參加中共人大吉林代表團的審議。在他發言結束後，主持會議的王儒林正想總結發言，王岐山要求他「講短點」，王儒林回答說，可能短不了。王岐山則看著王儒林手中的稿子說，「我剛才又沒稿子，你怎麼知道並事先列印出來那麼多呢？這不是形式主義麼？你不用念了！」

王岐山直接強硬、不留情面的「叫停」，近似羞辱。王儒林只好收起講稿，強忍怨氣，草草講了幾句話即宣布討論結束。

這場並非公開的代表團討論會，出乎意料被媒體得知了細節，香港媒體曝光王岐山「叫停」王儒林的消息之後，大陸各大網站紛紛轉載。港媒消息說，得知情況後的王儒林惱羞成怒，暴跳如雷，勒令全團上下，一不准任何人出外應酬，以防再度發生意外；二要求手下嚴查究竟是誰洩露了這一細節。同時也透過宣傳系統，要求刪除這一消息。

張德江是吉林幫頭目 王不留情面

《新維月刊》的報導說，王岐山公然羞辱王儒林，是其性格使然，同時也是對「吉林幫」的敲打。由於江澤民曾經在長春一汽工作，對吉林「有感情」，因此「吉林出幹部」，除了張德江，還有王剛、杜青林、蘇榮都成為「國家領導人」。

如今，中共第三號人物的張德江成為「吉林幫」頭目。文章稱，打狗還要看主人，王岐山其實就是不給張德江面子。張德江、蘇榮、王儒林先後主政延邊，而中共政協副主席蘇榮，其妻子正被獄中官員實名舉報。如今「吉林幫」可謂風雨飄搖。

事實上，自 2013 年深圳航空資金黑幕大案拉開以來，張德江便醜聞纏身，其是深航幕後老闆李澤源的大後台一事到如今也只隔著一層窗戶紙而已。早前消息稱，習近平在政治局會議上，多次向江派的幾個常委發炮。據稱，張德江壓力極大。

2013 年 4 月 9 日，中共官方曾突然推出深航資金黑洞大案，暗指張德江是深航幕後老闆李澤源的大後台，張德江被推向風口浪尖兒。此後深航案不斷升級，2013 年 6 月 5 日最後一次庭審中，深航幕後老闆李澤源在供述當年深航競購內幕時表示，曾向廣東省政府的領導「打招呼」。外界認為，李澤源所稱的「廣東省政府領導」即為張德江，習近平藉此案警告張德江。

王岐山「叫停」王儒林發警告

進入 2014 年以來，習江鬥進入一個全面升級的激烈對抗階段，江澤民集團策劃的昆明血案促發中國時局急遽升溫，面對曾慶紅正在策劃更激烈的恐怖襲擊事件，習近平陣營將被迫在近期與江澤民集團決勝負。

中國時局評論員夏小強認為：王岐山在兩會上「叫停」吉林省委書記王儒林的舉動，不是針對王儒林一人，是中共高層習近平陣營與江澤民集團徹底決裂矛盾公開化的表現，也是王岐山向追隨江派的中共高層大員們發出強烈警告的政治信號。在兩會後，習近平陣營與江澤民集團的勝負對決之前，中共官員們將會完成選邊站隊，隨後，大量的江派要員還將會被清除落馬，最後直到曾慶紅和江澤民。

王儒林追隨江澤民迫害法輪功

綜合官方資料：1998 年 4 月，王儒林任吉林省委常委、延邊州委書記；2001 年 1 月擔任吉林省委常委、政法委書記。十個月後，提拔為吉林省常務副省長，三年後任吉林省省會長春市委書記。

2009 年 12 月，王儒林被提拔為吉林省副省長，代理省長；2010 年 1 月任吉林省省長；2012 年 12 月任吉林省委書記；2014 年 9 月任山西省委書記至今。

王儒林擔任吉林省政法委書記之際，正是迫害法輪功最嚴重的年代，因此按照江澤民集團升官發財的慣例：緊跟江澤民血腥鎮壓法輪功才會被提拔。

第五節

遼寧省長換人的內幕

薄熙來舊部、原遼寧省長陳政高 2014 年 4 月 29 日被迅速換職，調離江派勢力長期把控的地盤遼寧。（攝影／李家翔）

中紀委調查遼寧後 省長迅速換人

《遼瀋晚報》2014 年 4 月 29 日報導了當局對遼寧省長進行「人事調整」的消息：陳政高不再擔任省長職務，李希出任遼寧省副省長、代理省長。

遼寧衛視 4 月 28 日報導稱，上海副書記李希調任遼寧省委副書記，原遼寧省長陳政高不再擔任遼寧省委副書記、常委、委員職務。

《中共紀檢監察報》4 月 29 日消息稱，中紀委書記王岐山從 4 月 18 日到 25 日派出七名中紀委副書記帶隊到遼寧、河南、天津、浙江、貴州、廣東、甘肅等省市進行「調研」。其中，中紀委第一副書記趙洪祝於 4 月 18 日至 19 日到遼寧，十天後，遼寧省長換人。

現年 58 歲的李希被認為是習近平的人馬，深獲習近平信任。

陳政高曾在薄熙來手下幹了十多年

遼寧一直是江派勢力長期把控的地盤，江澤民集團核心人物李長春、周永康、薄熙來、江澤民的外甥等都先後盤踞遼寧官場。陳政高一直在遼寧任職，曾在薄熙來手下幹了十多年，是江派人馬一手「培植」起來的馬仔。

從 1992 年到 2004 年 2 月，陳政高基本一直是薄熙來的部下。薄主政大連時，陳任大連西崗區長、副市長；薄任遼寧省長時，陳又任副省長、瀋陽市長。2004 年薄熙來調任商務部後，2007 年年底陳政高任遼寧省代省長，2008 年升任遼寧省長。

作為江派人馬的陳政高，一直在遼寧省充當中共前黨魁江澤民殘酷迫害法輪功的劊子手。

陳政高督辦人間地獄馬三家勞教所

明慧網報導，陳政高在遼寧省親自督辦馬三家勞教所，可謂罪惡累累。僅舉幾例：2000 年 10 月，馬三家勞教院將 18 名女法輪功學員扒光衣服推入男牢，此事震驚國際。殘酷的迫害導致至少 5 人死亡、7 人精神失常、多人致殘。法輪功女學員孫燕，不但被扒光衣服毆打、電擊，還被用辣椒插進下身，用繩子打成結在她下身來回拉，出血不止。

2005 年 6 月，年輕姑娘高蓉蓉在遼寧省龍山勞教院被警察電擊臉部七小時毀容。在法輪功學員的幫助下擺脫非法監禁，她的毀容照片在海外曝光，引起國際社會關注。之後她再次被中共警察綁架到馬三家教養院祕密關押，並被迫害致死。

2008 年 6 月，陳政高直接下達命令指揮迫害遼寧省法輪功學員于溟，一個年輕的服裝企業家。在馬三家教養院裡，警察們對于溟進行毒打、強烈電擊、吊銬數天，用電棍電擊他的生殖器；將他綁在特製的大鐵籠子裡三個月，不能站、不能躺；往身上潑涼水之後，用繩子將他固定在一個位置，用烙鐵硌他的下體；鐵棍擊頭致昏死數日，意圖陰謀虐殺他、並偽造自殺聲明書以掩蓋酷刑的罪惡。

2008 年 9 月在馬三家勞教所，張連英被女警用鐵杓子撬開嘴灌食，吊銬三天三夜，還被電棍電擊，長時間罰站，木棒擊打等。邱淑琴被女警用手銬吊，用電棍電擊，她頭痛難忍，被連夜送醫院住多日……

馬三家事件後　習近平訓斥遼寧政府

2013 年 4 月初，大陸《財經》旗下的《Lens 視覺雜誌》刊登《走出馬三家》長篇報導，記者走訪多位曾被勞教人員並採集相關物證等，披露了遼寧馬三家勞教所對女性勞教人員使用老虎凳、電擊、黑小號、縛死人床等令人怵目驚心的酷刑，數年間該所已經有數千人遭受這樣的待遇。2013 年初，在國內外對中共勞教所的強烈譴責和巨大壓力下，當局宣布要廢除勞教所。

4 月 19 日，遼寧省當局宣稱，經過十天的調查，發現「《走出馬三家》一文存在嚴重失實的問題」。新華網和法制網引述遼寧調查組的結論稱：「《走出馬三家》一文歪曲事實」。外界認為，遼寧當局的污蔑，是在與習近平廢除勞教制度問題上對抗。

《走出馬三家》的作者袁凌針對遼寧當局的調查報告，在新浪微博發表聲明：「建議遼寧教養院起訴本人，雙方當庭對質，出示人證物證。若我果然造謠污蔑，盡可追究刑責。若報導屬實，也請法庭追究教養所虐待者以及包庇的司法廳官員刑責。」

2013 年 8 月 28 日至 31 日，習近平到遼寧視察期間，曾嚴厲批評遼寧省長陳政高「欺騙中央」、「糊弄百姓」、「問題嚴重」。

陳政高是活摘罪行的第一行政領導

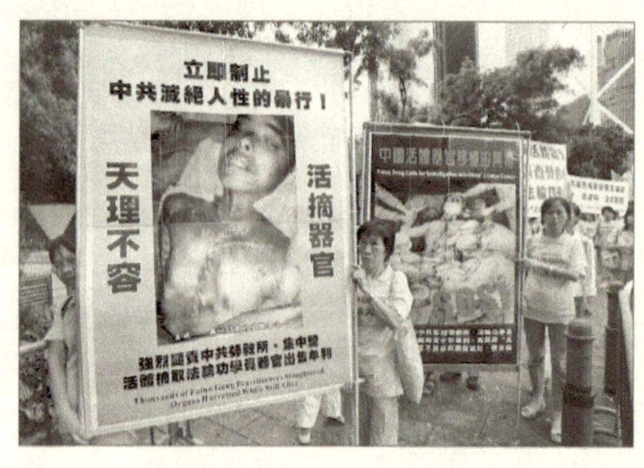

陳政高治下的瀋陽是活摘罪惡最嚴重的城市。圖為 2006 年 6 月 28 日香港制止中共迫害法輪功的遊行隊伍中，展示黑龍江法輪功學員王斌遭活摘器官的事實。（AFP）

1999 年 8 月 20 日，前中共黨魁江澤民為強推迫害政策，連續 10 天到大連市視察，時任大連市長薄熙來與江澤民做了一個「心照不宣」的黑幕交易：只要拚命鎮壓法輪功，薄熙來就可以升官發財。

薄熙來擔任大連市長和遼寧省長期間，大連最先發生活摘法輪功學員器官、盜賣被殘害的法輪功學員屍體的罪惡；之後活摘罪惡最嚴重的城市是瀋陽，最嚴重的省份是遼寧省。作為薄熙來的搭檔和部下，陳政高是犯下罪惡累累的一員。

2006 年 3 月 9 日，一位資深媒體人向《大紀元》披露：中共在瀋陽市蘇家屯區設立祕密集中營非法關押了 6000 多名法輪功學員，許多法輪功學員被活體摘取器官後死去，器官被高價出售和移植，而屍體在該祕密集中營裡的「焚屍爐」裡被焚屍滅跡。

消息披露以後，國際社會譁然。3 月 14 日，公眾尚在震驚之中，「追查國際」組織公布了與其有關的系列調查報告的第一部分。報告證實，在遼寧省瀋陽市蘇家屯區，確實存在一個龐大的人體器官「市場」。從關押「器官供體」的集中營、組織配型、手術摘取、屍體處理，到使用器官的醫院形成了程式化操作。蘇家屯集中營的操作從 2001 年就開始了，2002 年達到高峰。

3 月 17 日，中共活體摘取器官的第二位證人現身，進一步指證追查報告中提及的醫院就是瀋陽蘇家屯的遼寧省血栓中西結合醫院。此醫院發生了大量活體摘取法輪功學員腎臟、肝臟和眼角膜等器官的駭人罪惡，此證人的前夫是主刀醫生之一，負責摘取法輪功學員的眼角膜。

3 月 31 日，中共瀋陽軍區一名老軍醫公開指證，蘇家屯的醫院地下集中營活體摘取法輪功學員的暴行的確存在，焚燒屍體甚至直接焚燒活人也很普遍。而蘇家屯地區的集中營僅僅是全國 36 個類似集中營的一部分，目前全國最大的關押法輪功的主要地區是黑龍江、吉林和遼寧，其中一個最大的法輪功學員關押地關押人數超過 12 萬。

同日，追查國際公布其第二份調查報告證實，蘇家屯血栓醫院非法私設焚屍爐，涉嫌有相當數量屍體避開公眾視線自行處理；

潘陽地區的確存在一個異常龐大的活體器官供體群；蘇家屯式集中營不止一個，至少在八個省市發現大量活體摘取法輪功學員器官以供移植的案件。

2001 年，遼寧省潘陽市蘇家屯集中營開始實施滅絕人性的活體摘取法輪功學員身體器官的罪行，在 2002 年達到高峰時，陳政高正是遼寧省潘陽市市長。「明慧網」評論稱，從某種意義上講，陳政高正是這個人類歷史上前所未有的罪大惡極罪行的直接第一行政領導。

陳政高在台灣遭到起訴

進入 2014 年，遼寧省仍然在迫害法輪功學員。2014 年 1 月份，大陸法輪功學員被非法判刑（庭審）人數計有 67 人，而遼寧省就有 25 人之多。

2011 年 2 月，陳正高到台灣訪問，因迫害法輪功嚴重涉嫌違犯殘害人群罪，而遭到刑事控告。據「明慧網」報導，2011 年 2 月 15 日晚間 11 點 10 分陳政高一踏入台灣桃園機場大廳，有五、六十位法輪功學員當面告知他已被刑事控告。陳政高等人則倉皇跑上遊覽車，隨即飛速駛離機場，全程不超過 5 分鐘。

第六節

落馬百虎 九成是江派

迫害法輪功者惶惶不安

江澤民集團官員一直擔心因迫害法輪功遭到清算。江澤民、羅干、周永康、薄熙來、曾慶紅等人已被 30 多個國家的法輪功學員以「群體滅絕罪」、「酷刑罪」、「反人類罪」告上國際法庭，受到國際社會的譴責。

如今這種壓力不僅來自國際，還來自中國國內。習近平展開反腐運動以來，「老虎蒼蠅一起打」，落馬的腐敗官員大部分是曾經迫害法輪功人權的官員。這些官員對老百姓實行恐怖鎮壓時毫不手軟；如今這種恐怖的壓力，他們也要同樣地承受。

徐才厚病榻上的憂急恐懼

以徐才厚為例，他是中共軍隊迫害法輪功學員及軍隊系統參與活摘法輪功學員器官的主要責任人，是江澤民集團迫害法輪功的主要幫凶。

2013 年 2 月 4 日，徐才厚確診為「膀胱浸潤性多發性高級別尿路上皮癌」。

2014 年 3 月 15 日，徐才厚被調查；6 月 30 日，徐才厚被開除黨籍處分，移送最高檢察院授權軍事檢察機關處理；7 月 30 日，徐被開除軍籍、取消上將軍銜。

2014 年 11 月 20 日，《國賊徐才厚查抄內幕》在大陸發表，披露徐才厚擁有的現金，足足有 1 噸多重，各種金銀珠寶數不勝數。

2014 年 12 月 11 日，中共軍報發表評論員文章，批徐才厚為「國妖」。

2015 年 3 月 15 日徐才厚因癌症死亡。

從以上官方信息可以看出，雖然調查前被確診癌症，徐才厚仍免不了成為軍事機關立案調查的犯罪嫌疑人，在病榻上接受開除「黨籍」、開除軍籍、取消上將軍銜等處分，還被定性為「國妖」、「國賊」，被曝光貪污千億的驚人醜聞；中共的喉舌全國開動，對其揭露。在這一系列的憂急恐懼中，徐才厚從被調查到病斃，整整捱了一年。

黃潔夫指周涉器官移植黑幕

徐才厚死亡的同一天，其政治「盟友」周永康被中共衛生部前副部長黃潔夫在電視上公開指控他掌控「死囚」器官利益鏈，這個利益鏈很骯髒，在胡溫、習李兩代領導人的支持下，黑幕才得以公開。這是中共官員首次指證周永康涉器官移植黑幕，間接證實江澤民、周永康等活摘法輪功學員器官的指控。

媒體曾曝光周永康 7 次跪求免死。當年周永康掌控政法委，大舉抓捕和鎮壓法輪功學員及異見人士，在中國製造恐怖，掀起血雨腥風。如今周永康被判無期徒刑，也算報應的體現。

王岐山布陣 19 大

第六章

怒抓芮成鋼 單挑劉雲山

美中戰略與經濟對話在北京召開之際，央視節目大談中行造假洗黑錢，與習近平公開唱對台戲，並將矛頭對準曾主管銀行的王岐山。王一氣之下，立即抓捕央視三人，以此反擊挑起事端的央視後台劉雲山。於是，芮成鋼在直播前被火速帶走。

劉雲山把持的宣傳口不斷針對習李政權造事，令習李難堪。王岐山迅抓芮成鋼，以此警告央視後台劉雲山。（新紀元合成圖）

第一節

王岐山約談多人
常委人人自危

　　讓我們回到 2013 年 10 月，王岐山開始要打周永康這隻大老虎的時候。

　　回頭看看當時的王岐山，在自身實力還不足夠強大時，如何一步步打倒周永康的。俗話說，歷史之所以好看，重在過程，而不是結果，溫故知新，鑽研的也是過程，如同下棋一樣，為何先走第一步，這樣才能制約誰，以便走出第二步。

周永康已經被習、王抓在手中

　　據香港《前哨》雜誌 2013 年 10 月號消息說，習近平在 8 月 27 日主持的中央政治局會議中通過一項未公開決議，即對前政治局常委、政法委書記周永康進行立案調查，並由中紀委、中辦、公安部組建跨部門專案組。

　　此前，9月2日，《蘋果日報》等港媒援引消息稱，中共中紀委已經開始執行北戴河會議決議，對前政治局常委進行專案調查。當時周永康已經被軟禁，失去自由。中紀委對周永康多次約談也早就被曝光。

　　9月2日，《紐約時報》援引知情者稱，「中紀委已經成立了處理周永康事件的專案組」，對四川的腐敗案進行了調查，並對周永康的兒子周濱進行了訊問。

　　據悉，負責周永康專案的是前中紀委駐財政部紀檢組組長、中紀委二室主任劉建華，她和負責調查薄熙來案的前中紀委副書記馬馼一樣，也是一名女性。

　　另有消息稱，如何處理周，習近平還在權衡之中，只差沒在「雙規」周永康的報告上簽字。

江澤民「管家」季建業被中紀委押京調查

　　2013年10月17日上午，中紀委網站發布消息，江蘇省南京市委副書記、市長、江澤民揚州「大管家」季建業正接受調查。據報，季建業是在16日凌晨2點，被中紀委直接從家裡帶走。中紀委此次行動並未通知江蘇省委，而是直接帶往北京。

　　外界觀察，季建業被押北京，非同尋常，表明江澤民後院的這把火還在持續延燒。此前不久，傳海南省省長蔣定之因與周永康家族關係密切，成為最新被中紀委調查的高官。蔣定之出事，還牽出江澤民親家、原中共國務院副總理回良玉的貪腐醜聞。

　　按照中共的慣例，犯事官員被押往北京接受審查是很罕見的舉動。通常，省部級腐敗高官實行「跨省異地」審理，而廳局級幹部腐敗案件則在「省內異地」審理。若省部級官員被直接押往北京受審查，一般背後會涉及更高級別的官員。

這次季建業被押往北京接受審查，顯然是與江系人馬最近不斷出事有關。當時季建業算是 18 大後第十名落馬的省部級官員。

中共最高檢檢察長曹建明被中紀委約談

稍早前，有消息傳出中共前政法委書記周永康心腹、現任中共最高檢察院檢察長曹建明也被中紀委約去談話。

2013 年 9 月 5 日，北美新浪網引述《澳洲日報》的消息稱，現任「610」辦公室主任兼公安部副部長李東生被調查，同時遭到調查的還有最高檢察院檢察長曹建明。曹建明已被中紀委約談，但還在最高檢察院上班。

該報導引述北京政法界人士透露，曹建明的第三任妻子、央視著名節目主持人王小丫，因其涉及正在被調查的周永康及曹建明，也被列入調查之列，被有關部門突然取消 9 月 26 日前往美國的行程。

據知，曹建明在 2008 年成為中共最高檢察院檢察長，正是薄熙來「唱紅打黑」開始強盛的時期，也是周永康執掌中央政法委期間，最主要的政法官員之一，他是周永康幫派的最主要成員之一，曾受到江澤民親自拔擢進入高檢。

周永康心腹 國資委主任蔣潔敏遭到調查

2013 年 9 月 1 日，中紀委證實曾任中石油集團董事長的國資委主任蔣潔敏接受調查。在這之前，中石油已有四名高層人員被扣查。

蔣潔敏是周永康在石油系統的心腹。自薄熙來濟南庭審翻供之後，中南海劍拔弩張，將江系核心人物、前政治局常委周永康擺上台，外媒聚焦周已成為薄案第二集的主角。

2013 年兩會後的 3 月 18 日，蔣潔敏被「調離」從事 40 多年的單位，被安排出任國資委主任，被外界看作是「明升暗降」。《大紀元》在兩會期間報導：蔣潔敏因其涉嫌驚人貪腐和幾宗命案，已被中紀委盯上，兩會後拋出，作為打擊周永康的前哨戰。

8 個月內平均兩天一名廳局級以上官員落馬

當時中共最高檢察院公布了 2013 年 1 月至 8 月立案偵查貪污賄賂犯罪案件的情況。前 8 個月，中共檢察機關共立案偵查貪污賄賂犯罪案件 2 萬 2617 件、3 萬 938 人，同比分別上升 3.6%和 3.8%。其中，大案 1 萬 8283 件，占立案總數的 80.8%，同比數量上升 5.7%；要案 1761 人，占立案總數的 5.7%。

在要案中，包括劉鐵男、李達球、王素毅、倪發科等副部級以上官員在內，共有 129 名廳局級以上官員被立案偵查。這意味著，前 8 個月平均兩天就有一名廳局級以上官員落馬。

王岐山個性特立獨行

王岐山特立獨行的個性由來已久。此前有報導稱，王岐山每次出訪，都會向他所下榻的五星酒店提出更換木板床的要求，即使住紐約華爾道夫酒店也不例外。王岐山還是個「老煙槍」，無論到哪裡出訪，經常第一件事就是點著一根煙，噴雲吐霧。

因其強勢性格，有評論認為，無論王岐山擔任什麼角色，都注定不會風平浪靜的。也因此中共的官員人人自危，甚至部分「不乾淨」的中共常委們也人心惶惶，寢食難安。

張德江被多次敲打 壓力極大

2013 年 7 月間，《新紀元》北京獨家的消息稱，在政治局學習會上，習近平向多位剛剛上位的政治局委員發炮。據報，現任政治局常委劉雲山、張德江壓力極大。張德江曾告病假。

2013 年來張德江已多次遭習陣營敲打。4 月 9 日，中共官方曾突然推出深航資金黑洞大案，暗指張德江是深航幕後老闆李澤源的大後台，張德江被推向風口浪尖兒。此後深航案不斷升級，6 月 5 日最後一次庭審中，深航幕後老闆李澤源在供述當年深航競購內幕時表示，曾向廣東省政府的領導「打招呼」。

李澤源在庭審的供述與早前媒體的報導相互印證。早前所有報導都引用知情人士的話透露，時任廣東省委書記的現任人大委員長張德江，當年對深航股權拍賣亦非常關注，甚至親自過問，最終導致李澤源非法入主深航。

在習、李廢除勞教的問題上，有報導稱張德江挾人大進行對抗，故意拖延。4 月 9 日中共官方「隆重推出」深航大案，此後還在庭上不點名地說出此案涉及「廣東政府領導」，敲打意味甚濃。

與習近平、王岐山關係密切的財新系等媒體，也不斷報導張德江涉案的深航黑幕、揭其老底，無疑在給習、王敲打張德江起了「煽風點火」的作用。

張高麗涉私募醜聞 天津官方打破沉默

除了張德江日子不好過，張高麗在王岐山的反腐攻勢下，也開始坐立不安。

涉案金額過百億的天津私募案一直是中共諱莫如深的大案，2013 年，天津官方首次罕有的對私募案開腔。新任天津市委書記孫春蘭入主天津後，公開曝光被前任張高麗強力掩蓋的私募醜聞。

據報，2007 年 3 月，張高麗調職天津市任市委書記。此後，在張的大力推廣下，天津開始出台系列的財稅優惠政策。再加上市、區兩級官員的配合廣招，於是各路私募股權基金大量在天津「全面開花」。

在政府信用的擔保之下，投資者義無反顧投入了私募致富的美夢中。據天津工商局的數據顯示，截至 2011 年底，登記註冊的私募股權基金公司註冊資本達 4409.51 億元。天津私募案也是中國大陸最大的私募金融詐騙案之一，涉及資金高達數千億元。

當天津眾多私募基金被打入非法集資並查封之後，各地受害者不斷向天津市政府上訪，要求天津市政府給出解釋。2012 年 9 月 3 日至 4 日，逾千位來自中國各地的天津私募投資受害者來到天津市政府前請願示威，民眾高喊「張高麗、崔津度（副市長）還錢！」等口號，並要求和市長對話。

第二節

王岐山怒抓芮成鋼
敲打劉雲山

然而在江派三常委中，王岐山敲打得最厲害的還是劉雲山。

2014 年 7 月 11 日晚上 8 點半，中共喉舌中央電視台正要播出《經濟信息聯播》。不過，與往日不同的是，原本一男一女主持的 50 分鐘直播節目，這天卻只有女主播謝穎穎，那個人稱的「白臉小生」芮成鋼卻不見蹤影。

按慣例，假如哪位主播生病了，央視仍有好幾個預備播音員臨時頂上或輪換，不會讓位置空著，何況播出的畫面可以看到男主播的話筒還擺在那。再說，央視的主持人一向是照稿宣讀的播音員，臨時換人並非難事。很明顯，這可能是故意露空檔，就好比一些報紙在特殊情況故意開天窗一樣。

芮成鋼的強出風頭

果不其然，第二天海內外媒體紛紛報導，芮成鋼 11 日被中紀委抓走了。同一天央視共有三人被抓，除了 36 歲的芮成鋼之外，同時抓走 46 歲的央視財經頻道副總監李勇，以及另一名製作人。

李勇 11 日正準備隨團去巴西，參加央視「金磚峰會」的直播報導，但在機場海關被攔下。有消息說，芮成鋼是被檢察院直接從直播現場帶走的，王岐山想故意製造一種氛圍，威懾央視人。

芮成鋼 1977 年 9 月出生在安徽，父親黃家佐是《新來的小石柱》的作者，取義小石柱的大名石成鋼，他隨母親芮淑敏姓了芮。1999 年進入中央電視台擔任主播，曾專訪過數百名國際商界、經濟學界以及政界領袖人物。

心高氣盛的芮成鋼因為一系列出格舉動而「馳名中外」。他 2007 年 1 月寫的《請星巴克從故宮裡出去》一文，一夜點擊量達 50 萬，所提建議成為兩會議案，最終致使星巴克搬離故宮；2010 年 11 月在韓國舉辦的 G20 峰會上，被奧巴馬誤認為是韓國人的芮成鋼表示，「I think I get to represent the entire Asia（我想我可以代表整個亞洲）」，語出驚人，引人側目。

在 2011 年 9 月大連的達沃斯論壇上，芮成鋼奚落美國駐華大使駱家輝「坐經濟艙來參會，是否有意在提醒美國欠中國錢？」2012 年 4 月，芮還把姚明作為 NBA 球星每年 4000 多萬人民幣的收入，與揚州市委書記不足 20 萬的收入對比，被人稱為毫無邏輯。芮成鋼還把美國前總統克林頓標榜成「我一個非常好的朋友」。

與芮成鋼相比，李勇則比較低調。李勇是央視高級編輯，資深新聞和財經節目製作人，CCTV-2 財經頻道副總監。他 1993 年調入央視，曾擔任《晚間新聞》、《早間新聞》等欄目製片人，1999 年曾主持創辦《現在播報》欄目。

據《新紀元》獲悉，芮成鋼們的火速被抓，並非偶然，他們早就被王岐山盯上了，只是這次正好撞到槍口上了。

李東生之後 央視大地震不斷

中共宣傳部長久以來被中共江派前常委李長春、現任常委劉雲山先後所把持，自「18 大」後，劉雲山把持的宣傳口不斷針對習李政權造事，令習李難堪。隨著習江鬥越演越烈，當局反腐已從政界、國企擴大到軍隊、宣傳系統。

2013 年 12 月，曾擔任央視副台長的原公安部副部長李東生落馬後，引發了央視人事大地震，數百人被中紀委調查。

此前《新紀元》周刊報導了玩弄「筆桿子」的李東生為何一夜間拿起了「槍桿子」，這與周永康、江澤民迫害法輪功直接相關。當時李東生作為鎮壓法輪功的專職機構「610」辦公室的副主任，參與、策劃了由羅干等人一手編造的「天安門自焚」，大肆誹謗、誣陷法輪功，從而得到江澤民的賞識和提拔。

2014 年 5 月 28 日、29 日，中共官媒罕見密集報導江澤民姘頭李瑞英被強制退出央視《新聞聯播》的消息，6 月 1 日，最高檢察院通報，央視財經頻道原總監郭振璽涉嫌受賄已被立案偵查。據悉，郭振璽利用央視廣告部門和財經頻道大肆斂財，擔任財經頻道總監 9 年間，其個人不當獲利至少達 20 億元。

2014 年 6 月 6 日，央視財經頻道製片人王世杰也被帶走調查，他同時擔任財經頻道運營組財務總管。與王世杰一同被帶走的，還有一名年輕女主持人和一名女編導。

從那時起，李勇、芮成鋼就已經被中紀委盯上。郭振璽非常看重芮成鋼，2008 年 4 月芮加盟財經頻道後，郭一直力捧他。也有消息說，除了牽扯郭振璽案外，芮成鋼自身也有經濟問題。據說芮的家人成立了一個公關公司，他的部分高端訪談對象，包括上多少分鐘央視，都明碼標價。

不過令人吃驚的是，在內部早已風聲鶴唳的央視，仍然高調地針對當局。就在 2014 年 6 月 30 日江澤民的「軍中最愛」、前中共軍委副主席徐才厚被查後的 7 月 9 日，央視推出一個特別報導，表面上是報導「中國銀行借優匯通洗黑錢」，但實際矛頭卻是對準了曾經主管銀行的前副總理王岐山。

2014 年 7 月 9 日早上，央視的《新聞直播間》欄目播出了一則爆炸性調查新聞，矛頭直指中國五大國有商業銀行之一、主管外匯兌換的中國銀行（簡稱中行），新聞標題是《中行公然造假 洗黑錢 外匯管制形同虛設》。

央視一直以來受到現任常委、掌管文宣的劉雲山的操控，屬於江澤民派系掌控的地盤。國家新聞出版廣電總局 2014 年 6 月 18 日下發通報，禁止記者和記者站未經該單位同意，私自批評報導。由此可見，上述批評中國銀行的新聞能播出，無疑是得到央視主管批准，以及更高級別的首肯，絕非偶然事件。

央視在節目中強調中國銀行某支行的工作人員說：「我們不管您的錢從哪來，怎麼來的，都可以幫您弄出去。」暗示中行洗黑錢。

央視稱中行是地下錢莊 監守自盜

央視報導說，在北京，一到周末大大小小的移民仲介就辦起各個國家的移民諮詢會。「您只需要花 50 萬歐元投資於葡萄牙不動產項目，您就可以擁有 5 年的黃金居留身分，5 年過後就可獲得永居，6 年獲得國籍。」

中國由於外匯管制，每人每年最多只能換匯 5 萬美元，若想湊足動輒幾十萬、數百萬美元的投資移民款，前些年根本做不到。不過現在中國銀行能做了。央視記者宣稱調查發現，在收取千分之四左右手續費之後，中行就會給客戶提供一個叫「優匯通」的服務，這是一項「見不得光的銀行業務」。

優匯通全名叫「跨境人民幣結算業務」，銀行先幫客戶開一個中行廣州分行的帳戶，把數百萬人民幣轉到廣東分行，再從廣東分行把人民幣匯出到中國銀行在倫敦、東京、巴黎等地的分支銀行，最後在國外兌換成相應外幣。以前中國只允許擁有海外公司的大型企業使用該管道，對個人是禁止的。採訪中銀行工作人員說：「這雖然是人民幣跨境業務，但是沒有通過外管局的兌換系統，其實這麼做是一個灰色地帶，打一個擦邊球。」

但央視並不認為這是打擦邊球，報導把中行說成地下錢莊，並藉專家之口稱其是在違法犯罪。報導還說，廣東一個越秀支行，一年內就把 60 億的人民幣送出了國門。這個支行的業績，只是排名第五。

據中國社會科學院稱，那三年中國年均向海外移民人數已經接近 20 萬。假如每人以 200 萬人民幣來算，20 萬人就是 4000 億。如此龐大的資金外流，央視稱中行是「監守自盜」的罪犯。

習改革試點被央視稱為地下錢莊

這一結論讓中行坐不住了，當天下午，中國銀行趕緊發表聲明，稱他們這項業務是得到中央銀行批准的。親習近平、王岐山的「財新網」也發表多篇文章為中行解釋，稱這是習近平陣營在金融領域改革的一個新措施，只是在廣東試點。

報導說，「廣東省於 2012 年下半年已經開始試行個人跨境人民幣匯款，容許內地居民以個人名義進行人民幣匯款，而無需轉換美元再匯款。但這次試點相當低調，且限制條件嚴苛。被嚴格限制在包括中國銀行等幾個銀行分行範圍內，而且不許對外大加宣傳。」

一名業內人士則很氣憤地認為央視用社會新聞的思路操作財經新聞，濫用媒體話語權。據這位前財經媒體人的說法，這項業務屬中外資銀行的常規業務，而且一直在做，廣東地區非常普遍。文章還分析了中行的這種試點與地下錢莊的區別：地下錢莊的信息，官方無法追蹤，除非被打擊到了。而優匯通通過銀行匯款，至少需要做國際收支統計申報，是可以監測到的，不易形成統計遺漏。

「貪官、罪犯轉移資產大多仍用地下錢莊，而中行這項業務的客戶則要以移民、要境外購置資產的普通居民為主。」

儘管大陸媒體做了解釋，民眾的負面反饋還是非常強烈。7月9日當天，大陸兩市跳水，滬指跌 1.23％，深成指重挫 2.25％；港股則急跌超過 300 點，下跌股份超過 1000 支。中國銀行被揭涉洗黑錢，股價跌近 3％。

央視曝光洗錢背後的派系大戰

資料顯示，現任中國銀行行長田國立，1997 年任中國建設銀行行長助理；1999 年開始歷任中國信達資產管理公司副總裁、總裁、董事長；2010 年擔任中信集團副董事長兼總經理；2011 年出任中信銀行董事長；2013 年 5 月，任中行董事長。

在其簡歷中可以發現，田國立是王岐山當年主掌建行時的舊部，曾經擔任過王岐山的助理。田國立任中行董事長和黨組書記，外界普遍認為是王岐山在為自己的舊部在金融領域布局。

央視揭洗錢事件矛頭還對準了中央銀行，而現任央行行長、朱鎔基的心腹周小川也不得不表態稱，中行洗錢傳聞需花時間弄清楚。值得注意的是，現任中紀委書記王岐山也是朱鎔基的圈內人。據說，現任國務院副總理馬凱、從中投公司回歸的財政部長樓繼偉和「破例」第三次出任央行行長的周小川，均是朱鎔基擔任國家經濟體制改革委員會（體改委）主任時的老部下。

1996 年周小川任央行副行長、黨組書記；1998 年周小川任建行行長、黨組書記；2002 年成為央行行長至今。可以說，周小川被提拔幾乎因為朱鎔基的緣故。

據說朱鎔基一直不滿江澤民，也就是說，江澤民派系掌控的央視，這次把矛頭直指朱鎔基、王岐山的親信，其背後含義是很深的。

北京當局不得不進行的改革

中共宣傳部一直被中共江派前常委李長春、現任常委劉雲山先後把持，自「18 大」以來，劉雲山把持的宣傳口不斷針對習、李政權造事，令習、李難堪。隨著習、江鬥越演越烈，當局反腐已從政界、國企擴大到軍隊、宣傳系統，而央視的反撲也在意料之中。

作為央視，他們不可能不知道優匯通是習近平陣營上台實施的金融改革試點，中行工作人員在採訪中會告訴他們，但央視一直不點出這點，而是不斷點燃民眾的憤怒之火。

央視三人被抓，最關鍵的是他們播出中行所謂洗錢節目的時間，7月9日，正是第六輪美中戰略與經濟對話在北京召開的日子。這邊談判桌上，中國副總理汪洋和國務委員楊潔篪等人，正在與美國國務卿克里和財政部長雅各‧盧，就人民幣匯率的結構性改革討價還價，而那邊央視卻在把人民幣結算改革說成是犯罪，央視公開唱對台戲，令王岐山十分憤怒。

《新紀元》獲悉，王岐山一氣之下，下令馬上抓捕此央視三人，給挑起該事端的央視後台來個下馬威，也就是對劉雲山施以一點顏色瞧瞧。於是，芮成鋼在直播前被火速帶出，令央視節目差點開了天窗。

為何美國要與中國反覆談人民幣匯率問題呢？為何汪洋、王岐山、李克強等人要施行優匯通試點，讓大陸資金逃出海外呢？這裡面原因很複雜，概括起來，可從兩方面看。

首先，這是中國加入世貿 WTO 的承諾要求。2001 年 11 月 11 日，中國在加入 WTO 時，就承諾要逐步開放中國的資金市場，保證人民幣能自由流通和兌換，因為這是自由貿易的基石。美國作為 WTO 的主要執行人，有責任不斷敦促中國放開對人民幣的管制。

在世界其他國家，都沒有像中共那樣規定：公民每人每年只能兌換五萬美金的外幣，只要民眾的收入合法，兌換多少都是人民的自由。十多年來，中共一直在拖延對人民幣匯率以及外匯的強行管制，這令國際社會十分不滿，「取消中國最惠國待遇」，不承認中國是自由經濟的各種呼聲不斷高漲，面對強大的國際壓力，中共不得不對金融進行改革，不得不逐步放寬對人民幣兌換的限制。

另一方面，北京也看到，民眾通過地下錢莊流出的錢數量巨大，中國富人想移民海外，北京是卡不住的，與其讓地下錢莊來掙這個錢，不如由國有銀行——中國銀行來做，這樣既讓官方有途徑可查資金流向，也能讓銀行增加收入。

李東生落馬後，央視在中紀委的調查下，依然上演中行洗錢的鬧劇，直接和習主張的改革唱對台戲，這說明習李王的改革，遭到了既得利益集團的拚命反撲。

央視接下來還會有什麼戲出台呢？央視背後的大老虎何時會現身呢？這是人們關心的話題。

第三節

「自作孽不可活」
王岐山要判 3 人死刑

　　2014 年 11 月 3 日，王岐山在中共黨媒《人民日報》上刊載了長文，文章措辭嚴厲，稱：「反腐敗是一場輸不起的鬥爭」。類似的話語，王岐山之前已經說了兩次。第一次是 2014 年 8 月 25 日，王岐山在中共全國政協 12 屆常委會第 7 次會議時說：「8 項規定的成功與否，已經變成一場輸不起的戰鬥」，10 月 25 日，在中共第 18 屆中紀委第 4 次全體會議上，王岐山又提出反腐「輸不起」。

　　什麼叫輸不起呢？「中國記協網」署名閻兆維的博文表示，這說明中共高層博弈到了你死我活的程度，反腐敗的對立面的勢力非同一般！中國人說，凡事不過三，王岐山已經是第三次講類似的話，從中人們不難聞到濃濃的硝煙戰火味。

　　王岐山在這篇長文中還借用古人的話「自作孽，不可活」，對某些人敲響了喪鐘。「天作孽，猶可違；自作孽，不可活」是孟子引述《尚書》〈太甲〉篇中的句子，意思是說：自然界給人們造成災害，人們或許尚能逃避而得僥倖生存；但人自己造下的罪孽，卻是要自行承擔惡果，是無法逃避的。

中共 18 大以來，到 2014 年 10 月，有 51 名副省部級以上官員被查處，但沒有一個被判死刑的，不過「法國國際廣播電台」引述知情者消息稱，中共四中全會後，谷俊山、宋林和芮成鋼會被重判，初步內定是死刑。

谷俊山、宋林和芮成鋼涉案細節

谷俊山

前中共後勤部副部長谷俊山很早就傳出將會被判死刑的消息。谷被外界描述為「軍中巨貪，堪比和珅」。2014 年 1 月 12 日深夜，谷俊山的老家被查抄。被搜出的除裝了兩軍車的軍用專供茅台外，還有一艘寓意「一帆風順」的大金船，一個寓意「金玉滿盆」的金臉盆，以及一尊純金毛澤東像。查抄從下午 1 點開始，連續兩個晚上，各種財物裝了整整 4 卡車。

大陸網路流傳，谷俊山「供出了幾乎所有人」，特別是供出的人中還有「母老虎」，即江澤民的姘頭宋祖英。

2015 年 8 月 10 日，谷俊山由於「揭發他人犯罪，有重大立功表現」，因而獲從寬處罰，執行死刑緩期兩年執行。

芮成鋼

央視主播芮成鋼 2014 年 7 月 22 日被帶走後，據內部人士透露，涉及央視腐敗窩案。

2014 年 9 月，新浪微博實名認證為「社科院副研究員，中東、軍事、反恐問題專家」的「王國鄉」在微博中稱芮成鋼除經濟問題外，還涉間諜案，「超乎想像的嚴重」，可能面臨死刑。但「王國鄉」隨後刪除了該微博。

網路盛傳芮成鋼被抓後，叫囂道：「劉常委知道嗎？」中共宣傳部也曾要求立即放人。有分析表示，芮成鋼的直接老闆是主管宣傳的江派常委劉雲山。

2014 年 9 月 15 日，時政評論人士莊豐發表文章《挺鐵流！籲習近平盡快處理「淫棍」劉雲山》。文章稱，芮成鋼現在已經交代，曾被舉報在北京高級會所參加富商組織的宴會，當眾吃美女的人奶的宣傳部高官，包括劉雲山。

宋林

另一個是前香港中國企業協會會長、華潤集團董事長宋林。宋於 2014 年 4 月 17 日被中紀委宣布受查，其後華潤集團多名高官也相繼被查。宋林落馬，與《經濟參考報》首席記者王文志舉報華潤百億資產併購案有關。

華潤集團的老總宋林 4 月 17 日被中共中紀委調查以來，在深圳受審訊的 3 天，據海外媒體透露供出涉及 20 億元的經濟問題，隨後雙手戴手銬被押送去北京。

最早舉報宋林的前《山西晚報》記者李建軍曾向媒體表示，中紀委已經將宋林案，列為繼周永康案件之後的第三號大案。而且宋林案背後涉及更大的老虎，某中共退休政治局常委。外界一直認為宋林是江派大佬曾慶紅的心腹。

香港《蘋果日報》報導，宋林在職期間，常在灣仔的「華潤」

總部宴會廳宴請政商權貴，豪吃 22 頭極品乾鮑、蘇眉魚、冬蟲夏草燉湯等名貴菜式，更豪飲每瓶約 8 萬至 12 萬元的法國頂級紅酒，估計每餐最少花費 60 萬元。

早在 2014 年 4 月 17 日晚中紀委公開宋林案後不久，就有海外媒體稱宋林案涉及曾慶紅。

海外觀察家分析稱，中共落馬官員中，比谷俊山、宋林和芮成鋼罪行更嚴重的大有人在，特別是周永康、徐才厚及未被拋出的江澤民、曾慶紅等江派「老老虎」。三人若判死，或是「替罪羊」，被作為所謂「依法治國」的試刀、祭旗；或是表明那些更大老虎也將難逃一死。

2015 年 08 月 10 日，谷俊山因犯貪污罪、受賄罪、挪用公款罪、行賄罪、濫用職權罪，被判處死刑，緩期二年。

第四節

王岐山單挑劉雲山
人民網與中紀委打戰

中共官媒人民網副總編徐輝 2015 年 5 月 22 日被解職、隨後傳出被帶走調查，在此之前，《人民日報》微信號發表一篇文章，對習近平、王岐山的反腐做出解讀，暗指打「大老虎」已經結束。分析認為，人民網副總編被抓，顯示王岐山已經與劉雲山翻臉，也顯示當下習近平與江澤民的兩大陣營激烈爭鬥達到白熱化。

徐被抓前日 《人民日報》為反腐定調

就在徐輝落馬的前一天，5 月 21 日，《人民日報》微信公眾號發表名為《不局限於一城一地，中央反腐正在布更大的局》的文章。

文章稱，中紀委已經有段日子沒「上頭條」了。這讓一直在猜「下一個大老虎是誰」的人不禁犯起了嘀咕：「老虎」落馬速度變慢了，難道是中央反腐力度減弱了麼？

文章自答稱，在反腐取得「震懾性」成果後，中央也已開始著手從制度層面布局，推動從不敢腐向不能腐、不想腐轉變。

文章還稱，「未來對於紀委來說，打落的老虎體量有多大、數量有多少將不是最重要的，讓制度建設真正發揮作用才是工作的重中之重。」「反腐是場長期鬥爭，幾隻老虎的落馬只能震動一時，並不能徹底解決腐敗問題。」

華府的中國問題專家石藏山說，此文一出，配合海外江澤民等釋放的「打虎剎車論」，似乎在為未來的反腐定調：習近平、王岐山的「打虎」要結束了。

4 天後中紀委警告官員「抬頭看路」

5 月 25 日，中紀委監察部網站發表名為《講政治、顧大局》的文章。

文章列舉了當前的五大現象，包括一些中共黨員幹部仍然不收斂不收手；反映領導幹部問題線索還在增多。文章稱，這些都表明，腐敗蔓延勢頭沒有得到完全遏制，形勢依然嚴峻複雜的判斷沒有過時。

文章還稱，紀檢監察機關處在最前沿，「不僅要埋頭苦幹，更要抬頭看路，把中央精神吃透，牢記於心。」

石藏山說，文章的前半段，顯然是在反駁 21 日《人民日報》的文章，也就是「不敢腐」的局面還沒有形成。再換句話說，就是「大老虎」還要繼續打。

石藏山認為，紀檢官員「更要抬頭看路」，實際就是要那些官員看清楚習近平、王岐山的要求是什麼，其實言語間已經把常委之間的惡鬥公開了出來。人民網副總編被抓，顯示王岐山已經因為劉雲山私自「定調」而與其翻臉，也顯示當下的習近平與江澤民的兩大陣營激烈爭鬥達到白熱化。

駁「打虎剎車」 習王胡溫聯手反擊

最近，有海外媒體釋放消息稱，現在要拉下馬的高官都是江澤民、曾慶紅的人，都是江、曾在位時重用提拔的人。由於江、曾反撲，導致北京「打虎剎車」等。

習近平陣營在反腐過程中，習、王曾多次發表強硬言論。據港媒報導，王岐山在 2015 年第一季度中紀委書記會議上總結發言時稱，反腐是直接關係到「生死存亡的決鬥，生死未卜……」並表示，不能有絲毫鬆懈，不能產生厭戰、畏懼。

4 月初，習近平在出席中紀委常委會議時表示，反腐「必須把硬骨頭啃下來」，「沒有任何退讓、妥協、折衷的餘地」。

5 月 4 日，中共上海市委出台限制上海市官員的配偶、子女經商的《規定》。江澤民長子江綿恆按《規定》也得申報家屬經商情況，被視為給「中國第一貪」江綿恆下了一個套。

5 月 6 日、7 日，胡錦濤與溫家寶分別在四川北川與河北承德露面，官媒先後高調報導。此舉被認為釋放習、王、胡、溫聯手反擊「打虎剎車」論的信號。

王岐山布陣 19 大

反腐延燒二張常委

隨著習江鬥不斷升級，北京當局「打虎」已升至江派副國級高官。2014年7月，習近平、王岐山的三大動作：天津巡視、軍中反腐、周永康四川官場馬仔落馬，分別延燒到江派現任三常委張高麗、張德江和劉雲山。

習近平、王岐山的三大動作，分別延燒到江派現任三常委張高麗（左）、張德江（右）和劉雲山（中）。（Getty Images）

第一節

王岐山三大動作
延燒三現任常委

巡視組：天津大案頻發指向張高麗

2014 年 7 月 9 日，據中紀委監察部網站報導，7 月 8 日、9 日，第五巡視組組長王明方、副組長賀家鐵向時任天津市委書記孫春蘭、天津市委班子進行了反饋。

王明方稱，巡視組還收到「反映一些領導幹部的問題線索」，已轉交中紀委、中組部有關部門處理。在反腐敗方面，國有企業大案要案頻發；在幹部選拔任用方面，有些地方幹部選拔任用工作不夠規範。

此前的 2014 年 3 月 28 日至 5 月 28 日，中紀委第五巡視組在天津進行兩個月的巡視。在巡視期間，博主「揪大老虎」連續發表題為《中央巡視五組被天津政府封殺》等數篇博文披露，4 月 21 日，近 3000 名來自全國各地天津私募詐騙案受害者向中紀委巡視組訴冤，而遭當局打壓。部分訪民還直接去了中紀委巡視組工作所在地馬場道老年俱樂部。

2007 年 3 月到 2012 年底，中共現任常委張高麗主政天津五年。期間，張高麗出台系列的財稅優惠政策，吸引了大量私募股權基金，截至 2011 年底，登記註冊的私募股權基金資本達 4409.51 億元。

據悉，天津私募騙人事件從 2010 年初至 2012 年，有數十家公司被查封，給幾十萬家庭帶來毀滅性的災難，中國各地不斷有人到天津上訪、報案。受害者甚至打出「張高麗還錢！」的標語。

有受害者透露，張高麗註冊的私募公司的後台老闆大都是江澤民一夥的人，詐騙的贓款大部分被江澤民、周永康與張高麗一夥斂去。

徐才厚落馬 連帶挖出張德江

2014 年 6 月 30 日，江派軍中代言人、中共原軍委副主席徐才厚落馬。7 月 1 日，海外中文媒體「自由亞洲電台」報導稱，江派現任常委張德江、徐才厚的共同「政治恩人」是前政協副主席、原總後勤部部長趙南起。趙南起也一直受到中紀委調查。據悉，趙涉嫌對其子女及昔日部下嚴重經濟犯罪，「知情不報」甚至說情庇護。

報導稱，發跡後的徐才厚曾兩次回報趙南起的「知遇之恩」，其中一次回報後來成為徐才厚被查處的內容之一。趙南起在其女兒和早期警衛參謀被查後，親自出面向徐才厚求助，徐才厚也直接收受了以趙女兒為首的經濟犯罪團伙的巨額賄賂而出手「撈救」。

　　據報，趙南起的這名神祕的「早期警衛參謀」，很可能就是「深航案」的主角李澤源。

　　據多方報導，李澤源當年為完成對深圳航空公司股權的競購，於 2005 年 3 月匆匆成立註冊了資本 1000 萬元的項目公司「匯潤公司」，由李宜時（即李澤源）、趙麗、秦畹江、宋祖玉四名自然人股東發起，其中李澤源持股 89%；據悉，股東趙麗是趙南起之女。

　　李澤源的公司本無競標資格，為了競購成功，找到時任廣東省委書記張德江，張打了招呼後，李澤源的公司擊敗了同時競標的中國國際航空股份有限公司，成功拿到了深航的主權。此後，李澤源因在深航弄出百億金錢黑洞而被抓，張德江的把柄也因此落入當局手中。

海南副省長譚力落馬 牽出劉雲山

　　2014 年 7 月 8 日，海南省委常委、副省長譚力被調查。譚力是中共江派成員、前政法委書記周永康的馬仔。1999 年至 2002 年 12 月底，周永康任四川省委書記期間，譚力分別任四川省成都市委宣傳部部長、四川省廣安市委書記。

　　周永康在四川布滿黨羽，而同屬江派的現政治局常委、原中宣部部長劉雲山的長子劉樂飛與周永康在四川的馬仔多有交集。

　　有消息稱，譚力投靠了不止周永康一人作靠山。譚任綿陽市委書記時，以綿陽科學城產業基金名義，曾投資劉雲山之子劉樂飛，劉樂飛又將這筆資金投給江澤民孫子江志成，這等於使譚在劉、江家都掛上了號。

2014 年 5 月 19 日，原成都工業投資集團有限公司（下稱「成都工投」）董事長戴曉明，因「受賄罪、國有公司人員濫用職權罪」，被成都市中級法院一審判處無期徒刑。

戴曉明是已落馬周永康的心腹、原四川省副省長李春城的「得力幹將」之一，曾任成都市青白江區區委書記。一度成為媒體焦點的彭州石化項目，成都工投為其提供資金和擔保，除了周永康之子周濱獲得巨大收益外，成都工投是最大的受益者。

成都工投旗下的成都中小企業信用擔保有限責任公司，為了彭州石化項目，引進的投資方包括中銀投資資產管理有限公司、中信產業基金、渤海產業基金等，融資 10.35 億元。劉樂飛掌控的中信產業基金赫然在列。

據悉，中共政治局常委劉雲山之子劉樂飛被稱為中國大陸金融業的大亨，尤其在 2008 年，劉雲山連任政治局委員兼書記處書記之後，這種說法更是廣為流傳。有民眾在網路揭露說，劉雲山兒子掌管兩家大公司（中國人壽保險股份有限公司、中信證券），大肆斂財，實現其竊取國家資財的終極目的。

第二節

王岐山要拿下
江派「國家領導人」

落馬貪官為自保 供出其他貪官

2014 年 8 月 29 日，中共「新華網」博客欄目發表署名文章《如果貪官為了保命而「立功」會出現什麼局面？》。文章稱，一些落馬貪官們論罪可能被判處死刑。對於那些想保命的貪官，已無退路，唯一的「立功」途徑與機會，那就是在徹底交代自己全部罪行的基礎上，檢舉、供出其他貪官的罪行。而宋林的「不計代價」求免死，走的就是檢舉、供出同夥、下屬甚至上司腐敗的「立功」之路。

如果落馬的貪官都想以「立功」來達到免死或輕判的目的，都「不計代價」地舉發那些沒落馬的貪官，那會是什麼情況呢？文章分析，一是會牽出更大的貪官；二是會牽出更多的貪官；三是會牽出隱藏更深的貪官。貪官為了自保「不計代價」供出其他貪官的現象，也徹底戳穿了貪官會「反撲」的嚇人謊言。

　　文章稱，像周永康、徐才厚之類處於腐敗中心的貪官，一旦開口招供其他貪官，那麼是不是還會有與他們同樣位高權重，甚至大於他們的貪官落馬？他們的不斷高升，也是有「貴人」相助的。為什麼會「送他上青雲」，背後是不是也有見不得人的罪惡勾當？是不是也存在權錢交易？是不是也是狼與狽之間的關係？如果周、徐也為了保命而「不計代價」供出其他更大的腐敗分子，不就會有更大的「老虎」現出原形而被查處嗎？

宋林為自保或供出「國家領導人」

　　中紀委書記王岐山 2014 年 8 月 25 日在中共政協會議上，被問到周永康後面是否還有更大的「老虎」時笑言「以後你就慢慢懂」。人們從中聽出了深意，那就是除了周、徐之外，仍將有更大的腐敗分子步周、徐的後塵。

　　2014 年 8 月 26 日，自華潤集團董事長宋林落馬以來，第七名高管、華潤集團總裁王玉軍被立案調查，此前 4 月 17 日，宋林被中紀委調查。據悉，宋林是江派大佬曾慶紅的心腹。8 月 28 日，中共官媒發表閻兆偉的博文《官媒曝宋林為自救不計代價 在敲打誰？》，暗示宋林為了保命或供出「國家領導人」級別的背後「大老虎」。

　　2014 年 8 月 23 日，中共官媒刊登一組題為中紀委辦案基地的照片，報導援引中共官員的話稱，貪官進到基地接受審訊不出三天，就會全盤供出。

　　人們普遍認為，這是在暗示周永康已全盤招供了。周永康能供出的更大老虎那就是江澤民，還有其他現任政治局常委了。

第三節

王岐山一日三動作
回擊張德江

張德江為香港「反佔中」黑幫後臺，
為近期事件的幕後總策劃。（AFP）

從 2014 年 10 月 2 日開始，中共《人民日報》接連發表社論，刺激香港局勢；江澤民集團意圖實行武力鎮壓，並最終以「追究責任」為名，奪取中共最高權力。張德江屬下的人大官員還在《人民日報》發文直接挑釁習近平，聲稱人大權力最大，「可以直接罷免主席」。在此背景之下，習近平陣營一日三大動作回擊張德江。

中紀委專項檢查《人民日報》

2014 年 10 月 5 日，中紀委監察部網站報導稱，人民日報社召開專項檢查工作會議，傳達王岐山關於巡視工作的講話，對人民日報社開展專項檢查工作作出布署。該會議由副總編輯兼機關黨委書記閻曉明主持。出席的包括中央紀委駐人民日報社紀檢組組長蒲增繁。

本次共檢查 3 個地方分社和 3 個社屬報刊、企業等 6 個單位。

習派清理吉林紀委系統

10 月 5 日，中國經濟網報導，曾任遼源市委常委、紀委書記的邱大明已任吉林省紀委副書記。同日，中國經濟網報導，吉林省紀委副書記王長久調任長春市紀委書記。8 月 31 日下午，巴音朝魯取代王儒林出任吉林省委書記；而「吉林幫」成員王儒林 9 月 1 日轉任山西省委書記。9 月 5 日，剛從農業銀行董事長調任吉林省委副書記的蔣超良出任吉林省副省長、代理省長。

隨著具胡、習派系色彩的原省長巴音朝魯和曾是王岐山副手的蔣超良任吉林省的一、二把手，習近平陣營完成了從黨委到政府的雙重布局；標誌著張德江為首的「吉林幫」和江派已經失去了對老巢吉林近 25 年的控制。

9 月 3 日，「吉林幫」成員王儒林卸任吉林省委書記僅兩天，中共最高檢官網在顯要位置發布消息稱，七名涉嫌受賄的吉林省地方官員被立案調查。隨著吉林省紀委官員調整，新一輪官場地震可以預期。

「財新網」公開問責梁振英

2014 年 10 月 5 日，「財新網」發出《香港經濟出了什麼問題？》一文。這篇文章沒有談及香港面臨的任何政治問題，但是指香港「經濟政策改革停滯」，直接問責港府。這個表態與之前《人民日報》力挺梁振英的文章完全不同。

「財新網」普遍被認為是親習近平和王岐山陣營的媒體，在「18大」後不斷為習、李、王發聲。

《人民日報》連發社論刺激局勢

8月31日中共人大封殺香港真普選，引爆香港民眾抗爭運動。香港「佔中」於9月28日正式啟動，因警方動用催淚彈而升級成「雨傘運動」，促使很多原先沉默的港人走上街頭。

《大紀元》獲悉，受制於中共體制和共產黨邪惡黨性原則，及政敵江澤民集團隨時可發動的政治阻擊，當局認為現在讓步會對政權帶來不可預知的變數和衝擊，在內定不出動駐港部隊的前提條件下，將平息香港雨傘運動的權力放給香港特首梁振英。

10月2日、3日，中共喉舌《人民日報》連續發表社論，對香港「佔中」事件作出政治定性，並力挺梁振英。梁振英被中共「肯定」後，布署香港黑社會暴徒大幅出動毆打「佔中」人士，製造流血事件。

10月4日，中共喉舌《人民日報》針對香港「佔中」事件發表第三篇社論，使用了更加強硬的措辭，不僅將「佔中」稱作「顏色革命」、香港民眾爭取真普選是「白日作夢」，更加明確發出威脅信號，稱香港可能會發生人員傷亡的嚴重事件。

10月4日10萬港人參加抗暴集會。10月5日凌晨，香港警方再次動用胡椒噴霧對付力爭真普選的學生與民眾。

之後《大紀元》獨家披露，江澤民集團關心的焦點不是港人「佔中」本身，而是為了實行武力鎮壓，並最終以「追究責任」為名，奪取中共最高權力。

在香港局勢不斷被刺激升級背景之下，10月5日當天，「財新網」公開問責梁振英港府，中紀委專項檢查人民日報社，吉林紀委系統人事異動，習近平陣營針對江派張德江、梁振英連續出手。

張德江是香港黑幫後台

據港媒《明報》9月17日報導，中共人大委員長、港澳工作協調小組組長張德江16日與訪京的香港工聯會見面談了約1.5小時。消息稱：「張德江會上有肯定工聯會參與保普選、『反佔中』大聯盟，以及在社會上正面發聲的工作。張德江鼓勵工聯會在下階段諮詢多發聲，講述人大常委會決定的理據。」

張德江是中共江派現掌權的頭號人物，在習、江鬥的過程中，一直利用其掌控的人大及港澳工作協調小組組長的權力攪局。

香港特首梁振英是此前江派二號人物曾慶紅一手培植起來的地下黨員，是江派人馬安插在香港的一枚重要棋子。在香港，梁振英積極配合江派的攪局。

8月17日，在中共前黨魁江澤民的生日當天，香港特首梁振英親自簽名推動下，香港親共陣營動員幾乎所有地下黨及外圍特務組織，發動號稱數萬人、1500個團體參加「反佔中」遊行。

據悉，這次遊行是中共前黨魁江澤民親自指使、張德江布署的。2014年7月，張德江曾南下深圳，親自把江澤民此意圖傳達給了梁振英和其他相關人員。

　　港媒披露張德江直接在內部會議中「肯定」工聯會參加「反佔中」的做法，曝光張德江在近期事件中所起的幕後總策劃的作用。

人大常委洩露張德江奪權陰謀

　　9 月 30 日，中共人大內務司法委員會副主任委員李慎明在《人民日報》刊文稱，中國搞一人一票普選競選制必然會導致動盪、動亂，甚至內戰的局面。

　　李慎明的文章稱：「全國人民代表大會可以罷免主席。主席也不是政府，國務院不向他報告工作⋯⋯」「在我國，全國人大是最高國家權力機關，具有最高的法律地位⋯⋯」人大高到什麼程度？李慎明借毛語比喻為「如來佛的手掌」。

　　李慎明是社科院原副院長，當時曾以假名「王小石」發表了題為《中國若動盪，只會比蘇聯更慘》的文章，此文被認為捏造虛假數據，故意製造謊言，當時在海內外引發爭議。隨後，其真實身分被網民人肉搜查出來。

　　時政評論人士陳思敏表示，李慎明轟「佔中」的背後，其實是要配合人大張德江坐實最高位置。薄熙來倒台後，江派 3 名現任常委「兩張一劉」還是蠢蠢欲動，伺機奪權，習近平上台反腐後，此 3 人更是不斷製造地方與政經衝突。

　　9 月 29 日，在中共竊政 65 周年音樂會上，江澤民等江派大佬罕見露面，但胡錦濤、溫家寶、朱鎔基等人隱身；中共前黨魁江澤民同 3 名現任江派 3 常委張德江、劉雲山、張高麗並排而坐，被指是習、胡聯手將江澤民集團幕後黑手最高4人擺上桌面。習、江兩大陣營排列分明，似兩軍對壘，公開分裂。

第四節

天津「剝洋蔥」
曝光張高麗斂財

習近平、王岐山藉中紀委整肅大貪官的模式：從外層的爪牙著手，逐級向中心進逼的「剝洋蔥」手法，目前已體現在現任政治局常委張高麗身上。（Getty Images）

　　2014 年 11 月，原中共政治局常委周永康的案子由於北京召開 APEC 亞太經合會議而暫時延期，但習近平、王岐山藉中紀委整肅大貪官的模式已經很清楚：從外圍抓小貪官，密集拆除大老虎周圍的親信勢力，一面不斷釋放大老虎被調查的消息，試圖以緩衝的過程，讓社會屆時能平穩接受查緝的事實，將對其政權的衝擊力降到最低。

　　以周永康案而言，自 2012 年 12 月四川省委副書記李春城落馬後，公安部副部長李東生被抓，十多個高官祕書相繼被查捕，然後是蔣潔敏、王永春等石油幫的崩解，一幅從外圍不斷向中心趨近的「打虎圖」呼之欲出。薄熙來的案子也是同樣的模式，先是審判薄的妻子薄谷開來，然後是王立軍以及重慶公安的幾個人，最後才是薄熙來。這套從最外層的爪牙著手，逐級向中心進逼的「剝洋蔥」手法，似乎已成為中紀委打虎的招式。

對中共政局敏感的專家們發現，王岐山已將相同的套路用在現政治局常委張高麗身上：張高麗曾主政過的廣東省委、深圳市委、山東、天津等地區的下屬親信開始紛紛被查，預料張高麗很快將地位不保，步上周永康後塵。

天津物產集團董事長王志忠被查

在中共官場反腐圖上，當北京的陳希同、上海的陳良宇、重慶的薄熙來等政治局委員級別高官一一落馬之時，天津好像還未聞樓梯響。然張高麗在進京前曾在天津主政 5 年（2007 年至 2012 年），直到 18 大後，天津政協副主席武長順被抓，才掀開張高麗在天津被嚴實遮擋的貪腐黑幕。

天津百姓一直流傳一首民謠「兩順一昌，糊弄中央」，意即諷刺武長順與前中共天津市委政法委書記、市政協主席宋平順及天津市委原書記張立昌的貪腐。宋平順於 2007 年自殺身亡，張立昌於 2008 年病死，而 2014 年 7 月 20 日武長順被宣布調查。

2014 年 11 月 12 日，中紀委網站公布天津市物產集團有限公司原黨委書記、董事長王志忠被調查，這是繼 7 月底，張高麗主政天津時的城建大總管、原天津城投董事長馬白玉被查之後的又一波天津官場暗流湧動，更是清晰地顯示出張高麗將落馬的深層緣由。

2014 年 11 月 12 日，中共中紀委監察部網站援引天津市紀委發布消息稱，天津市物產集團有限公司原黨委書記、董事長王志忠目前正接受調查。

官方王志忠簡歷顯示，1999 年 4 月至 2010 年 9 月，任天津物資集團總公司黨委副書記、總經理；2010 年 9 月至今，擔任天津市物資集團總公司董事長、黨委書記、法人代表。

2014 年 1 月王志忠被免去天津物產集團有限公司董事長職務。王是在張高麗主政期間由天津物資集團總公司的「二把手」升為「一把手」的。

此前天津檢方 2014 年 7 月 28 日發布天津市水務局原副局長、原天津城投董事長馬白玉被查的消息。據陸媒報導，早在中紀委巡視組巡視期間，5 月 27 日，馬白玉被有關部門帶走的消息已在天津傳出，致使政商兩界人心惶惶。

官媒博客文章評論稱，馬白玉問題嚴重，牽連人很多。張高麗主政天津時大搞地產投資，馬白玉就是張高麗在快速發展地產時依賴的城建大總管。

女董事長挪用上億公款炒股

大陸《21 世紀經濟報導》2014 年 9 月 18 日發表文章，曝光馬白玉在張高麗的眼皮底下挪用上億公款炒股。

天津城市基礎設施建設投資集團（簡稱「天津城投」），是中國最大的省級城投集團，其經營的路網、土地、各種基礎設施總資產超過 5600 億元。2014 年 7 月中紀委巡視組稱其「問題嚴重」。

馬白玉 1983 年畢業於北京師範大學政治經濟學專業，先後於 1996 年、2005 年獲得南開大學經濟學碩士、博士學位。1983
年至 1985 年在青海省委黨校任教，此後進入天津市市政系統，
在天津市政幹部中專擔任了 10 年的講師兼教研室副主任。1995
年馬白玉轉任天津市市政工程局外經處副處長。

馬白玉 1985 年進入天津市政工程局，1996 至 1998 年在天
津公路建設發展公司任總經濟師，1998 年在天津市政任總經理，
2007 年任天津城投總經理，2010 年起升任董事長。2013 年 11 月
被調至天津市水務局。

馬白玉在市政系統工作近 20 年中，主導公路經營權外資投
入，大型設施 BOT，地鐵沿線合資開發等試驗。據中共最高檢察
院網站 2014 年 7 月 28 日消息，「天津市人民檢察院決定依法對
天津市水務局原副局長馬白玉（正廳級）涉嫌濫用職權罪立案偵
查，並採取強制措施。」在此數月前，馬白玉已被紀檢部門帶走
調查。《21 世紀經濟報導》稱，「目前多位當地政界和接近司法
部門的信源證實，馬白玉接受調查的直接線索距今已近 10 年，
事涉挪用城建系統資金、操縱股市，並造成國有資產損失。」

涉事股票是天津城投的下屬上市公司——天津創業環保股份
有限公司（A 股代碼：600874；H 股代碼：1065）。據舉報說，
從 2002 至 2005 年，天津城投內部員工涉嫌挪用公款操作「老鼠
倉」，非法獲利，並造成國有資產損失。張高麗執政後，很多民
眾上訪舉報，但都被扣壓下來，而馬白玉反而在張高麗的提拔下，
升為董事長。

創業環保至今仍是天津城投控制的上市公司，與馬白玉淵源
深厚。1998 年，時任天津市市政工程局外經處副處長的馬白玉參
與組建天津市政投資有限公司，並擔任總經理，2000 年，創業環

保借殼天津渤海化工（集團）股份有限公司，實現 A+H 股上市。

　　據知情人透露，馬白玉為了操縱股價，讓天津市政投資多次以借款、投資、合作等名義輸出資金，每筆款項或達數千萬元，伴隨資金進入和各種人為的「利好消息」令股價上漲，從中牟取暴利。如今馬白玉的市人大代表資格已被取消，一名政府知情人士向《21 世紀經濟報導》證實，「馬白玉因涉嫌挪用公款炒股被調查，資金達上億元。」

　　據悉，長久以來，儘管有人不斷在舉報馬白玉，但張高麗一直包庇她。不過，和張高麗的貪腐問題相比，馬白玉挪用的公款可謂「不算一回事」。

貪腐資金涉千億

　　張高麗出身農民家庭，早期在廣東石油系統工作了 14 年，攀上曾慶紅和周永康後，成為江派「石油幫」的一員。2000 年 2 月，張高麗任深圳市委書記期間，陪江澤民考察深圳，又深受江澤民賞識，後來從深圳市委書記一路被提拔到山東、天津直至政治局。

　　張高麗仗著與江澤民的關係，深涉錢權遊戲。最著名的是天津私募詐騙事件，涉及資金千億，從 2010 年初至 2012 年，有數十家公司被查封，給幾十萬家庭帶來毀滅性的災難，至今還有民眾為此事上訪、報案。有報導稱，天津私募係江家幫張高麗等人設局詐騙百姓，詐騙的贓款大部分被江澤民、周永康、張高麗一夥斂去，而張高麗在主政深圳時所修的濱海大道，也賺了幾個億。

　　張高麗調離天津後，習近平花了半年時間整肅天津。習近平讓帶有團派色彩的孫春蘭任天津市委書記，目的是公開張高麗強力掩蓋的天津千億資金私募詐騙醜聞，起底張高麗，讓張在政治局投鼠忌器。

張高麗幫江綿恆強占 500 億

據新紀元暢銷書《政治局三常委面臨清洗》透露，張高麗「文革」時期在廈門大學學習，1970 年分配到廣東茂名石油公司當工人，一直在石油系統工作了 20 多年，其間曾在北韓金日成大學進修 2 年，但張高麗對外掩蓋了這段始末。

後來張高麗緊跟江澤民的親信、時任廣東省委書記的李長春，受到江澤民、曾慶紅的重用，從茂名市委副書記升為廣東省副省長、深圳市委書記，成了李長春的「鐵哥們兒」。2000 年江澤民在張高麗起家的廣東茂名首度發表「三個代表」講話後，隨即赴深圳考察。

張高麗主政深圳之時，把女兒嫁給了有「玻璃大王」之稱的港區全國政協委員、信義集團董事局主席李賢義之子李聖潑，使李家迅速致富，2010 年李賢義被張高麗定為「影響深圳 30 年的港商領袖」。

張高麗主政深圳期間，除了聯姻港商親家，還與香港首富李嘉誠家族建立了特殊關係。《多維》月刊曾報導雲南省委組織部長辛桂梓爆料：通過張高麗的擔保，李嘉誠透過其子旗下電信盈科給了江澤民兒子的中國網通 500 億資金，被江綿恆占為己有，匯往國外，江澤民成立信息產業部整合幾家國有通信公司，最終利用國家貸款幫小網通填補虧空，江把京城最好的地塊東方廣場

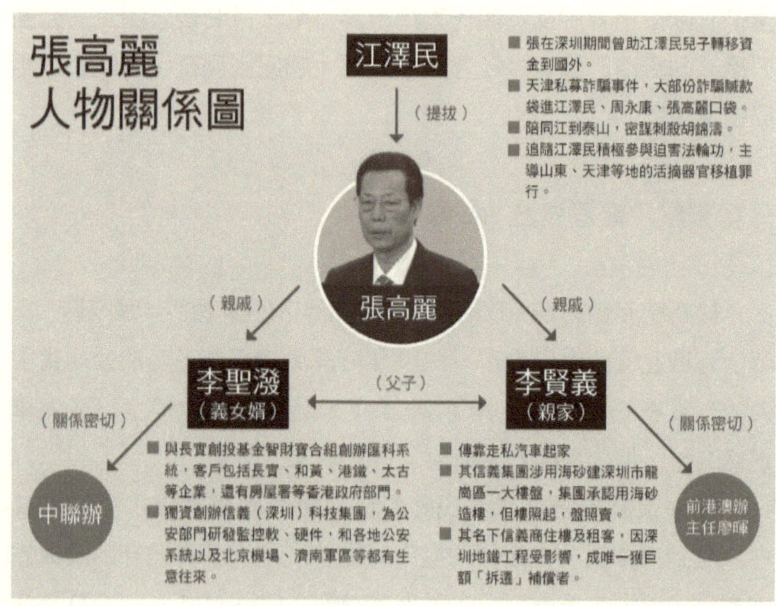

張高麗人物關係圖（大紀元製圖）

給了李作為利益交換。

張在任深圳市委書記期間，屬下怨聲載道，要罷免張高麗，不過，儘管廣東省委內部調查稱：「深圳黨政機關腐敗、公安腐敗，經濟秩序、社會治安混亂，深圳國土、稅收、資金外流等，張高麗有不可推卸的責任」，但罷免之事卻被江澤民扣壓了下來。

胡錦濤對張高麗非常不滿

據說，胡錦濤對張高麗非常不滿。消息稱，2003 年 12 月胡到山東視察，張高麗安排胡到淄博、萊蕪等經濟發展較好地區，胡不去，而是去了荷澤、聊城，而胡走訪了幾戶農民之後說：「我不敢相信，也不願相信，但是眼前確確實實是農民現狀：他們還住著 80 年代中期救災物資建的臨時住房；270 多戶的村子，有 300 多名適齡學童，僅有 52 名能進入小學讀書。」

據悉，胡考察期間僅在山東三天就收到了 570 多件函電，舉報當地黨政部門黑暗、領導幹部濫權欺壓農民的罪行，在聊城市莘縣，有 1500 多名農民和村幹部，高呼要攔住胡錦濤車隊。僅 2003 年山東省就爆發了 55 起百姓衝擊、占據縣黨政機構事件。

百姓生活貧困是不爭的事實，然 2003 年 4 月 6 日、9 日兩天，山東省青島市政府七個部門的小金庫被撬，竊去現金、外幣、匿名存摺，價值 2 億 1000 多萬元。張高麗卻下令：「不擴散、不議論、不猜測」。

面對山東百姓的不斷抗爭，張高麗多次下令把省內國企工潮、社會抗爭等消息壓下去，不上報、不報導，還下令阻止幹部向中央信訪、舉報。

八人大轎抬江澤民

張高麗 1997 年調到深圳當市委書記，藉著江澤民的庇護開始進入官場快車道。張高麗任深圳市委書記期間，江多次南下深圳視察。

2000 年 2 月，江澤民到廣東考察，在張高麗曾任職的茂名發表「三個代表」講話，這幾個字的「三個代表」卻是所謂「江澤民理論」的精髓，張高麗因此沾光。

有江澤民的看重，張高麗開始高升。2001 年張即調任山東省長，停滯多年的官運終於重啟。2006 年已退位的江澤民要登泰山，主政山東的張不顧正值「五一」假期，下令泰山「封山兩天」，並要官員「列隊歡迎」，訓示下屬稱江澤民「是全黨、全軍、全國人民最敬愛的領袖」。又特備 8 人大轎，抬江上山，自己則緊跟其後「護駕」，恍如古代皇帝出巡。

貪腐惡名廣傳 被中紀委調查

山東省有副省級幹部 174 名，張高麗上任不到一年，就提了 75 名，封官許願、提拔親信。張被舉報在深圳曾挪用公款，設立 5 個匿名存款帳戶，有 3000 多萬元。被中紀委曾責成他提交事件報告。

2004 年因為舉報太厲害，中紀委終於找上張高麗。據悉張高麗陸續上交了以 5000 元購入的一幢別墅、兩塊勞力士手錶、多幅歐洲油畫，價值 300 萬多元。

2005 年初，山東省濟南、青島、煙台等地的黨政機關都出現了揭露張高麗經濟、生活作風、家屬腐敗的傳單，網路上也出現了這類的帖子。張隨即命令追查傳單的源頭，準備予以「法律」制裁，然不久即叫停。據說共計有 80 多名人大代表、黨代會代表分別聯署，要求中紀委、省人大常委會罷免、彈劾張高麗，指其腐敗。

港媒披露，張高麗曾被中紀委黨內警告處分，原因是利用職權，搞幫派活動，以鞏固其在山東的地位，以及頂風作案、另搞一套。

不過由於江澤民派系的力保，張高麗不但沒有被免職查辦，還在 2012 年 10 月被江派塞進了 18 大常委。但在習近平的手下，很快張高麗就開始走楣運。

「18 大」後被邊緣化

早在 2012 年底，江澤民硬把張高麗塞進中共 18 屆常委後，張高麗在常委中即不斷被邊緣化，徒有虛名，沒有多少實權。2013 年 3 月在中共第 12 屆人大會議上，張高麗被任命為排名第一的國務院副總理，兼任黨組副書記，主管金融工作，但事實上張高麗卻受到總理李克強、副總理汪洋、劉延東和馬凱的夾擊，陷入孤立的境遇。

習近平上台後成立了「深改小組」、「國安委」、「財經領導小組」、「網絡安全和信息化」等約 10 個小組。在這些握有大權及實權的小組中，習近平擔任組長，實際是降低了政治局中江派三常委的發言權，大幅削弱江派勢力。

在最有實權的「深改小組」中，習近平是組長，李克強任第一副組長，張高麗只是任第三副組長；在與張高麗對口的「財經領導小組」中，張只是落個排名第二的組員，主管文宣的劉雲山還排在其前面。

江派媒體在 2014 年 3 月曾大幅報導，張高麗會任深改組下屬的「經濟體制和生態文明體制改革專項小組」組長，但是大陸媒體 5 月的報導顯示，5 月 16 日和 17 日，2014 年中共經濟體制改革工作會議在北京召開，「中央經濟體制和生態文明體制改革專項小組」負責人、中共國家發改委主任徐紹史出席會議並講話，這個小組的辦公室主任是習近平親信劉鶴，而張高麗連在報導中露面的機會都沒有。

　　不過習近平倒給了張高麗一個「好差事」：任命他為「京津冀協調小組」組長，到地方利益糾纏最厲害的京、津、冀去「協調」，同時還要對陰霾不斷的污染局面負責，外界稱，習近平是故意把一個「燙手山芋」塞給了張高麗。

三宗主要罪行

　　據知，中紀委正暗中有系統地曝光張高麗主要的三宗罪行，包括親家及自己斂大財，身價達到 100 億元人民幣；陪江澤民上泰山，指揮刺殺胡錦濤，捲入政變；積極迫害法輪功而犯下的重大命案，包括涉活摘及非法販賣法輪功學員器官等罪惡。張高麗已在多國被起訴，涉群體滅絕罪、反人類罪、酷刑罪等。

　　2014 年 8 月 25 日，張高麗到美國期間，總部設在紐約的追查迫害法輪功國際組織再次對張高麗罪行發出追查通告，稱張高麗涉嫌群體滅絕罪、酷刑罪、反人類罪。通告呼籲海內外掌握張高麗參與迫害法輪功證據的人士，及時與追查國際取得聯繫。

　　據查，張高麗執政時期的山東、天津，是迫害法輪功最嚴重的地方之一，山東省多個器官移植機構如千佛山醫院肝臟移植中心、天津市第一中心醫院器官移植中心，都是涉嫌大量活摘器官的單位。2010 年 7 月，張高麗視察後者，鼓勵「繼續發揮器官移植優勢」，而當年該中心光是肝移植總量就占全中國的三分之一。

　　張高麗的惡行在網路上已經開始廣為流傳，像當年的周永康一樣，隨著周圍更多馬仔落馬，張高麗被查的日子不遠了。

第七章　反腐延燒二張常委

王岐山布陣 19 大

第八章

擊落 40 多隻金融老虎

2015 年 2 月 3 日，有外媒披露，王岐山新組建了一個針對金融業的反腐部門，一周內大陸三家銀行高管出事。另據媒體統計，2014 年初到 2015 年 2 月以來，已經有 40 多名金融系統的高管被查處。中國大陸金融領域將掀起一輪反腐風暴。

金融系統已成腐敗犯罪重災區，圖為北京一銀行外景。（AFP）

第一節

財經網臥底
習王要打金融大老虎

前中國能源局局長劉鐵男是替江家幫把持能源業的看護人。羅昌平舉報劉鐵男可視為中共反腐的標誌性事件。（新紀元資料室）

2013 年 1 月，海外媒體消息稱，以《財經》雜誌牽頭的國內財經類媒體，不僅已加入到反腐的行列中來，還以中紀委的「臥底」身分。就媒體動作來看，《財經》多名資深記者現已「改行」，利用其多年公司調查經驗來「專業反腐」，以挖掘金融領域的腐敗黑幕。

據悉，《財經》隸屬於中國證券市場設計研究中心。該研究中心的前身是證券交易所研究設計聯合辦公室，在 1989 年由王波明、王岐山和周小川共同成立。其中，王波明是現任總幹事。王波明之父曾任中共外交部副部長，王本人與其兄長、現任中信證券董事長的王東明，和王岐山從小就是「髮小」。

《財經》雜誌曾在 2000 年因「基金黑幕」的報導引起市場廣泛反響，並在 2001 年因報導上市公司銀廣夏的黑幕直接導致其被證監會摘牌。該刊副主編羅昌平還在微博實名舉報前國家能源局長劉鐵男。

習、王要打金融領域大老虎

習近平自上台以來，高調反腐，並在中紀委二次全會上提出，打擊腐敗要堅持「老虎」、「蒼蠅」一起打。「老虎」所指是誰，中國人民大學反腐敗與廉政政策研究中心主任毛昭輝當時認為，最可能重拳打擊的兩大「老虎」，是金融領域和省部級腐敗高官。

美國華府中國問題專家石藏山表示，18 大後，習近平將有經濟背景的老手王岐山突然調離經濟戰線，負責中紀委，抓貪腐，因為只有先將貪腐打掉，才能真正執行經濟政策。在當前中共政局的形式下，實力派開道，習近平要做什麼，都是王岐山在開路，王岐山的舉動將是整個局勢的焦點。

劉雲山之子、李長春之女利用私募基金發財

2013 年初，有海外媒體爆料，中國新年後中共的反貪行動從金融行業高官開始，名單已經擬好。據說，18 大剛結束不久，海外推特上就有爆料稱，傳王岐山反腐目標對準了金融領域的私募基金。劉雲山的兒子劉樂飛，前常委李長春的女兒李彤的私募基金已經涉及「不法利益輸送」，都會首當其衝。

消息稱，曾經主管金融的王岐山對太子黨利用私募基金腐敗

圈錢十分熟悉，李彤、劉樂飛等都利用基金發財。

回顧王岐山 2013 年「打虎」戰爭

2013 年 3 月 4 日，王岐山在全國政協 12 屆一次會議聯組討論時表示，要保持懲治腐敗的高壓態勢，既要打「老虎」，又要拍「蒼蠅」，「反腐敗既要堅持打持久戰，也要打好殲滅戰。」此言一出，引發中共利益集團上下震動。

新華網解讀王的反腐「戰爭論」時稱，打持久戰、殲滅戰，是戰爭術語，戰爭是要死人的，異常的殘酷。腐敗分子很難主動坦白，自動投降，從這個深層去思考，把反腐敗鬥爭當作戰爭來打，非常有必要。

三個月打翻三隻老虎 一批蒼蠅

從 2012 年 11 月中共 18 大後，王岐山新官上任三個月即拿下三隻省部級「老虎」——李春城、衣俊卿、劉鐵男。這些為反腐祭旗的高官背後是更大的「老虎」：李春城案涉周永康，衣俊卿涉李長春，劉鐵男涉江澤民。

最先落馬的是李春城。2012 年 12 月 5 日，四川省委副書記李春城紀被中紀委帶走調查。《大紀元》獲悉李春城貪污賄賂贓款高達 10 億，涉及成都某國企老總貪腐等十大要案。他不但涉買官賣官、以權謀私，還涉及中共高層權鬥。李是周永康的嫡系，被周提拔從成都副市長一路升至省委副書記。習陣營把李春城當作「反腐」典型處置，被認為劍指周永康。

據多家媒體報導，李春城為回報周，在權錢交易中對周和其子賣力幫忙。周永康兒子周濱在石油、地產及眾多商業利益上，李春城貢獻最大。其中周濱把持的四川信託擁有很多國有資產，包括部分五糧液和國窖白酒的股份，他們用 2 億元就竊取了 70 億國有資產。

第二個翻車的是中央編譯局局長衣俊卿。其情人、學生常豔在網上公布了長達 12 萬字的舉報材料，把她和衣俊卿的婚外情細節全盤端給讀者。字裡行間還透出一些政治信息。

2012 年 2 月 11 日常豔記錄說：「衣老師給我講，原來是打算讓他到中宣部任副部長的，但突出不出來，所以來編譯局。」衣曾對常說：「差常委裡有一個給自己說話的唄！那誰誰（我不太知道那人，所以沒記住）不就是有個人說話，就起來了嘛！」「下一步，就看雲山進常委的話，就好辦些。他比較了解我。」常豔記錄稱，李長春、劉雲山掌控宣傳口期間，幾乎每月到中央編譯局「視察」。這兩個江系宣傳主管到中央編譯局，實際上是招募御用文人。對衣俊卿的關照，突顯培植其成為宣傳口鐵桿後備的意圖。

衣俊卿落馬後，《南周》舉出衣自己書中的一段話：「在相對傳統的社會中，對於偷情通姦、婚外戀情的這種談論，往往會導致男女當事人無法抬頭做人，甚至身敗名裂，再無前途可言。」《南周》評價其「滿嘴馬列，滿腹盜娼」。

第三隻老虎是國家發改委副主任、國家能源局長劉鐵男。2012 年 12 月 6 日，《財經》雜誌（據外界稱與習近平、王岐山關係不錯）副主編羅昌平向中紀委實名舉報劉鐵男涉嫌學歷造假，巨額騙貸，對他人恐嚇威脅等問題，引發輿論譁然。當天國家能源局新聞發言人即對媒體回應此事，宣稱「上述消息純屬誣蔑造謠」，並稱「正在聯繫有關網路管理部門和公安部門，正在報案、報警，將採取正式的法律手段處理此事」。該局官方斬釘截鐵的回應，令事件一時撲朔迷離。

然而，《財經》隔月繼續爆料：1 月 30 日，羅昌平在其個人微博中透露：「中央有關部門已就本人實名舉報一事立案調查，是立案調查而不止於受理。」

《大紀元》也報導了劉鐵男被查的背景。中共總書記習近平 1 月 29 日視察武警部隊，要求武警部隊「保持箭在弦上、引而待發的高度戒備態勢，召之即來、來之即戰、戰之必勝」。第二天，劉鐵男即被中紀委調查，直接映射其背後的「大老虎」——江澤民家族。

中共權力鬥爭暴烈，向來不存在巧合，所有動作都有意味。劉鐵男被稱為江家族「財務大管家」。江的大兒子江綿恆把持「中國網通」等公司，成為中國「電信大王」。前總理李鵬的兒子和妻子朱琳霸占了中國電力系統，控制中國最大電企華能集團。前中共國家副主席曾慶紅、前政法委書記周永康兩家壟斷了中國石油行業。這些國家重要行業被瓜分殆盡，劉鐵男正是替江家幫把持能源業的看護人。因此不少人認為，羅昌平此舉可被視作中共反腐的標誌性事件。

有評論指，中紀委這樣處置，意在宣示反腐。在過去多起網路反腐事件中，有些匿名舉報者提供的信息不實，有時官方大搞「選擇性反腐」。羅昌平舉報劉鐵男一事則不然，一切都無所遮掩，一切也都按程式在走。

另據港媒報導，該正部級機構已被撤併到發改委之下，「新能源局將全面監管中國煤炭、電力、油氣和新能源領域，實質上，則是發改委將能源版圖全部納入麾下。」

到 2013 年 3 月 15 日為止，劉鐵男已從國家能源局網站上消失，雖然還掛著局長頭銜，但所有內部和外事活動均是副局長們出席。

王岐山咬牙要打大老虎

習近平高調反腐，王岐山步步跟進。據中共央視 2013 年 3 月 14 日報導稱，中紀委監察部網站 3 月 13 日首次發布其內設機構框圖和處理信訪舉報、查辦案件、辦理政紀申訴案件等工作程式框圖。並稱，通過圖示化公開解讀相關法律法規，使廣大網友了解有關規定，方便群眾舉報。

機構圖顯示，中紀委監察部包括八個核心紀檢監察室、以及辦公廳、研究室等一共 27 個部門機構。紀檢監察機關查辦案件工作程式圖顯示包括有受理、初步核實、立案、調查和移送審理五個環節。

王岐山這一舉措是在鼓勵所有知情者舉報，無疑是以此警告貪官。若按照不法財產數量劃分，僅金融領域和省部級兩部分，就可以抓出許多「老虎」。

不僅王岐山，新上任的總理李克強也曾公開點名中石油、中石化、中海油、中電信、中移動這央企五巨頭搞任人唯親、超度揮霍公款、官商勾結、另立門戶搞「家屬業務」；李克強稱：「不整頓、不大改變，會出大事情，誰都負不了責。」這些都與習近平、王岐山的反腐成為一體。

　　不過，中國最大的老虎是江澤民家族。隨著江澤民下台，江家貪腐罪行早就浮出水面。江的兒子江綿恆一直被中國老百姓稱為「中國第一貪」。2012 年 12 月份，接近北京高層的消息稱，中紀委正在追查中國證券市場有史以來第一大案：涉案金額高達 1.2 萬億人民幣的招沽權證案，涉案人包括江澤民、賈慶林、黃菊、江澤民之子江綿恆、外甥吳志明等。

　　國際清算銀行 2002 年 12 月曾發現一筆 20 多億美金的巨額中國外流資金無人認領。之後，前中國銀行上海分行行長、中銀香港總裁劉金寶在獄中爆料，這筆錢是江澤民在 16 大前夕，為自己準備後路而轉移出去的。

　　在石油行業待了 38 年的周永康，1988 年至 1998 年間，在中石油任副總經理和總經理時，貪污腐化就多被披露。之後任職公安部、政法委期間，更是變本加厲，培植能源系統黨羽、扶持家族勢力，攫取巨額資金，中飽私囊和用來配合江澤民鎮壓法輪功。其行為極為陰險、道德極度敗壞、雙手沾滿血債。

中共是貪官的土壤

　　中國有 4000 多萬吃財政飯的公務員，600 多萬中共各級官員，其中有多少貪官，各貪了多少，多少被抓，多少在逃，只看網上廣傳的中共政府的財政收入占 GDP 比重約為 30％，百姓收入總額占 GDP 的比重卻只有 22％左右，就可以算出，兩者相加只有 52％，GDP 的另外 48％不知去向。回頭再看世界各地豪宅被多少神祕中國買主買走、中共官員蜂擁移民、懷揣外國護照在中國上班的裸官之風盛行。

百姓說的好，貪官是抓不完的。因為中共邪黨就是貪官的土壤，你刀子再快，貪官也會像割韭菜似的，割掉一茬冒出一茬。最有效的辦法，就是徹底解體這個惡黨，讓它從地球上消失。

第二節

豪賭副行長楊琨的落馬故事

原中國農業銀行副行長楊琨貪腐案涉及薄熙來、谷俊山案。王岐山選擇楊琨案出手，其實是祭出金融業打老虎的第一棒。（AFP）

2013 年 5 月 20 日中共官媒新華社報導，原中國農業銀行副行長楊琨因以權謀私、收受巨額賄賂被開除黨籍和公職，收繳其違紀所得，並移送司法機關處理。據悉楊琨案涉及數十億資金，是國開行副行長王益、建行行長張恩照以來，涉案級別最高的金融系統官員。假如沒有東窗事發，這位農行 54 歲的實力派第三號人物，有望成為農業銀行的「三長」（董事長、行長、監事長）之一。

不過楊琨被拋出，可能與薄熙來案升級有關。2012 年 5 月 30 日晚，農業銀行同時在上交所和港交所發公告：「本行執行董事、副行長楊琨先生目前正協助有關部門調查。」此前一直有傳聞稱其因涉及一宗京城地產商賭博案，早在 4 月就遭邊境控制，5 月下旬被中紀委帶走調查。

　　據《南方周末》報導，大躍進時期出生在河北秦皇島的楊琨，1982 年畢業於南開大學經濟系。時任深圳發展銀行黨委書記兼特別顧問王驥是楊琨的同學。

　　王驥不僅與楊琨在大學同組同宿舍，而且同在 1983 年進入農行。王驥於 1997 年離開農行，擔任深圳商業銀行行長。2007 年他在一篇題為《我說楊琨》的博文寫了這麼一個故事：「在我受審查的頭一年，同行之中的高管級人物很少有人敢與我來往。當時敢公開說我沒問題的人不超過十個，楊琨就是其中之一。他怕我想不開，還專門在北京找我談了一次。」

　　不過轉眼輪到楊琨鋃鐺入獄了。是否還有人來安慰他呢？這就很難說了。

楊琨涉及多宗重量級貪腐案

　　據大陸媒體報導，楊琨的案子很複雜，牽扯到好幾個大案。最直接的是賭友、北京著名地產商王耀輝案，其次是谷俊山案，再就是大連實德徐明案以及由此牽扯的薄熙來案。

　　楊琨與王耀輝相識於 2003 年，王被業界公認資本運作高手，旗下核心資產的運作平台是 1999 年創辦的中輝投資（中輝國華實業集團的前身）。王耀輝通過其控股、參股的多個中輝系公司，詐取農銀貸款，導致國銀巨大損失。據說單以資產價值約 10 億的藍色港灣項目為例，物業經營貸款 30 億，同一塊地重複抵押兩次共 80 億，套走農行 110 億。

　　在北京之前的 1990 年代，王耀輝主要在大連活動。期間，擔任中國機電設備公司大連分公司銷售部副總經理的王耀輝，與

1992 年在大連成立實德機械工程公司（大連實德集團的前身）的徐明，那時就開始有業務往來接觸，而徐明與薄熙來有著千絲萬縷的聯繫，被認為是薄熙來的「金主」，由薄扶持在大連發家。據中紀委 2012 年調查，薄熙來貪腐數額高達一個億，其中徐明提供的貪腐資金占三分之一。

據財新網 2012 年 6 月報導，「據知情人士透露，楊琨與原中國人民解放軍總後勤部副部長谷俊山私交密切。銀行業有關人士稱，總後資金充裕，一直是銀行爭搶的客戶。不過，農行方面目前尚未提供資料證實是否與總後存在大量業務往來。」

有意思的是，薄熙來案也直接牽扯到澳門賭場。2012 年末國際媒體報導說，調查薄熙來的人員在澳門這個前葡萄牙殖民地調查薄家利用賭場洗黑錢的事。中共當局從薄熙來北京的家中搜到 2270 萬元人民幣，而且得到徐明的供詞，「公海賭王」連卓釗也牽扯到薄谷開來案，薄家族與連氏賭廳及其地下錢莊網絡存在很多交集。

大連起家的神祕商人王耀輝

比楊琨小八歲的王耀輝，出生在黑龍江省齊齊哈爾市，2008 年起當選為黑龍江省政協常委。不過當地幾乎沒人知道王耀輝，據說這位常委「省政協裡的會議和活動幾乎不參加，沒見過他的身影，只聽說在北京活動。」

北京朝陽區最熱門的黃金地帶，是王耀輝施展的舞台，然而在這個舞台上他也只是以「影子」方式出現，一些與王打過交道的商業夥伴一直以「神祕商人」來形容行事低調的王。

　　儘管北京是王耀輝最近十多年的大舞台，但這位東北人卻是在薄熙來治下的大連發家的。1990 年代，王耀輝主要在大連活動，擔任中國機電設備公司大連分公司銷售部副總經理。1999 年創辦中輝公司，在過去的十餘年中，通過打通政府、金融、商業和藝術等領域，構築了一個集特殊車輛改裝、高速公路、房地產、礦產、藝術品、金融等領域的龐大灰色產業帝國——中輝系列企業。

　　一位知情人士表示，王耀輝龐大鏈條的產業帝國搭建，一方面依託於農行副行長楊琨提供的巨額違規銀行貸款，另一方面，其在 2001 年開始運作的中天特車項目，不僅為其後續產業帝國的搭建貢獻了大量資金，也在政府部門中積累了深厚的人脈和資源。

　　中天聯合體（簡稱中天特車）是大陸知名特種車輛生產經營企業，主要從事環境監測檢測車、公務車、軍警車、醫療車、爆破器材運輸車、電視轉播車、通訊指揮車和旅居房車等多類特種車輛的製造與銷售。能在大陸從事這些與政府行業管理直接相關、需要特殊許可證的行業生產，可見王耀輝具有很強的官方後台。由於具有類似壟斷的性質，到 2008 年底，中天特車主營業務收入就突破了 20 億元。

　　2012 年 2 月王立軍出逃、薄熙來出事後，王耀輝被有關部門數次傳喚協助調查，據說王耀輝進去後「很快就全招了」，所以才有了後來楊琨的進去。就在楊琨被雙開的時候，此前被抓進去的王耀輝卻出來了，人們猜測可能是王坦白從寬了，或上面有人。

「藍色港灣」埋下禍端

　　王耀輝在北京出名，主要還是因為他在朝陽公園附近開發的高檔小區：藍色港灣。位於北京朝陽公園西北角的藍色港灣，如今每逢傍晚便會車水馬龍，保安們焦慮地指揮著車輛停車入位，車門打開，走下車的十有八九都是衣著光鮮的時尚男女，不過十年前這裡還算偏僻之地。

藍色港灣還有個英文名字叫 SOLANA（太陽神之意），如今被廣泛稱為「藍色港灣」則出自朝陽區政府之手。2000 年北京為了籌備八年後的奧運會，開始將朝陽公園這個亞洲最大內陸公園的西北角規劃為商業用地，2002 年王耀輝開始接觸這一項目，並專門成立藍色港灣置業有限公司，不過公司成立前一個月，吉林信託開始發行「北京藍色港灣置業有限公司股權投資信託計畫」，發行規模近 10 億。用這些錢，王耀輝拿下了這塊地，隨後王耀輝的姐姐章宏督察全權負責藍色港灣的規劃、設計、運營和管理。

據《南方周刊》記者調查，截至 2010 年末，藍色港灣資產總額為 44.3 億元，負債為 29.7 億元，負債率高達 67.11％；其主營業務收入為 2.1 億元，淨利潤僅為 1.1 億元。這樣一個投資巨大而收益不大的企業，卻能得到銀行的支持。

2011 年 7 月 6 日和 12 月 15 日，王耀輝分兩次將藍色港灣商業配套總計 9.25 萬平方米抵押給中國農業銀行北京東城支行，抵押金額分別為 9000 萬元和 4.062 億元，而這也只是距離時限最近的兩次抵押。在抵押的過程中，藍色港灣土地的評估價值先後被評為 15 億元和 65 億元，前後五個月，評估價格相差了 50 億。

負責此事的農行老闆就是楊琨，王耀輝控制的藍色港灣從農行獲得了近 30 億的貸款，（也有消息說是 110 億），王多次以旗下的藍色港灣物業資產進行抵押，從農行拿到巨額貸款，並對楊琨個人以及楊琨妻弟的公司進行利益輸送。

到了 2011 年年底，農行風險控制部門在審查藍色港灣近 30 億元貸款時，發現該筆貸款存在風險，並上報至楊琨處，建議盡快追繳該筆貸款，楊琨把此事壓住了。但這件事讓楊琨留下了把柄，促成了楊琨日後的落馬。

儘管王耀輝並非真正意義上的地產商，但在藍色港灣項目上「嘗到抵押貸款的甜頭」後，王開始開發多個地盤，如北京天竺商務園區和北京高端住宅社區棕櫚泉西側等地。能在北京拿到這麼好的地皮，可見王的官方背景十分強硬。

楊琨從賭資上依賴王耀輝，對其他人也搞權錢交易。據說 2007 年以來，楊琨未經內部討論審核，先後 83 次批給 32 家單位、企業貸款 277 億元，已列作壞帳處理的有 17 億。此外，2006 年至 2010 年 10 月，楊琨用 7 億 3000 萬元打進北京市政府小金庫，原北京市委書記劉淇「笑納」簽收，名義是「支援北京市委、市政府改善公務員待遇、福利」，這背後的黑幕耐人尋味。

有人分析說，當年中共兩會之後，王岐山騰出手來處理年前案發的楊琨案，看來他開始在金融業打老虎了。

第三節

央企高管貪腐外逃
金融高管收入千萬

央企高管貪腐外逃怵目驚心

2014 年 5 月，據港媒報導，王岐山在會見駐外中資集團、央企高層時說：「貪婪、墮落到某一界限會利令智昏，為外國政府效勞，有意提供政治、經濟、金融等機密情報，不擇手段竊取情報。不要自以為聰明、好運。等著，結局絕不會安逸和安全的。會不惜一切代價通緝歸案。」

當時中共國務院研究室、國資委、外交部研究室的一份調研報告中披露了駐外、外派中資集團、上市央企高級管理層及家屬的經濟狀況及國籍狀況：

1. 持有美、加、歐盟國家、澳洲、新西蘭護照、居留權或加入外國國籍的占 75% 以上；

2. 在美、加、歐、澳、新西蘭等國家擁有物業、持有國債券、擁有企業股份的占 85％以上；

3. 自 2000 年至 2013 年，外派的高中級管理層人員任職期滿接調返命令而未歸，以及中途辭職不歸的有 1420 多人，其中高學歷、處級、中青年（45 歲以下）占 50％。

中共權貴親屬海外脫隊不歸

中共權貴集團親屬、官二代、官三代利用在境外中資集團任高層管理職務之便，大撈國有資財，之後「用腳投票」，脫隊不歸，以及每年大批貪官逃往西方國家享受榮華富貴，彰顯出政權的腐敗從高層內部爛起。

中共「裸官」（妻兒移居海外）已是中共治下的一大「特色」，「裸官」外逃現象日趨嚴重，人數激增，錢數激增，級別越來越高。

據一名中共官員透露，「大約 40％的經濟案件和將近 80％的腐敗貪污案件涉及裸官」；大多數 2013 年中共人大代表是「裸官」。

中國富豪攜家帶眷大規模外逃

據《經濟觀察報》引述中紀委通報稱，中共 18 大以後，九個省、直轄市的官員及家屬提取外幣情況嚴重，其中廣東最高，近 18 億美元，最低的也有近 4 億美元。

2013 年在審判薄熙來之際，江派人馬為了攪局，殺戮了大陸民營企業家曾成杰，逮捕了風險投資界民營企業家、鼎輝投資創始人王功權，開啟了民營企業家大規模移民的閘門。

　　新的胡潤富豪調查報告顯示，三分一的超級富豪（身家 1600 萬美元以上）已經在海外安家。在 393 名中國百萬富豪當中，64％已經移民或正在計畫移民。80％的富豪希望他們的子女在海外受教育。

　　中國富豪獲得綠卡的人數不斷飆升。2010 年，有 772 名中國人獲得投資綠卡（投資 100 萬美元以上）。2012 年，這一數字躍升幾乎 8 倍，達到 6124 人。

　　隨著中國富豪的外逃，中國資金外逃呈現加速趨勢，2012 年估計已突破 1 兆美元，比 2011 年急遽增加 67％；2013 年的非法資金外流規模預計將再增 50％，達到 1 兆 5000 億美元。據「財富洞察」的統計，中國富豪現在大約有 6580 億美元財富藏於離岸資產。波士頓諮詢集團預計，未來三年離岸投資將翻番。

金融高管千萬收入 激怒王岐山

　　《中國經營報》官方微博 2014 年 5 月 25 日下午發消息說，王岐山在最近的金融機構高層會議上發怒，直指金融界上層九成已是千萬富翁，他們還收取高額回扣及拿巨額獎金，「傭金借 1 億元收 2000 萬人民幣私人回傭，每月薪金 5000 元，獎金 4 至 5 萬元，這是哪家訂立的規矩？簡直夠黑、太黑！」

　　《中國經營報》這條官微，引起外界猜測「反腐」可能會重點轉向金融界。

　　有從事管理諮詢的業者表示，看來真的是風暴啊！北京的信息觀察員楊冰之認為，如果真是這樣說，金融界大佬看來要準備後路了？也有人調侃道：「金融界顫抖了。趕緊把點鈔機都借出去啊！」

王岐山的話也引發一些知情者披露更多這方面黑幕。原中國心理學會理事長張侃說：「十幾年前去一家銀行做講座，休息的時候他們都說，留下來的都是老實的，前些年撈了大錢的都走人了，多數都出國了。辦法很簡單，就是給熟人很多貸款，拿高回扣，實際根本不還，成壞帳，最後都是國家（老百姓）的債務。中國銀行的黑，僅次於公檢法。否則，整個社會不可能像今天這個樣子。」

人們探討了金融腐敗的深層原因。湖北武漢有民眾稱現狀是金融監管完全失效，金融壟斷無孔不入，金融集團抗拒變革，扼殺創新坐享厚利！有山東青島人說：「你不要說他們黑，壟斷銀行牌照的政策才是真的黑。如果放開銀行申請，資本在市場自由定價，別說他們想黑，他們如果不努力，飯碗都會丟了。」不少人直指關鍵在於體制，「中國所有的問題不從根本制度上解決，沒有監督權，自己查自己，選擇性執法，到最後只不過換另一波人貪污罷了。」「體制不改，永遠都這麼黑，王書記說的是實話，可是這些都姓共呀。」

有甘肅民眾表示，不止金融界，就連過去是清水衙門的科技界，這些年也不像樣了。因此有北京人總結說：「石油界黑，倒了。鐵路界黑，撤了。能源界黑，抓了。金融界黑，快了。說說哪一界不黑？有嗎？」

不過也有人懷疑這是不是王岐山說的話。據公開資料顯示《中國經營報》原名《專業戶經營報》、《中國農村經營報》，1989 年 1 月正式更名為《中國經營報》。是由中國社會科學院主管，中國社會科學院工業經濟研究所主辦的一份報紙。

第四節

王岐山已擊倒
40 多隻金融老虎

2015 年 2 月初，一周內大陸三家銀行高管接連出事。除民生銀行行長毛曉峰被查外，另一位金融業落馬高官是京能集團的陸海軍。

2 月 2 日，陸媒「財新網」報導，當晚，北京銀行發布公告稱，接到股東單位北京能源投資（集團）有限公司（下稱京能集團）函告，京能集團原董事長、該行股東董事陸海軍正接受調查。此前，1 月 30 日，中共北京紀委已發布陸海軍被查的消息。

公開資料顯示，陸海軍，1957 年 1 月出生，江蘇新沂人，曾任北京市液化石油氣公司副經理、黨委副書記、經理，北京市公用局局長助理，北京市崇文區副區長，北京市市政管理委員會黨組成員、副主任、黨組書記、主任等職。

2011 年 12 月，陸海軍加入北京銀行董事會，2013 年 8 月起任職北京銀行董事；2014 年 11 月，任北京能源集團有限責任公司黨委書記、董事長。

此外，陸海軍還擔任北京京能清潔能源電力股份有限公司、北京京能國際能源股份有限公司、寧夏京能寧東發電有限責任公司、山西漳山發電有限責任公司、北京京能電力股份有限公司 5 家公司董事長職位。

工商銀行滄州分行某行長墜樓身亡

據大陸媒體《新京報》報導，2015 年 2 月 2 日，中國工商銀行滄州分行泊頭支行某行長墜樓，當場死亡，原因不詳。

報導稱，一位現場目擊者表示，當天下午 1 時許，看到一名中年男子從中國工商銀行 12 樓跳下，摔在 2 樓平台上，中國工商銀行的「中」字被砸倒，死者頭朝南躺在「中」字上，一隻鞋甩落到地面。

網民上傳的圖片亦顯示，男子躺在工商銀行 2 樓平台上，樓下有大量市民圍觀。

有報導稱，王岐山 2015 年將在金融業「反腐」，會有一大批金融高管蛀蟲被查，而毛曉峰被調查掀開了金融系統「反腐大幕」。此名工行支行行長墜樓，目前尚不知是否與此有關。

保險行業央企高管戴春寧被查處

2014 年 6 月 5 日，中共中紀委網站通報，中共中紀委對中國出口信用保險公司原副總經理戴春寧進行了立案檢查。

通報稱，經查，戴春寧夥同他人貪污巨額公款；利用職務上的便利為有關公司或個人謀取利益，單獨或夥同他人收受巨額賄賂；與他人通姦。

通報稱，中紀委認為戴春寧貪污、受賄已涉嫌犯罪，決定開除戴春寧的黨籍，並將其涉嫌犯罪線索移送司法機關。

此前，2013 年 12 月 1 日，中共中紀委曾發布消息稱，戴春寧正接受調查。

據公開資料顯示，戴春寧，1962 年 2 月出生，本科學歷，曾任中國進出口銀行行長助理，2012 年 4 月起任中國出口信用保險公司副總經理。

據中國信保官網所述，中國出口信用保險公司成立於 2001 年，資本來源為出口信用保險風險基金，是目前保險行業僅有的 4 家副部級央企之一。

原中國郵儲行長陶禮明被審

2014 年 11 月，中國郵政儲蓄銀行原行長陶禮明涉嫌受賄、挪用公款一案在河南省鶴壁市中級法院公開審理。中共檢察機關指控，短短 5 年內，陶禮明與他人合謀多次惡意超發數億元國債，將其中約 3.4 億元國債資金挪用於炒股、投資理財，供個人牟利。其手法之專業、規模之巨大十分罕見。

中國郵政儲蓄銀行 2007 年掛牌成立，其大陸資產規模僅排在中國工商銀行、中國農業銀行、中國銀行、中國建設銀行、交通銀行（工、農、中、建、交）五大行之後，為中國第六大銀行。

據報導，2009 到 2010 年間，郵儲銀行曾為湖南高速相關建設項目違規發放貸款，在此期間陶禮明的弟弟向湖南高速索賄 1000 多萬元。此外，陶禮明亦涉及通過銀行間市場利息輸送等違法違規事宜。

據《中國經營報》報導，牽出了陶禮明的原因在於前湖南省交通運輸廳黨組書記、副廳長陳明憲涉及受賄案在被調查期間供出了陶禮明的弟弟。具體事宜是：湖南高速的一個 200 億元大項目中，郵儲銀行曾給湖南高速發放了一筆 50 億元的批發類貸款，陶禮明的弟弟索要好處 1.9 億元，湖南高速首筆支付 1500 萬元，其餘改用壟斷經營洞（口）新（寧）高速材料的形式支付。

大陸官方消息顯示，陶禮明早在 2012 年 6 月已經被雙規調查，還有兩名系統內官員同時被查。2012 年 6 月 11 日，中國郵政集團（下稱中國郵政）和郵儲銀行同時公告，郵儲銀行行長陶禮明、郵儲銀行資金營運部金融同業處處長陳紅平因涉嫌個人經濟問題正在協助有關部門調查。同一天，中國郵政集團公司也發布公告承認中國郵政集團公司黨群部主任張志春因涉嫌個人經濟問題正在協助有關部門調查。

官方資料還顯示，陶禮明現年 59 歲，長期在郵政金融系統工作。2007 年 3 月郵儲銀行正式成立後擔任行長一職，之前任郵政局儲匯局局長多年。

建行紹興「美女行長」陳惠君被捕

中國建設銀行浙江紹興城西支行行長陳惠君曾是紅極一時的「美女行長」，2014 年 5 月 15 日，其涉嫌詐騙罪被警方逮捕。消息傳出後，20 餘名被騙的債主在建行門口拉起橫幅討說法。

據《法人》報導，債主表示陳惠君以有客戶貸款到期需要轉貸，回報 3 到 6 分不等的利息為誘餌向受害人借款。

　　在陳惠君被抓的消息傳出後，至今已陸續有近 40 名債權人前往警方報案、登記，涉及本息 3.26 億元。大多數受害人都是她身邊的朋友或者銀行的業務客戶。

　　陳惠君曾是紹興上虞小百花越劇團演員，約 10 年前進入建行系統。陳惠君出任行長時曾在業內受到質疑。此外，陳惠君的丈夫是紹興市某局的副局長。

金融系統成腐敗重災區

　　2014 年 12 月 17 日，中共黨媒「人民網」轉載《法治周末》的報導稱，金融系統已成犯罪重災區，作為金融系統中最為盈利的行業，銀行業也出現了金融領域中數量最多的落馬企業家，其中不乏董事長或行長級別的管理者。

　　報導稱，2014 年先後落馬的銀行業高管包括：內蒙古農信社原主任武文元（正廳級）、內蒙古銀行董事長楊成林（正廳級）、郵儲銀行原行長陶禮明（正廳級）、成都銀行原董事長毛志剛、許昌銀行董事長高志民、龍江銀行監事長楊進先（正廳級）、李若虹（正廳級）。

　　據 2014 年 12 月 27 日《時代周刊》報導，自 2013 年以來，金融系統從債市開始刮起反腐風暴。2014 年初，反腐觸及整個基金行業，現在銀行又成了反腐的焦點。據不完全統計，證券市場已有 28 名曾經「叱咤風雲」的人物被調查、起訴和判刑；有「債券女王」之稱的孫明霞被查之後，孫供出幾乎涵蓋整個企業債發行業鏈條的數百人名單，有關部門正在按圖索驥，「債市王國」風聲鶴唳，人人自危。目前已有 12 名銀行高管、基層支行行長被調查。

　　另有報導稱，中紀委「專項巡視」還未進駐金融系統，目前的反腐動作還只是「小試牛刀」，待到金融系統被專項巡視，大陸國有銀行和股份制銀行將有「大戲」上演、「老虎」被打！

王岐山布陣 19大

第九章

上海被盯
江家老巢不穩

北京力克上海的姿態鮮明，「打虎路線圖」明瞭：從地產界和上海自貿區的蒼蠅開始，瞄準江澤民的次子江綿康和韓正，利用江澤民親信王宗南等被抓官員的口供，逐漸向蜘蛛網的核心挺進。

（大紀元合成圖）

第一節

大陸反腐火力偵察點
在廣東上海

江澤民情婦之一、原深圳市委書記
黃麗滿，其心腹梁道行遭處理，
被視為是清理江派殘餘勢力的風向
標。（新紀元資料室）

2013 年 5 月底，中共紀檢監察學院副院長李永忠接受大陸媒體採訪，稱中紀委近期的反腐重點，其一是根據火力偵察的情況針對性地劃線，而廣東、上海則作為火力偵察的試驗點。

針對中國的整體改革，李永忠稱中國的改革到了三個不得不突破的關口：第一，政治體制到了不得不改革的關口；第二，兩極分化到了不得不解決的關口；第三，反腐困境到了不得不突破的關口。而反腐作為改革突破口最為合適。第一，它能取得最大的共識；第二，口徑較小，涉及面較小，震懾度高。

不過李永忠表示，中共反腐不可能一步到位，只能以治標為主。因為中國當前的政治體制改革、金融體制改革和紀檢監察體制改革，都未有實質性進展，因此不可能以治本為主。

廣東江系勢力被接連清洗

廣東近年來是江澤民派系掌控的地盤，也是胡溫以及習李希望奪回的地盤。王岐山選定廣東作為反腐試點，別有內涵。

汪洋在 18 大結束後返回廣東，掀起第二波反腐風暴。深圳市原副市長、江澤民情婦黃麗滿的心腹梁道行，被中共開除黨籍，並移送司法機關。汪洋在對深圳大運會貪腐案的調查中，直接涉及到江澤民的兩個情婦——前教育部長、現任全國人大副委員長陳至立和人大僑委副主任黃麗滿身上，引起兩人的恐懼和不滿。外界認為，梁道行遭處理，被視為是清理江派殘餘勢力的風向標。

現任廣東省委書記胡春華上任後，緊跟習近平打「老虎」、「蒼蠅」，僅在 2013 年 1 月份的 20 天內，廣東有 4 名廳級官員被立案調查。目前習李要求新任廣東一、二把手的胡春華、朱小丹繼續汪洋的清洗動作，進一步清洗江派在廣東的勢力。

上海江澤民老巢失守

上海歷來是江澤民的老巢，江澤民從上海發跡。早年江澤民得勢時，無論是黃菊還是陳良宇、江綿恆、楊雄或吳志明，上海幫橫行一時，不過隨著江澤民失勢，上海幫也迅速土崩瓦解。

18 大後，前上海市市長韓正因為擇勢倒戈，最終成為上海市委書記。

江澤民外甥吳志明的最得力打手、時年 58 歲的前上海市公安局長張學兵，2013 年 3 月 28 日被官方證實再被免去市公安局長職務，由公安部刑偵局長白少康接替。巧合的是，國務院總理李克強在兩會後到上海調研，被認為親自護送白少康出任上海市公安局長。

李克強上海調研時，身為市政協主席的吳志明沒有受邀參加。據說吳志明的因公出國護照已經轉交中央有關機構保管，「上海方面無權過問相關情況」。有消息稱，吳志明與瀆職之國企大案、關聯性項目上億資金去向不明懸案均有牽連。

目前中共中央高調反腐再次「火力偵察」廣東和上海，意味著江家幫將面臨進一步清理。

第二節

中紀委不駐會常委空降上海

2014 年 4 月 15 日，張紀南作客中央紀委監察部網站接受線上訪談，他表示，18 屆中紀委一次全會選舉產生的 19 名常委中，包括分別來自中組部、中直機關工委、中央國家機關工委、最高法、最高檢、審計署等單位的 8 名不駐會常委，包括他自己在內。

據張紀南的說法推測，其他 7 名中紀委不駐會常委應分別是：劉濱、江必新（最高法副院長）、杜金才、邱學強（最高檢副檢察長）、周福啟（中央直屬機關工委副書記、紀工委書記）、侯凱、俞貴麟（中央國家機關工委副書記、紀工委書記）。

其中，杜金才與劉濱都是分布在中共解放軍中的 18 屆中紀委委員，杜金才現任中紀委副書記，總政治部副主任兼中央軍委紀委書記、總政治部黨委副書記；劉濱的職務則是總政治部紀律檢查部部長、總政治部黨委委員兼中央軍委紀委副書記。

只有侯凱是調任地方上的「不駐會常委」。2013 年 11 月 19

日，侯凱由王歧山「空降」江澤民老巢，接替楊曉渡任上海市委常委兼紀委書記。

侯凱，1962 年 4 月生，遼寧瀋陽人，中央財政金融學院財政系財政專業畢業，大學學歷，高級審計師。從 1984 起，先後在中共審計署財政審計司擔任副司長、司長、副審計長等職務；2012 年任中共中央紀委常委，中共 18 大中央委員。

他在轉任上海之前曾出任中紀委第九巡視組組長，查辦江澤民力推的、耗資 2000 多億的長江三峽大壩工程的巡視工作，最終導致三峽集團公司董事長、總經理雙雙被免職。

江澤民老巢「上海幫」遭清洗

上海是中共前黨魁江澤民的老巢，江派的大本營，一直被江派人馬所把持，是江派的獨立王國。在胡溫時代，上海原市委書記陳良宇在江澤民的支持下，處處與中共中央唱對台戲。最後，陳良宇被胡溫以貪腐罪狀於 2006 年拿下。

習近平上台之後，對江澤民老巢的「上海幫」勢力進行了清理。

除侯凱被調任上海之外，2013 年 3 月 28 日，上海市副市長、上海公安局局長張學兵被免職，由公安部刑偵局局長白少康接替。2012 年 6 月 5 日，上海市政法委書記、江澤民的侄子吳志明被免職。此前吳曾擔任上海政法委書記近 11 年，期間還曾兼任上海市公安局局長達 8 年。在任期間，吳在上海製造多起冤案。上海政法委書記一職後一度由習近平任職上海市委書記時的大祕丁薛祥擔任，直到丁薛祥進京任職中辦副主任。

第三節

查江澤民老巢 習派軍隊壓陣

2014 年 7 月 29 日，中共前常委、政法委書記周永康被公布接受調查。當天和次日，王岐山主持的中紀委巡視組分別進駐中共前黨魁江澤民老家江蘇與老巢上海，巡視期兩個月。與此同時，軍方公布，7 月 28 日至 11 月 20 日，在江蘇鹽城海域將舉行實彈射擊。8 月 6 日，官媒高調組圖報導南京軍區兩棲突擊車下海練搶灘。

南京軍區兩棲突擊車練搶灘

2014 年 8 月 6 日，中共新華網等官媒及大陸門戶網站紛紛轉載中國軍網的組圖報導。報導稱，8 月 3 日，南京軍區某裝甲旅聯合海軍組織兩棲裝甲分隊在東海某海域進行遠海全浮裝載與搶灘登陸演練。

周永康案 29 日公布之後，習近平 7 月 30 日從北京來到福建省視察 31 軍嫡系舊部。陪同習近平的除兩名中共軍委副主席范長龍、許其亮外，還有南京軍區司令蔡英挺、政委鄭衛平、福建省委書記尤權、省長蘇樹林等人。

7 月 14 日京滬航班大量延誤或取消。7 月 21 日、22 日，與北京、上海等地區相關的大量航班被取消或延誤。當時有報導披露，是南京軍區實行空中管制。

江蘇鹽城海域實彈射擊演練

7 月 27 日，中共國防部公布了近期將舉行實兵演習的消息。中共海陸空三路同時軍演，局勢詭異緊張，引外界關注。

中國海事部門宣布，除了 7 月 29 日至 8 月 2 日在東海相關水域將舉行實際使用武器訓練外，解放軍從 7 月 25 日至 8 月 1 日，在渤海海峽、黃海北部相關水域將執行軍事任務；7 月 26 日至 8 月 1 日，在北部灣相關海域進行實彈射擊訓練。7 月 28 日至 11 月 20 日，在廢黃河口至射陽河口以東的江蘇鹽城部分海域將舉行實彈射擊。

各大軍演幾乎「無縫銜接」，時間跨度 7 月至 11 月，覆蓋著渤海、黃海、東海和北部灣四大海域。

其中江蘇鹽城海域位於江蘇省東北部；其東南方向下游即是江澤民老巢上海。江蘇境內，鹽城與江澤民老家揚州緊接。

王岐山巡視組進駐蘇滬

7 月 29 日，周永康被當局立案審查。當天和次日，王岐山親信帶隊的中紀委巡視組分別進駐江澤民老家所在地江蘇和其老巢上海，駐留兩個月。江蘇和上海巡視組組長都是第四次帶隊，江蘇巡視組副組長曾是中紀委書記王岐山的大祕。

7月28日，江澤民父子密友、上海光明集團原董事長王宗南被立案調查。

8月3日，陸媒報導，黑龍江省委常委、組織部長徐澤洲將任上海市委常委、組織部長。徐澤洲曾在中紀委任職27年，期間先後任職於四室、七室、辦公廳等，被稱作「反腐專家」。

自江澤民「揚州大管家」、南京市長季建業2013年底落馬後，江蘇官場就人事地震不斷。8月5日，江蘇射陽縣原縣長田為友與鹽城市政協副主席徐超以涉嫌受賄罪被立案偵查並刑事拘留。

外界聚焦，周永康案公布後，習近平、王岐山迅速布局圍剿江澤民老巢。巡視組進駐同期，軍方在蘇滬海域地帶實行近4個月實彈演練，震懾意味明顯。

王岐山或以查辦江綿康突破上海

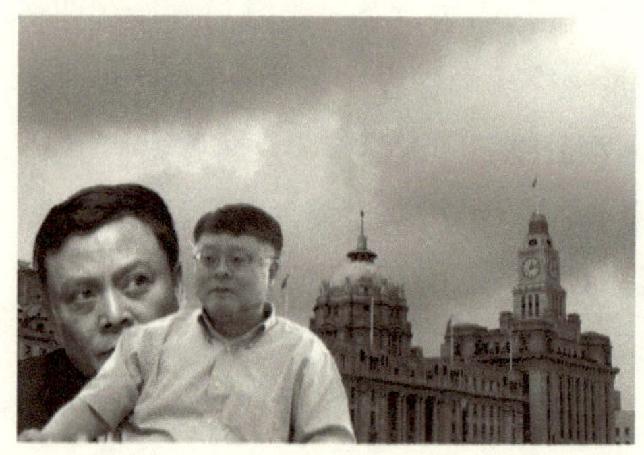

相較於江澤民的大兒子、人稱中國第一貪的江綿恆（前），弟弟江綿康（後）在媒體上一貫低調，但卻在掌控上海城鄉建設和交通委員會期間，撈取了難以計數的國家資源。（大紀元合成圖）

　　2014 年 9 月 15 日陸媒報導，有消息人士 11 日證實中共中紀委書記王岐山抵滬。與此同時，中共官媒發布消息稱，上海自貿區管委會常務副主任戴海波被免職。戴海波是中共前黨魁江澤民次子江綿康的馬仔，其被免職後，一直沒有接任者出現，顯示這不是正常免職。分析認為，王岐山或以查辦江綿康貪腐為突破口，準備拿下上海「大老虎」級人物。

江綿康涉及多起貪腐大案

　　江綿康掌控著上海市政建設油水最多的部門——上海城鄉建設和交通委員會，並成立了掛靠在其下的研究所、研究中心、企業、社團，出版刊物等，存在巨大的利益空間。

2007 年，媒體曝光江綿康與其哥哥江綿恆涉及周正毅案。上海幫安排周正毅以自己的名義拿下「東八塊」土地到香港圈錢時，有一塊地實際被江綿恆以上海聯合投資有限公司名義取得，還有一塊則被江綿康以上海市政府建設委員會名義占有。

江綿康還涉入了 2006 年上海社保基金挪用案。2011 年 8 月 30 日，維基解密公布了美國駐上海總領事館 2006 年 12 月 14 日發往美國華府的一份密電，裡面提到上海市人大研究員透露，江綿康通過時任上海市委書記陳良宇的兒子陳偉力涉入了此案。

另外，江綿康還被指涉西門子公司賄賂醜聞，其促成中國進口德國單軌列車的大生意。2002 年到 2007 年間，西門子通過行賄得到了總額逾 10 億美元的項目。有報導稱，此案中國方面涉案人是江綿康。江綿康通過相關商業運作，將受賄得來的錢直接存在國外。

網傳抓捕江綿康路線圖

2014 年 8 月 11 日，與江澤民父子關係密切的上海光明食品集團公司前董事長王宗南被逮捕。此前的 7 月 26 日，王宗南被帶走，7 月 28 日，其因「涉嫌挪用公款和受賄」遭立案調查。

8 月 19 日陸媒報導，前上海海關副關長卜祖耀等 4 名上海海關官員，因捲入職務犯罪，被紀委及鄭州檢察院帶走調查。報導中透露，卜祖耀的問題之一是其負責建設的上海外高橋港區海關大樓問題不斷。

公開資料顯示，2009 年中標承建海關大樓的是華亮建設集團股份有限公司，上海建工集團總公司下屬改制的公司參與了承建過程。上海建工集團由上海建委掌控。而江綿康不僅是上海建委的巡視員，而且還是上海城市發展信息研究中心主任，涉足上海幾乎所有的大工程。

8 月 21 日，網民「紅 2011 糖」發帖稱：「抓上海海關的卞祖耀，今後可能的路徑是卞祖耀→華亮建設集團→上海建工→蛤（江澤民）的二兒子（江綿康）和韓正。」此帖被轉載後，相關帖文迅速被刪除。

第五節

韓正拍「蒼蠅」傷到自己

上海 11 名「蒼蠅」被擊落

繼上海自由貿易試驗區副主任戴海波被免職後，2014 年 9 月 24 日，上海紀檢監察室網站在 2 分鐘內公布了 11 名落馬官員名單，其中 7 人已移送司法審查，正接受調查的 4 人分別是中共前南匯區宣橋鎮黨委書記唐貴明、閔行區建設和交通委員會前主任吳仲權、南匯區規劃和土地管理局前副局長朱錦華、南匯區房屋土地管理局前局長張文駿。這是王岐山打虎以來，繼山西、吉林後再度密集出手，地點又在江澤民老巢，自然引起外界高度關注。

中央巡視組為期 2 個月的上海巡視 9 月 29 日結束了，難道王岐山、李克強親臨上海打虎就只為打下這幾隻「蒼蠅」嗎？何況習近平還藉上海小學課本古詩一事，親自出面教訓上海幫，上海就真的固若金湯嗎？不過仔細分析上海局勢，不難看出，一場前所未有的大戰馬上就要開打了。

　　針對上海被擊落的這 11 隻蒼蠅，大陸媒體分析說，這些人多是因為涉及土地流轉和利益輸送而被調查，而 2006 年周正毅、陳良宇案也是因為土地貪腐而引起，「上海老虎藏在土地裡」，這已是公認的事實，拿下蒼蠅，也是為打老虎做鋪墊。

巡視組鎖定了江綿康

　　據上海著名維權律師鄭恩寵介紹，上海幫當年安排周正毅以自己的名義拿下「東八塊」土地到香港圈錢時，有一塊地實際被江澤民長子江綿恆以上海聯合投資有限公司的名義取得，還有一塊土地則被江澤民次子江綿康以上海市政府建設委員會名義占有。而這些案件的背後都是韓正操盤。

　　2003 年鄭恩寵因為狀告上海幫周正毅、黃菊、陳良宇、韓正、江澤民家族的土地貪腐問題，被江澤民親自決定判刑 3 年。出獄至今，鄭恩寵依舊長期被軟禁在家。據說下軟禁命令的就是上海市委書記韓正等人。

　　江澤民的大兒子江綿恆的深重貪腐已漸被曝光，而江家二兒子江綿康由於隱藏很深，人們對其貪腐知之不多。《新紀元》曾率先披露了江綿康在上海土地貪腐問題上問題嚴重。除涉周正毅案外，江綿康還涉入 2006 年上海社保基金挪用案。

　　2011 年 8 月 30 日維基解密公布的美國駐上海總領事館 2006 年那密電透露，江綿康通過時任上海市委書記陳良宇的兒子陳偉力涉入社保基金案。當年江澤民之所以放棄保其「上海幫香火繼承人陳良宇」，就是因為胡錦濤查到了江綿康身上，於是江澤民斷臂求生，捨卒保帥。

　　表面上江綿康不是任何大公司董事長、CEO 之類的檯面人物，不過他擁有上海市城鄉建設交通委員會正局級巡視員、上海市建設交通發展研究院院長、上海城市發展研究中心主任、《上海城市發展》雜誌社社長等眾多頭銜。

　　江綿康作為上海城建委的正局級巡視員，負責全市土地、拆遷、規劃、建築總協調工作。鄭恩寵律師認為，上海這麼大的城市，每年搞幾千個工程，又挖這麼多的地鐵，它的市政建設、交通各方面都涉及龐大的工程，江綿康利用這些工程搞貪腐，「那是相當了不得的事情」。

　　江綿康自己還有依附於城鄉建設和交通委員會成立的公司、企業、社團、出版社，實際上掌控了上海市政府最肥機構的實權。

　　有內部消息稱江綿康已經被中紀委重點鎖定。

韓正阻撓中紀委反腐

　　中央巡視組到上海前 5 天，才公布了 20 多名「蒼蠅」級別的官員落馬，鄭恩寵認為這是韓正和上海幫製造阻力的結果。上海民眾都在傳，眼看巡視組即將收尾，上海一個老虎也沒有向中紀委交出來，對此王岐山火了，親自到上海向韓正施壓，逼交幾隻「老虎」。

　　然而韓正既不敢得罪中紀委，也不敢拋出上海的任何一個局級幹部，一旦交出一隻「老虎」，就是一大串「老虎」落馬，因為都是貪腐窩案，交出哪一個，賄賂關係網都會像蜘蛛網一樣，引火燒到韓正自己身上，因此令韓正陷入絕境。百姓都在傳，中紀委查到江綿康，韓正嚇得都要崩潰了。

此前鄭恩寵曾擺脫監控人員，親自到中央巡視組駐地舉報韓正的詳細經過，更多材料他已經通過人大代表和民主派人士送給了巡視組。鄭恩寵表示，「韓正不倒，天理難容！」他舉報貪官有功，但為何仍被軟禁在家？是誰在背後下的軟禁令？背後主謀顯然是韓正。

同時，上海知名維權人士馮正虎也到巡視組駐地反映上海政法系統 7 大問題，要求巡視組徹查原上海政法委書記、公安局長吳志明。據說吳志明是江澤民妻子的侄子，從一個鐵路扳道工，雞犬升天成了上海灘暴力機器的掌控人。

吳志明自 1998 年起歷任上海市公安局副局長、局長、武警上海市總隊第一政委、上海市委政法委書記，曾經製造大量冤案。如被周永康親自監斬的「刀客楊佳」，曾因不慎購買了偷來的自行車而被上海公安打傷，多次上訪未果後，在「七一」闖入上海的區公安局、殺傷 11 個警察。

此案就和吳志明相關。2013 年 1 月，江澤民又把吳志明強行安置在上海市政協主席的位置上。

中央巡視組進駐上海後，至少有 2 位訪民因要到巡視組告狀而遭報復威脅被打成重傷，甚至腳筋被割；有的訪民被 24 小時限制出家門。作為地方首腦的韓正與中央巡視組以明槍暗箭的方式激烈較量。

除了民間舉報外，上海官員內部也在相互揭發。中紀委進駐之初，上海一些局級幹部聯名寫信給中央巡視組，要求追究 4 法官嫖娼案背後涉及的建工四公司的黑幕。

建工集團第四分公司每年帳本公開的公關費就一個億，那用在多少人的身上？買通了多少人、扳倒了多少人，寫聯名信的幾十個局級以上幹部要求中央給出答案。

與此同時，韓正的另一貪腐線索也已進入公眾視野。此前，胡耀邦三子胡德華在香港起訴上海政協委員、全國政協委員、全國工商聯副主席、香港商人羅康瑞。

據稱羅康瑞在上海的第一個地產項目是城市酒店，羅康瑞之所以成為上海地產大佬，其後台大老闆就是上海市委書記韓正。

起底王宗南 牽出江澤民

在中紀委擊落 11 隻蒼蠅的前兩天，中共喉舌媒體《廉政瞭望》9 月 22 日發表《起底光明原董事長王宗南：政商界人脈深厚》一文，直接將矛頭對準這個被稱為「商業教父」、「紅頂企業家」背後的政商關係網。

文章稱，出生上海的王宗南在跨入商界前，曾擔任黃浦區組織部副部長，之後歷任黃浦區商委主任、區長助理、副區長。前上海市委書記陳良宇當年出任上海市委副書記之前，曾在上海黃浦區擔任過 5 年區長，當時王宗南擔任陳的助理和副區長。

1995 年，仕途不順的王宗南 40 歲，離開政府機關轉戰國企，擔任上海友誼（集團）有限公司總經理，同時兼任聯華超市股份有限公司董事長，成為既有政客的手腕，又有商人「金身」的「紅頂商人」。

王宗南上任一年就讓聯華超市扭虧為盈，主要原因是他動員各種政治關係，「連市領導都出面做銀行工作」，這其中就包括陳良宇。在得到銀行大筆貸款後，王宗南搞了擴張戰略，很快開始盈利。1999 年聯華超市取代上海第一百貨，躍居中國零售業銷售排行榜第一名。

王宗南不光是陳良宇的舊部，王本人也與江家父子關係密切。大陸「證券時報網」當時報導稱，光明集團在 2006 年整合前是上海益民食品一廠，江澤民曾任益民食品一廠第一副廠長。而 2006 年光明食品集團重組，就是在江澤民的親自過問下完成。

文章還說，多年來聯華超市內部一直有人在舉報王宗南，舉報材料中的關鍵點就是在企業改制過程中，有一家名為「上海立鼎投資有限公司」的企業數次神祕現身，短短數年就套現 6000 多萬。而立鼎公司就是王宗南的密友所持。當然，王宗南貪腐金額絕不止這幾千萬。

2014 年 7 月 28 日，王宗南被上海市檢察院第二分院立案偵查，第二天，江澤民的得力幹將、中共前常委周永康被中紀委立案審查，第三天，中央巡視組進入上海，7 月 30 日《京華時報》還特別強調王宗南是陳良宇舊部這一政治背景，並稱「上海反貪風暴或由此揭幕」。北京這一系列舉動傳遞的信息是，王宗南的被查與江派勢力被整肅難脫干係。

8 月 11 日，因涉嫌任職期間挪用公款、受賄，上海檢察院逮捕了王宗南。外面評論說，「這顯示出習近平的反貪運動，正在把重點轉向他的前任──江澤民──的權力根據地。」

鄭恩寵對外媒透露，據他所知，王宗南棄政從商後涉及的 4 大國有股份集團公司中，行政級別在局級以上的官員有 200 人左右，資產達到 500 億元人民幣，差不多占上海市日常用品消費 70％的份額。國企成為官員權力分配的戰場，「不排除未來習近平反腐這把火會燒向江家」。

大動作前奏？武警上海總隊司令換人

更讓人明顯感到上海將要出大事的，還是最近上海武警高官的變換。陳良宇出事前，曾調上海武警對抗中紀委的調查，最後被北京定性為「叛亂」。

據香港《經濟日報》報導稱，2007年上海社保基金案發，中紀委曾派出數百人組成專案組進駐上海陝西路的馬勒別墅。陳良宇獲悉後，以身兼上海警備區第一政委的身分，調動3000武警以「保護」的名義包圍了馬勒別墅，禁止中紀委調查組人員進出，並宣稱上海的事由上海人解決。

北京獲悉事件後，先後由中共人大委員長吳邦國和國家副主席曾慶紅致電陳良宇，他才放人，而且中紀委專案組幾乎是被武警以槍口押著送到機場，此事才罷。這一事件被外界評論為「彰顯了陳良宇的瘋狂」。聽聞此事，北京高層大譁，因為陳良宇此舉已經類似「叛亂」，胡錦濤亦是又驚又怒，由此下定決心徹底拿下陳良宇。

為了避免類似事件重演，習近平、王岐山這次是先發制人，首先撤換了掌控上海軍事力量的上海武警總隊司令員。

據陸媒「澎湃新聞網」報導，2014年9月24日，也就是中紀委出手打落11隻「蒼蠅」的同一天，中共武警上海總隊大會上，武警部隊政治部主任姚立功宣讀了國務院、中央軍委的任職命令：中共武警上海總隊司令員魏佑江提任武警部隊副參謀長，武警重慶總隊司令員朱宏調任武警上海總隊司令員。

此前一天，據「華龍網」消息稱，中共國務院、中央軍委命令：武警8670部隊部隊長何良奎提任武警重慶總隊司令員，武警重慶總隊原司令員朱宏調任武警上海總隊司令員。

引人注意的是，也是在 9 月 24 日同一天，據《瀟湘晨報》消息，武警西藏總隊副司令員劉國榮提任湖南總隊司令員，武警湖南總隊原司令員趙永平達到服現役最高年齡退休。

據公開資料，魏佑江原任武警部隊後勤部副部長，2010 年 12 月 23 日調任武警上海總隊司令。時任上海市委常委、政法委書記吳志明，曾特意出席任命會議並發表了講話，撐場意味甚濃。

按中共編制，武警上海總隊司令屬副軍級，而武警部隊副參謀長屬副大軍區級，論級別，魏佑江是升職了，但在上海接連「出事」，江系老巢破綻連爆的緊要當口，手握當地槍桿子實權的武警司令被調離，顯然不是孤立偶發的舉動。是否是蔣潔敏那樣，好像是從中石油高升到國資委當主任了，但蔣潔敏一走，官方就開始離任審計，而且追溯到過去 10 年的舊事，這種高升，不如說是調虎離山，是種變相的審查。

接替魏佑江的朱宏，原來就在武警上海總隊當參謀長，當時的官銜是大校，2013 年 3 月，他赴重慶接任退休的常建民，擔任重慶總隊司令員，不久被提升為少將。胡錦濤、習近平能讓朱宏去接管王立軍留下的爛攤子，說明他是深得北京方面的信任，這次再讓他重回上海，很可能當時就是為了曲線晉升，以便為習近平陣營搶占上海這個重要灘頭。

王岐山搶灘上海路線圖 直搗江巢

回顧中紀委對上海的派兵遣將，不難看出，習近平陣營要拿下上海灘的決心。

2013 年 11 月 19 日，中紀委常委侯凱「空降」上海，接替楊曉渡出任上海市委常委兼紀委書記。此前 18 屆中紀委一次全會共選舉產生 8 名「不駐會常委」，其中侯凱是唯一空降地方的「不駐會常委」。他在轉任上海之前曾出任第九巡視組組長，巡視江澤民力推的、耗資 2000 多億人民幣的長江三峽大壩工程。

據大陸官媒報導，在中紀委巡視組巡視上海之前，王岐山已經下令讓上海市各區縣紀委書記大換血，機構內部重置。這類似於法庭異地審理、官員輪流置換，目的就是斬斷現有的各種關係網，讓各區縣紀委書記異地辦案。調整後，上海市紀檢監察室增加到 8 個。增設第七、第八紀檢監察室，以及紀檢監察幹部監督室。

半年多後，當 2014 年 7 月 29 日周永康被立案審查的第二天，王岐山的巡視組即高調進駐江澤民老巢上海，言外之意，周永康倒下後，接下來就輪到上海幫了。

2014 年 6 月 30 日，江澤民「軍中最愛」、前中共中央軍委副主席徐才厚落馬，同時習近平親信舊部應勇升任上海市委副書記。在韓正召集的會議中，應勇曾多次缺席，雙方對抗較勁的姿態很明顯，有人預測，應勇很可能就是被安排來接替韓正的。

8 月 3 日，長期任職於中紀委的「反腐專家」徐澤洲，從黑龍江省組織部長轉任上海市委常委、組織部長，這也為即將到來的上海官員大換血準備了條件。

當時上海已有 20 多個官員落馬，如上海光明食品集團有限公司原董事長王宗南，原上海海關副關長卜祖耀等 4 名上海海關官員。

據稱卜祖耀供出了「向某位領導贈送了多套房屋」；9 月 12

日，上海金楓酒業股份有限公司原總經理董魯平被批捕；9 月 15 日被免職的上海自貿區副主任戴海波是江綿康的馬仔。

9 月中旬，上海幫以小學課本中的「古詩詞」事件公開挑釁習近平，王岐山、李克強隨後相繼到上海，習近平在飛機上也沒忘了就此事教訓上海幫。而此時的江澤民，在巡視組進駐上海後，因害怕被抓，一度藉口病重躲進醫院，出院後又被習陣營監視居住。

過去 20 多年裡，上海官員在中共官場中是非常特殊的群體。其他省市官員大多是異地做官，哪怕非常特立獨行的廣東省，現在也有外來人當書記、本地人當省長，唯獨上海，這 20 多年裡，官員基本都是上海長大的，除去習近平借上海過渡到政治局之外，無論是吳邦國、黃菊、陳漁、還是俞正聲、韓正，都算上海人，這無疑是江澤民為自己謀取特權、營造老巢的結果。

關於未來上海局勢的變化，據接近中紀委的知情人士向《新紀元》透露，「上海問題之複雜，不是外界所能想像的。」目前他不方便多說，不過從上面的局勢不難看出，北京力克上海的姿態非常鮮明，而且打老虎的路線圖已經很明瞭：從地產界和上海自貿區的蒼蠅開始，瞄準江澤民的次子江綿康和韓正，利用王宗南等被抓官員的口供，逐漸向蜘蛛網的核心挺進。不難看出，那時的「江核心」、「三代表」，也就真成了百姓說的「貪腐中心」和「三呆婊」了。

第六節

瞄準江綿恆 聯通多高管被查

江綿恆（左下）的「電信王國」
包括中國網通、中國聯通，還有
中國移動。這些公司作為全球最
賺錢企業，都成了江家的「錢袋
子」。（新紀元合成圖）

2014 年 12 月，中國聯通集團的實權高管、聯通國際業務部總經理閆波被爆出以出差為名報備後，已在海外失聯多日，初步估計是私自出逃，其聯繫電話已關機。

12 月 26 日，聯通緊急要求集團總部的處級以上官員全部上繳護照，截堵「因私出國」。對聯通落馬高管和被舉報高管的調查，都指向更高級別的重要高管。此事已在聯通內部引發軒然大波。

有消息人士稱，逼迫閆波失聯的關鍵可能是對東南亞某國家一個工程項目的清查。此前，中共紀檢部門曾就此找聯通國際部的員工問話。2014 年 11 月 19 日，中央巡視組開始第三輪專項巡視，對文化部、環保部、中國聯通、中石化等 13 個單位進行專項巡視。

大陸網路「鈦媒體」報導，一位不願具名的運營商內部人士透露，巡視組進駐中國聯通後，收到大量舉報信，其中，很多來自中層與基層或來自合作夥伴。

12 月 15 日，聯通網路分公司副總經理兼網路建設部總經理張智江被調查，有消息稱其因主管百億網路建設投資項目，收取了企業賄賂。17 日，聯通信息化和電子商務事業部總經理宗新華被免去職務。與此同時，聯通市場營銷部總經理熊昱被民眾在網路上舉報；12 月 24 日，廣東聯通黨委書記、總經理何飆也被處分。

據悉，與張智江和宗新華一樣，閏波也是中國聯通實權派人物，其主管的國際業務部涉及中國聯通與海外運營商之間的漫遊費用結算。

中央第八巡視組結束了專項巡查，撤離中國聯通，不過以中國聯通為中心的「反腐風暴」也拉開了序幕。接下來可能有更多的高管被捲入漩渦，這將導致整個聯通的運轉出現「血栓」。

江澤民和曾慶紅親信任聯通要職

之前，大陸官媒連續報導中聯通、中移動亂收費醜聞，中移動投資逾 2000 億後以失敗了結的 TD-SCDMA 網路項目也被曝光。

在追查這些電訊、網路巨頭發展軌跡的同時，發現與江澤民集團關係密切。中國電信行業長期以來由江澤民家族控制，江澤民兒子江綿恆的「電信王國」覆蓋中國網通、中國聯通，還有中國移動。中國最大搜尋引擎百度，被揭曾深度捲入周永康政變；騰訊、金山涉及替中共實施監控和網路封鎖。種種跡象顯示，在中共前政法委書記周永康被開除黨籍並逮捕後，習近平當局正加速清理江派餘黨，江派勢力掌控的電訊、科網業預料會受波及。

2008 年底，原中國聯通與有江綿恆背景的中國網通合併，成立新聯通公司後，張智江仍負責技術部，主要負責 3G 網路建設、網路維護以及共建共用實施等工作，兩年前才被調往網路建設部這個實權部門。

資料顯示，中國聯通現任董事長是原中國電信副總裁、自 2004 年 11 月就任聯通董事長的常小兵，曾在 2000 年任信息產業部電信管理局局長，與 2003 年後任信息產業部部長的江澤民親信王旭東有不少交集。而聯通現任總裁陸益民則是前中共國家副主席曾慶紅的祕書，2007 年曾在網通集團擔任高管，還曾任新聯通籌備組副組長。其在聯通、網通合併後出任現職。

陸媒點名江綿恆的上海聯和投資

2014 年 12 月 30 日，大陸媒體財新網在一篇名為《前高管宗新華被查 聯通多人遭舉報》的報導中，罕見點名江綿恆的上海聯和投資有限公司。報導稱，2008 年，中國聯通與中國網通合併，成立新的聯通公司，包含了大網通、聯通的兩套人馬。大網通是在 2001 年的南北電信分拆中，由包括原郵電部下面的北方十省市的電信公司、原電子工業部牽頭組建的吉通以及中國科學院、原廣電信息網路中心、中鐵通信中心、上海聯和投資有限公司聯合組建的老網通重組而成。

資料顯示，1994 年，江綿恆用數百萬人民幣「貸款」買下上海市經委價值上億元的上海聯和投資公司（以下簡稱上聯）。表面「上聯」是國企，但實際等於江綿恆的私產。江綿恆以上聯為個人事業的旗艦，在上海發展，憑藉他父親江澤民的勢力，要錢有錢，要權有權，生意是百做百賺，絕無賠本，海外華裔和西方商人紛紛上門拜訪或投靠，僅幾年時間江綿恆已建立起他的龐大「電信王國」。2001 年上聯和上聯控股的公司已有 10 多家，如上海信息網路、上海有線網路、中國網通等。業務相當廣泛，包括電纜、電子出版、光碟生產、電子商務的全寬頻網路等。

在沒有中國網通之前，江綿恆是網通老闆，他揚言說要併吞北方電信，其實網通早已經讓江綿恆給折騰空了，他根本沒有能力收購北方電信。為了解除江綿恆的危機，江澤民親自下令中國電信必須一分為二，分為北方電信和南方電信，把北方電信 10 個省固定資產白白送給網通。

當局「打虎」逼近江澤民、曾慶紅

中國電信行業長期以來由江澤民家族控制，江澤民的長子江綿恆更有「電訊大王」稱號，其「電信王國」包括中國網通、中國聯通和中國移動。作為全球最賺錢公司之一的中移動，多年來沒有將利潤上繳國庫，而是進了江澤民、江綿恆父子口袋。

中移動前副總裁、前網通副總經理張春江，被指是江澤民長子江綿恆的「白手套」（中間人），二人私交甚厚。張春江於 2011 年被判死緩，成為江澤民家族的替罪羊。

2013 年 12 月 26 日，親習近平陣營的財新網開闢了「中移動窩案」專欄，稱從「2009 年底原中移動黨組書記張春江案發引爆中移動窩案，已有 14 名中層以上管理人員因貪腐落馬，涉案金額巨大。」

時政評論員方林達表示，聯通公司的反腐風暴是中紀委針對中國電信行業展開調查的開始。主要由江澤民家族控制的中國幾大電信公司的醜聞被媒體曝光，其實就是江澤民之子江綿恆將被調查的信號。隨著多名高管的不斷落馬，顯示調查已逼近江綿恆。

方林達認為，調查江綿恆並不是目的。因為習近平陣營針對江澤民集團的「打虎」行動，在徐才厚和周永康之後，已逼近了江派最核心人物曾慶紅和江澤民。因此，習近平先攻外圍，從江派家族成員的貪腐調查開始，一旦江綿恆有「嚴重違法違紀」消息傳出，江澤民的日子也不多了。

王岐山布陣 19 大

第十章

王岐山查周永康
步步接近江澤民

自習李上台後，四川、湖南、湖北、廣東官場，乃至周永康治下的中石油、政法系統等均有數量頗為可觀的腐敗官員被查處，中共「團伙性腐敗」猖獗。王岐山除了要求一案雙查，還要求查辦團伙性窩案。直接針對周永康和其後台江澤民集團。

打完周永康這隻「大老虎」後，其背後更大的老虎江澤民被聚焦。
（大紀元合成圖）

第一節

一案雙查
王要查周永康的上級

　　2014 年甲午馬年的大年三十，正好和公曆的 1 月 30 日重合，這一天雖然不在新年一周的假期內，但人們基本都提前回家準備年飯了。不過，中紀委就在這一天釋放了兩個非常醒目的信號：一是將江澤民的親信季建業送司法處理，二是讓「財新網」推出了新節目《周道》。

　　中共以往查辦腐敗案件時，一般不會追究到中共政治局、常委一級，即所謂「入局不死，入常免罪」，然而自「18 大」以來，尤其是薄熙來、周永康政變陰謀敗露後，當局一再重申「反腐沒有禁區」，「沒有誰不能動」。2015 年 6 月 11 日周永康被判處無期徒刑，如今人們談論更多的是，周永康之後的大老虎會抓誰呢？

周濱的三隻白手套

此前《新紀元》報導了「財新網」與中共高層、特別是中紀委書記王岐山的特別關係，外媒也普遍把財新網的動向作為觀察中國政壇風向標的參照系。「美國之音」報導說，「財新網在除夕之夜大多數中國人闔家團聚吃年夜飯的黃金檔期，隆重推出了一個新的視頻節目《周道》，和中央電視台的春晚分庭抗禮。」

影音紀事專題節目《周道》第一期 10 分 51 秒，說的是《周濱的白手套》，基本就是把此前「財新網」文字報導的內容利用視頻的方式再現出來。有人分析說，這個節目之所以叫《周道》，談論的都是與周永康罪行相關的事，編輯事先推出了專題，說明他們會推出很多期不同節目，詳細全面介紹周永康的罪行，而改用視頻這種通俗易懂的方式來搞普及，目的就是為了讓更多人知道。大家都知道了，也叫周道了。

《周濱的白手套》講述了周永康的兒子周濱（即周斌）身邊的三個仲介人，如何幫他把黑錢洗白。第一隻白手套是美國加利福尼亞州風景優美的拉古娜海灘邊上的詹敏利。詹敏利有個女兒叫黃婉。黃婉在她十五、六歲的時候，就跟隨爹媽到了美國，先是讀高中，後來移居到德克薩斯州。黃婉在德克薩斯州遇到了攻讀石油勘探專業的中國留學生周濱。兩人結婚後，2000 年回到北京定居。這對小夫妻迅速在中石油系統頻頻出手，先後拿到「中石油旗下 8000 多個加油站零售終端的信息化的單子」。

節目多次提醒觀眾要記住「詹敏利」這三個字，她不但是周濱的丈母娘，更是他操控資產的主要代理人。

第二隻白手套叫吳兵。吳兵在四川非常有名氣，他主要投資房地產、高速公路和水電站項目，還在北京從事文化產業，把「非常晦澀、非常枯燥的《資本論》做成了話劇」。讓人不敢小視吳兵的主要原因是他能從國營企業「虎口奪食」，拿到開發四川大渡河水電站的項目。這個水電站每年賣電的收入是 9 個億。《周道》的主持人說：「想一想，9 個億，每天從大渡河那裡流過的水，那真的就不是水，那是錢呢！」在大渡河電站的項目中，三大股東除了吳兵的中旭投資，第二個股東四川天蘊、第三個股東四川天豐外，股東名單上依然出現了三個字：詹敏利。2013 年 8 月 1 日，在薄熙來被審判之前，中旭投資的實際控制人吳兵就在北京西客站被中紀委的人帶走，從此周濱的第二隻白手套被畫上了句號。

周濱的第三隻白手套是他在四川南充就讀西南石油大學時的同班同學米曉東。據說兩人關係很好，曾經住在同一宿舍的上下鋪。米曉東在陝西西安中石油長慶油田的總部工作時，就出面花幾千萬元，拿到一個油田開發項目的批文，然後把油田賣給了一個民營企業，「一倒手就掙了 5 個億。這真是一筆大生意。」

從 2013 年 8 月份開始，中紀委對中石油窩案和四川系列腐敗案展開調查。四川省委副書記李春城以及中石油的多名高管，包括中石油前董事長已經落馬。「財新網」在大年夜的這個特別視頻節目中稱，調查「目前還在進行過程當中，或許，真的會有『大老虎』落網。我們拭目以待。」

季建業被移送司法處理

據中央紀委網站 2014 年 1 月 30 日公布的消息稱，對南京市委原副書記、原市長季建業進行了立案檢查，開除其黨籍，並將其涉嫌犯罪問題及線索移送司法機關。季建業本人收受巨額財物；其中受賄問題已涉嫌犯罪。

南京市長季建業落馬已經有一段時間，選擇中國新年前一天移送司法機關的時機，耐人尋味。據維基百科介紹，季建業是江蘇張家港人。曾任中共崑山市委書記，後受到江澤民一手提拔出任揚州市長，而揚州正是江澤民的故鄉。

季建業於 2013 年 10 月 16 日傳出被雙規，3 天後的 19 日就正式被免職。當時，中共喉舌新華網博客分別在 18、19 日發表兩篇博文，質問南京市長季建業到底受到誰的賞識？

季建業 1957 年出生於江蘇省張家港，在江澤民的點名下，2001 年 7 月出任揚州市委副書記、代市長，2002 年 2 月成為揚州市長。2005 年，79 歲的江澤民「全退」之後第一次返鄉時，季建業就陪同在江身邊，鞍前馬後的伺候。

《臉譜》2013 年 12 月號報導稱，季建業被雙規，讓江澤民頗為震驚。此前《新紀元》詳細報導了 2013 年 10 月 15 日，中紀委突然採取行動，把季建業從南京帶回北京，並把抓捕季建業的照片釋放到網路上。中紀委突然逮捕季建業，沒有通知江蘇省委和南京市委，是不想消息外露，讓季建業方面展開「自救」。逮捕季建業的時間點選在三中全會召開之前，其實就是王岐山要向季建業的幕後大佬江澤民發出警示。

一案雙查 王岐山強調團伙性腐敗

2014 年 2 月 4 日正是大年初五，新華網首頁重點發表了《中央紀委研究室：實行「一案雙查」追責當事人倒查相關領導》，此文援引中紀委書記王岐山最近的講話稱，對發生重大腐敗案件要實行所謂的「一案雙查」，既要追究當事人責任，又要倒查追究相關領導責任，包括黨委和紀委的責任。

大陸各大門戶網站當天普遍以《中紀委：重大腐敗案要倒查追究相關領導責任》為標題轉載此文，並放在頭條板塊的顯要位置。所謂「一案雙查」，是指對發生重大腐敗案件和不正之風長期滋生蔓延的地方、部門和單位，中紀委查案時，既要追究當事人責任，又要追究相關領導責任。

王岐山除了要求一案雙查，還要求查辦團伙性窩案。《新京報》在《中紀委：一些大案要案存在多年 遲遲未發現》一文中，轉述中央紀委研究室的結論：一些被揭露查處的大案要案，實際上已經存在好多年了，卻遲遲未能發現，結果愈演愈烈、怵目驚心；有的地方長期存在團伙性的腐敗活動，涉案人數很多，活動範圍很大，也遲遲未能查處。

人們一聽就知道這是有所指的，直接針對周永康和其背後的江澤民集團。自習近平、李克強、王岐山上台後，四川、湖南、湖北、廣東官場，乃至原政治局常委周永康治下的中石油、政法系統等均有數量頗為可觀的腐敗官員被查處，被稱為窩案；此現象表徵了中共「團伙性腐敗」的猖獗，從中紀委近日的言論來看，將有更多腐敗窩案和貪腐高官浮出水面。

中共 18 大後，周永康的心腹、親信紛紛落馬。從四川省擴展到石油系統、政法系統。周永康的親信除李春城、郭永祥、李崇禧、蔣潔敏等人被公布受調查之外，「湖北政法王」吳永文、中石油副總經理李華林等與周永康關係密切的高官也傳被調查。

江澤民集團兩大巨腐窩案被鎖定

過年前，中紀委、軍隊、武警、公安等部門紛紛對習近平升級「反腐打虎」的力度和級別表示「堅決擁護」；外界普遍認為「更大的老虎」已被瞄準。此時，中移動、中石油被鎖定，突顯江澤民集團兩大貪腐「死穴」被抓牢。

2013 年 12 月 26 日，大陸傳媒「財新網」的「紀念日」開闢「中移動窩案」專欄，盤點從「2009 年底原中移動黨組書記張春江案發引爆中移動窩案，到目前已有 14 名中層以上管理人員因貪腐落馬，涉案金額巨大」。

此段最後一句強調「更多的關聯公司也被捲入漩渦」，為升級此案埋下伏筆。「財新網」此舉被分析認為，重拾江澤民家族的犯罪記錄，修復被隱去的江澤民家族的犯罪事實，收拾江澤民家族所犯罪行的時間逼近了。

江澤民當政時期坐大的中移動，作為國內電信第一大巨頭，至今壟斷地位所向無敵。中國移動是江澤民家族的「私人企業」已經不是祕密，馬力、葉兵、魯向東三案查不動、弄不清，阻力來自江澤民家族無疑。

江家的干預迫使王岐山再選突破口，先後下手「雙規」廣州移動總經理李澤欣（2013 年 4 月）、廣東移動總經理孫煉（2013 年 7 月），而後是中國移動廣東公司董事長兼總經理徐龍（2013 年 8 月）。

2013 年 12 月 27 日，大陸《新浪財經》、《中國企業家雜誌》、《中國經營報》等財經方面的媒體均轉載《華夏時報》的一篇標題為《兩壟斷央企成碩鼠最多企業 專家稱具天然腐敗性》的文章。此文強調：國企反腐史上最大的兩起腐敗窩案，莫過於中石油窩案和中國移動窩案。兩家企業被視為國內最賺錢的企業，擁有壟斷資源也最強大，是碩鼠最多的企業。

2014 年 1 月 15 日，據中紀委監察部官網消息，對中國移動廣東公司原董事長、總經理徐龍立案檢查。

在中移動窩案被查的同時，周永康石油幫的窩案也在不斷曝光，中石油多名高管被帶走調查，周永康父子雙雙被抓，而石油幫幕後真正大佬曾慶紅也被擺上了台。

法輪功問題是中南海決戰的核心

人們注意到，中共中紀委大年三十還在上班，還沒破五又急著要一案雙查，要抓窩案，要打大老虎，王岐山為何這麼著急，過年都沒有消停呢？這與蛇年末尾時老虎的「反撲」直接相關。

《新紀元》在 363 期封面故事《中南海各派決戰開始》報導中介紹了，2013 年聖誕節前周永康在公安部的最大馬仔、專職鎮壓法輪功的「610」辦公室主任李東生被抓後，江派狗急跳牆，接連使出三個毒招：一是讓奸商特務陳光標在紐約上演整容鬧劇，二是讓國際調查記者聯盟公布一個所謂的逃稅天堂離案醜聞，使中共最高的六大家族捲入其中，以此打擊習近平陣營的「反腐」，三是 1 月 24 日讓大陸絕大多數網站癱瘓近十小時，再度誣陷法輪功。

江派這三招的目的，就是對現任當權者發出警告：若再就法輪功問題清查周永康、江澤民等人的罪行，他們就不惜同歸於盡，「要死大家一起死」。

梳理江澤民和周永康、曾慶紅之間的關係發現：江澤民利用中共體制的特點，大量培養提拔腐敗的官員，為其鎮壓法輪功開路，周永康、薄熙來、李東生等都充當了迫害法輪功的急先鋒。

中共內部已經公開承認：中共迫害法輪功付出了「相當於一場戰爭」的代價。有消息說，在中共鎮壓的最高峰，一年投入到迫害中的經費是國民生產總值的四分之一。僅從經濟角度分析，當今中國經濟已經危機重重，銀行面臨破產，地方債務高達天文數字，通貨膨脹愈演愈烈等。然而所有問題都被這場對信仰團體的迫害拴住了。

1999 年，江澤民發動了鎮壓迫害法輪功的「文革」式運動。更有超過「文革」的活體摘取法輪功學員器官的滔天大罪。據海外獨立觀察人士指出，被殘忍活摘器官殺害的已有超過200萬人。

江澤民發起對法輪功持續 16 年的迫害，完全是建立在謊言和暴力之上，是以摧毀法律為代價得以實施的，這場迫害徹底顛倒了五千年中華民族的是非標準，也一步步把中共拖入解體之中，中共已經處於亡黨邊緣。由此可見，法輪功問題一天不解決，中國一天不得安寧且社會矛盾也無法融合。

王岐山強硬回應江澤民私信

2014 年 4 月，港媒消息說，對於王岐山的強硬，江系大為不滿，更因為曾慶紅、李長春均有「入案」的可能，江澤民不得不親自出馬給王岐山「剎車」。江因曾與王的岳父姚依林有不錯的交情，便給王岐山發出私人信件。

信件要點大體有三：其一，中紀委現在有「謠言反腐」的行為，「甚至根據香港一些『反動』報章『披露』的消息當線索」；其二，自由化勢力在活動，「企圖借我黨反腐『運動』，達到前蘇聯『公開性』的政治效果」；其三，一些老幹部形象受到了破壞，云云。

文章說，該信件的進一步內容還未見透露，但訊息源稱：「該信是打印件而非手寫件，但最後確實是江澤民簽的名。」王岐山依中共組織程式將該信呈交中央書記處，並在常委會上公開其要點。

對於江澤民的這封私信，王岐山表態稱，反腐與當年蘇共的「公開性」扯不上關係。王岐山早就提出一套反腐之說，似乎表明他對來自江系勢力的指責早有防策。

王岐山敢重手打江的三大原因

王岐山就這樣強硬地回絕了江澤民的求情和干擾。2014 年 5 月 6 日，港媒《東方日報》分析了王岐山敢對江澤民強硬的三大原因。

首先，王岐山是中共大佬姚依林的女婿，屬於太子黨的一員，在江派退休常委周永康等人面前，顯得後台很硬。其次，王岐山無兒無女，不用貪污受賄留後路，不怕被人打擊報復，故其反腐無後顧之憂。最重要的是江派對王岐山反腐雖極為不滿，但害怕背負「反黨」罪名。故王岐山反腐，中共黨內無人敢公開反對。

不過，正因為王岐山敢於動江澤民，王岐山和掌控下的中紀委巡視組，也經常在各地巡視查貪時遭到打擊報復甚至偷襲。

中共內控資料顯示，2013 年 9 月至 2014 年 3 月底，已有近

60 名中紀委、地方省紀委一線人員被暗殺或失蹤，30 多名檢察官員被暗殺或失蹤。而王岐山自上任以來也先後 4 次遭到暗殺。在 2014 年中國新年前夕，王岐山、趙洪祝（中紀委副書記、中央書記處書記）等人還同時收到一封賀卡，卡內有一包劇毒「山埃」（氰化鉀）。中南海方面即展開追查，賀年卡是從石家莊火車站郵局寄出，但最後線索又被擱置。

第二節

打大老虎「慢慢懂」被刪內幕

　　2014 年，就在習近平宣布要大力興辦新型媒體一周後的 8 月 25 日，王岐山出席政協常委會，高調談論要做好「媒體監督」，並把百姓的輿論監督當成「正能量」加以肯定。不過事後又有人對王岐山的講話進行否認，讓人感到這裡面的水很深。

　　據中共官媒報導，2014 年 8 月 25 日下午，中共中央政治局常委、政協主席俞正聲在北京主持召開了中共政協 12 屆全國委員會常務委員會第 7 次會議，主要議題是落實「習八條」，中共中央政治局常委、中紀委書記王岐山罕見出席會議並發言。

　　親習近平陣營媒體「財新網」以標題《王岐山：發揮媒體監督正能量釋放執紀必嚴信號》報導。據報導，王岐山發言中稱，「作風問題關乎人心向背、關乎黨的生死存亡」；中紀委和各級紀檢監察機關強化執紀監督；發揮群眾和媒體監督，持續釋放執紀必嚴的信號。

「財新網」隨後發表署名吳鵬的博客文章評論說，中紀委書記到政協的常委會做報告，似乎是歷史上的第一次。這說明一方面政協正在非常關注當前的反腐敗政策；另一方面，反腐敗也需要得到政協的大力支持。

港媒出現兩個相反報導

新華網博客中一度出現有關王岐山講話具體內容的文章，後來被刪除。

據香港《明報》報導，中紀委書記王岐山25日下午在北京與近300名中共政協常委會晤時，作了長約70分鐘脫稿講話。消息人士透露，當被問到打完周永康這隻「大老虎」後，還有沒有更大的老虎時，王岐山笑而不答，再被問到是不是「你懂的」時，他笑說：「以後你就慢慢懂。」

據消息人士透露，王岐山前日下午約3時到會後，經過幾分鐘的介紹後，便脫稿講話，他滔滔不絕地講到4時10分左右，然後又用40分鐘回答與會政協常委共8條問題。

除被問到「打老虎」外，會上亦有常委問到，會否不追究18大以前的貪污行為呢？王岐山堅定回應「不行」，稱須一視同仁，貪污就是貪污，一定要徹查。他又說「現在人人都有手機」，而貪官最怕曝光，要發揮群眾和媒體監督的正能量。

據悉，王岐山在會上嚴辭批評社會上的送禮等不正之風，他表示現在送月餅、果籃之中藏有蘋果手機、名貴紅酒等，實在「太離譜」。他稱，中共擁有8600萬黨員，除了自己垮台外，沒有人能打倒。

　　不過，同一天 27 日香港「鳳凰網」採訪了當時參加會議的中共政協常委、復旦大學教授葛劍雄。葛劍雄說，王岐山未說「更大老虎『以後你就慢慢懂』」的話。葛表示：「沒有這個事。雖然常委會不是公開報導的會議，王岐山講了的內容如果沒有授權我們也不能講，但是我可以跟你說，這個事情是沒有的，也沒有人這麼問過。」

　　對於《明報》報導的 18 大前的貪腐會否不再追究，王回應「須一視同仁，一定要徹查」這段，葛劍雄也表示：「這個也沒有人問過。」

　　那到底會上有無這些問答呢？很多人很困惑。

官方試水溫 媒體鬧「精神病」

　　2014 年 8 月 27 日，《人民日報》旗下微信公號「俠客島」發表《王岐山的政協內部報告，透露了哪些新動向？》，文章稱，葛劍雄是 8 個提問常委中第一個提問的，他問王岐山有關反腐敗治標和治本的時間表。王岐山回答說：在每天公布案件、打蒼蠅老虎治標的同時，治本實際上已在推進。除了中央 8 項規定的執行之外，比如公務員薪酬、報帳制度也都在抓緊修改。

　　這位「俠客島」的爆料，不但證實了《明報》的報導是真實的，真的有人提了那樣的問題，王岐山也真的是那樣回答的。人們不禁要問，那葛劍雄為何要否定呢？

　　葛劍雄是中國著名的歷史地理學者，1945 年出生在浙江，曾任復旦大學中國歷史地理研究所所長，現任復旦大學圖書館館長，是歷史地理、中國史、人口史、移民史等方面研究的專家。

《新紀元》分析，他是接受了上面的命令而出來否認的。

也有人回顧說，由於派系分裂或平衡左右等關係，官方媒體出現這種互相矛盾或先後矛盾的事經常發生，《新紀元》此前就報導過，在劉雲山的控制下，中共媒體經常出現「精神病」症狀，對同一事件的說法都是互相矛盾、不統一的。就拿 2014 年 8 月下旬來說吧：8 月 25 日，中共國家航天局宣布，一顆高解析度衛星發現了跨越北方兩個省份的一片巨大的大麻種植地。官媒中新社也證實說，「在吉林和內蒙古，發現了建國以來歷史上最大的大麻種植區。」但第二天，《京華時報》引述公安部官員的話對此加以否認，而且把報導衛星發現大麻種植區的原始文章從國家航天局網站上刪除。

王岐山：發揮媒體監督正能量

新唐人在《王岐山「慢慢懂」遭刪百姓懂了》一文中，列舉了幾位學者的看法。

上海媒體人陳明慧表示，王岐山講的話，跟周永康落馬當天，習近平說的那句「周永康落馬不是反腐句號」遙相呼應。她說：「這句話在網上也是新華社發出來的，在各大主流網站上都能看得到，也是大概只存活幾個小時，可能不超過 3、4 個小時被刪掉了。他們都是『正國級』的領導說的話都被刪掉？為什麼呢？很顯然，能有資格刪的，也是跟他們一個級別的。」

陳明慧分析，很顯然，是主管文宣系統的劉雲山勢力刪除的這些消息，說明習李政權和江派的鬥爭已經到了兵戎相見的地步了。

　　旅澳原大陸史學教授李元華分析，習、李作為中共最高集權者，他們說的話被刪或篡改，有兩種情況，「一個是中共在做某種舉動的時候，它要故意放一些言論，它要看一看外界對這個反映，它馬上又刪除了。但是最有可能的話，還是劉雲山。劉雲山一直在宣傳口並沒有服從習近平的指揮，一直在跟習近平掣肘，或跟他唱對台戲。」

　　李元華還說：「像劉雲山他一直把持著宣傳口和習近平作對，應該說他是現在江派在七常委裡邊最賣力的一個代言人。他也是一個大貪官，所以他對習近平的反腐一直是持反對態度或者抵制，或者一直在掣肘。習近平要想中共極權政權裡面確立自己的絕對的地位，他一定要打下那些不服從自己的人。」

　　李元華分析說，現任常委裡面劉雲山和前常委曾慶紅，以及江澤民，最有可能是習李政權以反腐名義，步步緊逼要拿下的大老虎。香港資深評論員林保華也撰文表示，中共「紅二代」基本已達成共識，會支持犧牲江澤民來成全習近平。

　　據說王岐山這次政協講話中說，要發揮群眾和媒體監督的正能量，持續釋放執紀必嚴的信號。

　　於是俠客島評論說，王岐山的這番話，把群眾和媒體監督看成是一種正能量。一直以來很多中共官員認為，只有歌頌正面的東西才是正能量，媒體上不能有任何負面的新聞和報導，總覺得監督就是找麻煩，就是作對，不是一種正能量。「而實際上，『扶正祛邪』是統一的，如果不祛邪，就不可能扶正。如果不對腐敗的、醜惡的現象予以監督和批評，就不可能讓正面的東西和正義得到伸張。」

　　俠客島還評論說，王岐山的講話表明，反腐敗不僅是一場持久戰，更是一場「零容忍」鬥爭。此前，關於反腐敗的「終結論、上限論、收手論」等一度出現，一些人認為可能要鬆口氣了，要轉向了。此次，王岐山再度提出要「持續釋放執紀必嚴的信號」，表明反腐敗是一場持久戰。

貪官：寧遇閻王，莫遇老王

《人民日報》的微信用戶「俠客島」在解讀王岐山講話時，還引金庸《書劍恩仇錄》的話稱，清乾隆年間，有兩不世出的高手，河朔鏢客王維揚和武當劍客張召重，江湖謂之「寧遇閻王，莫遇老王；寧挨一槍，莫遇老張」。「時至今日，當局掀起反腐敗大潮。據說，一些身負案底的官員，對上述民諺中的前半句，甚是『心有戚戚焉』」。

「寧遇閻王，莫遇老王」。今天的老王，是指中共中央政治局常委、中紀委書記王岐山。

又據說，不想遇見老王，也害怕老王「隱身」，因為老王一旦淡出公眾視野，多半是在安排處理一件大案子，比如前不久，老王「隱身」多日，料有大事發生，果然不久後，「大老虎」周永康就突現眼前了。

王岐山自 2014 年 5 月 19 日至 6 月 22 日之間一個多月沒有露面。期間，6 月 14 日，中共 18 大以來首個「副國級」江派高官、政協副主席蘇榮被查。6 月 25 日，蘇榮被免去政協副主席職務。王岐山露面後一周，6 月 30 日，江澤民在軍中的心腹、前軍委副主席徐才厚被開除黨籍、移送軍事檢查機關。

7 月 29 日，中共前常委、政法委書記周永康被立案審查。當天和次日，王岐山派親信領巡視組分別進駐中共前黨魁江澤民的老家江蘇和老巢上海以及江澤民父子發跡的一汽、中科院等地。8 月 26 日，中紀委官網消息證實，一汽集團 2 名高管被立案偵查。反常的是，目前第 13 巡視組還正在對一汽集團進行專項巡視。根據過去慣例，巡視組巡視期間往往按兵不動，對於問題官員，都是在工作結束離開並反饋後，才立案調查。這次巡視組在駐點期間就查辦一汽高管，開了首例。

反腐逼近終極老虎江澤民

此前《新紀元》率先報導了 2014 年 6 月 30 日徐才厚落馬，江澤民非常震驚。7 月 2 日，江坐專列到北京，要面見習近平，但遭習拒絕。7 月 12 日，江澤民集團第二號人物、前中共國家副主席曾慶紅傳已被抓，正被關在天津。據悉，江澤民也四處遊說軍隊前高級軍頭、黨政元老們，希望能聯書簽名阻止習近平調查曾慶紅，並稱：「在我有生之年，不要查他，我死了之後，你們怎麼查都可以。」同樣遭到拒絕。

7 月 29 日，江澤民鐵桿心腹、中共前政法委書記周永康被立案審查。「人民網」隨即刊發評論文章《打掉「大老虎」周永康，不是反腐句號》。8 月 4 日，中共地方黨媒《長白山日報》引述習近平講話：「與腐敗作鬥爭，個人生死，個人毀譽，無所謂」。8 月 5 日，官媒「人民論壇」報導「要防止大老虎們聯手反撲」，稱「大老虎」們絕不會坐以待斃，為保護既得利益，必然負隅頑抗，甚至聯手反撲。8 月 25 日，中共官媒新華網、人民網等高調轉載《新京報》報導《反腐面臨反撲？十餘省份表態保持高壓》，稱「打虎」不會停，「越是腐敗多發高發，反腐越應保持高壓態勢。」

　　從官方媒體的報導，再結合王岐山的政協講話，不難看出，隨著打老虎的深入，江派終極老虎江澤民岌岌可危也。

第三節

步步驚心 王岐山大鬥江澤民

自 2012 年至今，王岐山在查辦江澤民
親信的多個大案中，與江澤民直接交
手。目前，習近平和王岐山反腐之火
已經逼近曾慶紅和江澤民。「打虎」
路程步步驚心。（Getty Images）

自中共 18 大以來，習近平、王岐山反腐「打虎」已拿下百多名省部級以上高官，其中大多數是江澤民集團的心腹人馬，包括前政治局常委周永康、政協副主席蘇榮和前軍委副主席徐才厚、郭伯雄等人，這些人的落馬直接牽扯到當年大力提拔他們上位的江澤民、曾慶紅等人。

I. 王岐山交手江澤民 猛攻周永康

李春城落馬 江澤民坐不住

18 大之後，2012 年 12 月 3 日，四川省委常委會內部通報了李春城接受調查的消息。當年的 12 月 13 日，中共公布了中央候補委員、四川省委副書記李春城被免職接受調查的消息。據悉，李春城貪污賄賂贓款高達十億，涉買官賣官、貪腐受賄、以權謀私等問題。李春城是周永康的馬仔，在四川經營超過十年，其涉及的多起腐敗案，同周永康家族利益密切相關。從李春城倒台開始，清算江澤民重要心腹周永康的大幕拉開。

報導稱，2013 年 1 月 22 日，習近平在中共中紀委第二次會議上發表「要堅持『老虎』和『蒼蠅』一起打」的反腐講話後，王岐山列出四個大案上報中央，這四個大案涉及的是薄熙來、周永康、徐才厚和令計劃。

據稱，江澤民得悉後，在一次會面中對著王破口大罵：「搞什麼名堂？黨的形象還要不要？是不是要把我們幾屆中央的矛盾讓全世界知道？」

與江澤民關係密切的一些海外網站則稱：「王和習兩人回去商量之後，非常意外的，『打虎計畫』擱淺。」

但是，從以後的發展來看，江澤民並沒有如願。

港媒稱，其實王不想打無把握之戰，不想走中共解決難題的「群眾運動」式老路，根本沒有真正「出手」，一切尚在祕密布局中。李春城貪跡三年前已敗露，賀國強布署的艱難偵查 18 大後始獲突破。

王岐山執掌中紀委之後，進行了大的調整，將多個機構合併，而監察綜合室也被撤銷，併入中紀委辦公廳。王岐山還將負責辦案的紀檢監察室由 8 個擴充到 12 個，準備重拳「打虎」。

王岐山負面消息出現 鬥爭升級

似乎為配合江澤民的行動，2013 年 2 月多個海外中文媒體幾乎同步曝光出「王岐山在美擁有兩豪宅」的消息，稱王岐山在美國矽谷地區擁有兩幢豪宅總值 420 萬美金。眾港媒爭相轉載時多加了條帶問號的標題「打鐵自身硬」？

之後港媒報導稱，真相很快大白，屋主是王妻姚明珊的妹妹姚明瑞夫婦約 20 年前購入，時值不足現在的三分之一，且王岐山不僅無份，更完全無證據證明知情。

據說，王岐山對此傳聞沒有回應一個字。

2013 年 1 月中紀委 18 大後第一次全會，王岐山稱，反貪是一場必須進行的嚴峻「鬥爭」。到了 2013 年 3 月的「兩會」上，「鬥爭」升級成「戰爭」，而且還是一場「要有了足夠思想準備的持久戰」，以及一定要除敵務盡的「殲滅戰」。

此後 6 月 23 日，四川省委副書記、省人大副主任郭永祥落馬。郭永祥也是周永康的心腹、前祕書。接著是 8 月 2 日，周永康家族的「白手套」——川商吳兵聽到風聲，企圖逃離北京時，在北京西站被抓。8 月份，石油幫四大高管也被一窩端掉。

當年 9 月 1 日，時任國資委主任蔣潔敏被宣布接受調查。當年 10 月的報導稱，蔣潔敏被查處後，就像全部擰開的水龍頭一樣，把知道的那點事和人全供出來了。知情者說，蔣潔敏落馬一個重要原因，與他向周永康家族輸送巨額利益有關。蔣潔敏只是個小嘍囉，他背後的大小老虎們正在若隱若現。這其中就包括前政法委書記周永康和前政治局常委、中共國家副主席曾慶紅。

王岐山剝奪常委們的「免死金牌」

2013 年的 10 月，據路透社報導，65 歲的王岐山現任中共中央政治局常委和中紀委書記，表面看在政治局常委排名第六，但布魯金斯研究所研究員、研究中國政治的專家李成稱：「王岐山的權力其實遠不止如此，可以說，王岐山的權力僅排在習近平之後。」

報導說，據直接了解情況的一名消息人士稱，取消「刑不上常委」的不成文規定是由王岐山提出的。2013 年早些時候中共政治局常委會通過了這項重大提議。

此前港媒曾經發表文章稱，政治局常委們的「免死金牌」被剝奪，但是當時的消息指李克強參與提出這個議案。

周永康被抓　習提議表彰中紀委

2013 年 12 月 1 日，周永康被抓的消息被以「出口轉內銷」的方式公開出來。

12 月 20 日，前公安部副部長李東生被調查，5 天後迅即被免職，李東生被視為周永康的重要親信。

2013 年，習、王高調反腐，中紀委查處了 31 名中管幹部，僅 2013 年 12 月，就有 4 名省部級官員被調查或被處理。

中央紀委副書記、監察部部長黃樹賢通報稱，對涉嫌違法的中管幹部已結案處理和正在立案檢查的有 31 人，並點了蔣潔敏、李東生、李崇禧、李春城、郭永祥、季建業、廖少華、陳柏槐、郭有明、陳安眾、楊剛、王永春、許杰、戴春寧 14 名涉案人員的名。

這些被查處的中共高官大多數是江澤民派系嫡系人馬：李春城、吳永文、郭永祥、蔣潔敏、王永春等是前政法委書記周永康的鐵桿，有幾個甚至曾是他的心腹和祕書。劉鐵男、季建業等則號稱是前中共黨魁江澤民的「財務大管家」。

據港媒披露，當年底，習近平主持 2013 年度最後一次政治局會議，提議以政治局的名義表彰中紀委的工作，其實是向王岐山致敬。當天晚上，習近平率中南海高層到國家大劇院觀看 2014 年新年戲曲晚會，新聞聯播畫面所見，王岐山似乎心情大好。

2013 年最大的看點就是，當年王岐山提出要查辦的四個大案中，薄熙來案落地，濟南中院於 2013 年 8 月 22 日至 26 日公開庭審薄案；9 月 22 日，薄熙來一審被判無期徒刑。當時分析指，習近平陣營向薄黨及江澤民勢力展示了強硬的態度。

海外親江派媒體：「王岐山是江的人」

自 2012 年王立軍闖入成都美領館後，習近平對薄熙來下台、處理周永康等問題上都支持胡、溫，此舉讓江系大跌眼鏡，處於洩憤狀態，江系通過部分海外中文媒體辱罵習近平，並拉攏王岐山。

對於王岐山，海外親江派媒體曾放風稱王岐山是江澤民的人。在明知中共「17 大」已經形成習、李體制的情況下，有些媒體仍在 2012 年初放風說，18 大前王岐山在同李克強展開的總理爭奪戰中，可以說是已經勢均力敵。原因是江澤民 2012 年初曾經致信給當時的政治局九常委，提出以「習王體制」取代原先所說的「習李體制」。

報導還繪聲繪色描述了一段「王岐山與江澤民在一起的場景」。報導說，後來當江澤民病倒之後，王岐山幾次派祕書前去慰問，還曾親自探視。據說，王岐山在病房探視江澤民時，江澤民十分虛弱，幾乎無力講話，但還是伸出手，與王岐山握了很久……在場人士說，兩人長久握手的那一刻，雖然沒有任何語言交流，但四目對視，一切盡在不言中。從此，王岐山便已經成為百分之百的江系人馬了。

而就是這個被親江海外媒體稱為「江系人馬」的王岐山，在2013 年底之前，就抓捕了周永康和他一幫馬仔。

王岐山拒絕江澤民建議

2014 年 4 月，港媒報導江澤民建議將現任中紀委副書記全部升格為副國級，以示中共「對反腐敗的重視並推進紀檢監察決策的民主化」。

報導稱，王岐山作為原中紀委書記吳官正、賀國強等爛攤子的接手人，強硬表態不同意中紀委副書記升格如人大、政協副職一樣全為副國級，仍只由常務副書記一人在副國級之列。在副書記的人選上盡量從地方與系統外調入，而減少從監察部及中紀委內部直提的比例。

文章稱，在北京官場尤其紀檢圈子裡面流傳著「干于理論」。前中紀委副書記干以勝與其當時的下屬于春生兩人主張「不是腐敗越反越多，而是舊案發現很多」。這個理論始於 2008 年 12 月26 日的中紀委新聞發布會。干以勝說：「落馬的腐敗分子與全部官員之比不到萬分之一，所以，中國腐敗很輕，幾乎為零。」

據稱，這種詭辯得到已退休的吳官正等人的歡迎，也讓時任書記賀國強「心裡舒坦」，更讓開創「以腐敗換團結」政治模式的江澤民歡喜。但是，「干于理論」引發了網路輿論的巨大不滿，導致干以勝以副國級待遇卸任未得批准，而于春生至今亦未進入中紀委常委。

2014 年 3 月 26 日，中共官媒《廣西日報》在頭版發布消息稱，中共原監察部副部長于春生「被空降」任廣西自治區常委和紀委書記。

清理軍隊　搶奪槍桿子

步入 2014 年後，習、王反腐進入中共軍方。

2014 年 1 月 20 日，海外出現了一封名為《就谷俊山案無法深入致全軍指戰員的公開信》，透露了一些習近平軍中反腐的細節：「總後原副部長谷俊山巨大貪腐案曝光兩年一直無法深入，其根源在於深涉谷案的原中央軍委副主席徐才厚和郭伯雄，頑強抵制習近平。」「在近兩年時間內，習近平先後指示和批示 12 次，要求嚴屬查處谷案，但徐、郭頂著不辦，極力包庇谷俊山。」

信中非但將徐才厚和郭伯雄捆綁在一起說事，同時稱連這屆軍委都有問題，「『東北虎』和『西北狼』在軍中各霸占半壁江山的宗派山頭局面並沒有改變。」信中還說，18 大之後，軍隊在用人問題上依然延續郭、徐時期的宗派主義行為，全軍對此意見非常大，都說：「這屆軍委班子就是郭、徐配的，他們一上來就這樣搞，將來會比郭、徐還要壞。」

過了近 3 個月左右，在 2014 年 4 月 15 日，《鳳凰周刊》2014 年第 11 期刊發封面文章《谷俊山案大起底》，證實海外的這封公開信部分內容來自中共的軍委報告。

2014 年 1 月 20 日徐才厚和郭伯雄的貪腐曝光材料出現；3 月 15 日徐才厚被內部正式調查；4 月中，半官方文章又從側面證實了曝光材料的真實性。

2014 年 11 月《鳳凰周刊》在第 32 期的封面故事《國賊徐才厚查抄內幕》一文中提到了一名「老領導」。據稱，當年徐才厚被宣布落馬之前，在新年前曾前往海南三亞求助「老領導」。徐從三亞回北京後，到處放風，跟人說他沒任何問題了，「老領導」都給他打了包票。

此處的「老領導」，文章並沒有明確提及是誰，但是一般猜測是已退休的中共前黨魁江澤民。

江澤民已不止一次對當局的反腐表示「擔憂」，早在 2014 年中共兩會前，海外媒體稱，江澤民向習近平表示，反腐步伐不能太快等。2013 年 4 月 1 日，英國《金融時報》報導稱，江澤民向習近平施壓，要求中共現當局「收控、放慢」反腐敗運動。

有報導稱，在 2013 年抓徐才厚之前，江澤民也曾經南下遊說各路軍頭保徐，但是未能成功。在徐才厚被公告落馬後，據稱江澤民馬上趕回北京求見習近平，遭拒。2013 年 6 月 30 日中共當局正式宣告徐才厚落馬。

接著，2014 年 7 月 29 日下午 17 點 59 分，中共官媒證實，中共中央決定由中紀委對周永康進行立案審查。

到了 2014 年 12 月 6 日凌晨，當局再投「重磅炸彈」，發布公告稱，12 月 5 日中央政治局會議審議並通過中紀委《關於周永康嚴重違紀案的審查報告》，並通報周永康的六宗重罪。12 月 6 日，周被「立案偵查並予以逮捕」。

同月 12 月 22 日，中共官方宣布令計劃接受調查，成為年末的重量級新聞。至此，一直被外界稱為「新四人幫」的薄熙來、周永康、徐才厚和令計劃全部歸案。

2 「新四人幫」落馬　反腐直逼曾、江

江澤民意欲「東山再起」受挫

2015 年 1 月 3 日，江澤民一家三代遊海南東山嶺。當時，大陸的四大門戶網站和微博等社交媒體在轉載這條消息後，又全部刪除，引發國內和海外的廣泛關注。

當時有多家海外媒體分析認為，江澤民意在「東山再起」。但該消息當天被大陸媒體全面封殺；3 天後，江澤民長子江綿恆被免去中國科學院上海分院院長職務。

隨後的 1 月 11 日，官方正式發布習近平有關「打虎不定指標、上不封頂」講話。官媒評論說，「不定指標、上不封頂」是一種信號，對那些有非分之想的人，特別是正在醞釀重出江湖的蠢蠢欲動的「老虎」、「蒼蠅」，將形成強大震懾。

2015 年 2 月 17 日中國新年前夕，曾公開揭露江澤民「二奸二假」的呂加平獲保外出獄。有消息指，呂加平出獄是因為習近平特批。呂的兒子于浩宸向外界證實，呂加平曾給習近平遞交過特赦報告。于浩宸還向媒體表示，呂加平現在被釋放是因政治背景有了轉變，與江澤民失勢有直接關係。還有港媒稱，此前呂加平想出獄都受到了江澤民的阻撓，但是這次成功。

港媒評論稱，「打假英雄」呂加平被釋放，江澤民「罩門」被扣。

曾慶紅要求王岐山到點就走人

港媒的消息稱，曾慶紅近兩年來向中共中央政治局發出四封信函，核心內容有三個：一、必須維護「江核心」的定位；二、凡是過去的決議不能改變、推倒；三、不能以今天政策、規則來對照以往的問題和事件。

港媒對此的評論稱，第一條是加固「保護傘」，第三條是建造「防火牆」，而第二條則顯然有兩個標靶：一是為周永康續命，即「刑不上常委」決議不可廢；二是要王岐山幹完本屆後就走人。

按中共官場前些年的規定，政治局常委有「七上八下」的規則，即68歲及以上年齡者，在換屆時候不得擔任或者連任常委。生於1948年的王岐山，將滿67歲，換屆時已69歲。

報導援引消息人士分析稱，「七上八下」規則的性質與「常委不得立案調查」一樣，僅屬某次政治局常委會議決議。如今中共常委的「免死金牌」已被廢除，這個「七上八下意在套在政敵頭上的緊箍咒他不敢廢」？

王岐山錄音被捅到海外

2015年2月9日香港《明報》報導稱，2月7日上午，王岐山出席中共紀檢監察系統「老幹部新春團拜會」，做了15分鐘即興演講。

錄音顯示，王岐山在其中提到多個問題，包括反腐僵持、退休等敏感內容。在談到反腐局勢的時候，王岐山重申習近平對反腐現狀的概括為，「兩軍對壘，呈膠著狀態」。

王岐山還稱：「今天的你們就是明天的我，我這個歲數也很快到老幹部的隊伍了，如果不是因為職務的原因，我現在就應該在你們其中，如果我是局長的話，我應該退休很多年了，如果我是副部長、部長的話，我也應該退休了。」

2月10日，有海外中文媒體發表了這段將近15分鐘的錄音。

自內部講話的錄音被捅到海外後，王岐山似乎變得有些敏感。3月4日中共兩會期間，王岐山與中共政協民建、無黨派委員座談。當日下午，據網上公開的《東方眼》當日節目視頻顯示，王岐山與崔永元在兩會現場對話時，王岐山對崔說：「今天你不是把擴音器打開了嗎？你還拿著自拍這個，《東方眼》嚇人哪，你到時候把我這個講話（全捅）出去了，出去了就是你（播出去的）。」崔永元說：「不會的。」王岐山最後說：「認準了……」

究竟誰把王岐山的錄音捅到海外？目的是什麼？到現在還是一個謎。但是從中紀委之後的動作，或可一窺端倪。

中紀委拋出「慶親王」 直指曾慶紅

中共紀委監察部網站在 2 月 25 日發表了一篇名為《大清「裸官」慶親王的作風問題》的文章，引發外界猜測。絕大部分猜測都指向了廣傳將被抓的前中共副主席曾慶紅。

2 月 25 日，中紀委文章稱，清末皇族大臣「慶親王」奕劻，曾先後負責外事、海軍、財政等重要部門，官至首席軍機大臣、內閣總理大臣。奕劻的工作能力很差，名聲也不太好（吃喝玩樂太多），但官運卻好得出奇，原因就在於他通過將麻將引進宮中，「還不時讓他的一個小老婆進宮」陪慈禧玩樂，從而不斷得到提拔重用，被慈禧視為「貼心人」。

文章還稱，沒啥本事的「慶親王」在理財方面卻是出類拔萃。其財源廣進的方式是賣官鬻爵，通常是「明碼標價，一手交錢一手交貨」。其銀行存款高達 712.5 萬英鎊，而且全部存在英資匯豐銀行。

這篇借古諷今的文章立即引發外界廣泛關注，紛紛對號入座，猜測當代的「慶親王」就是曾慶紅。巧的是，曾慶紅名字裡也有一個「慶」字。「自由亞洲電台」高新的評論稱，此文暗示中共政權裡下一個被摘掉「鐵帽子」的可能會是「慶親王」。

文章還稱，曾慶紅對麻將的酷愛，中南（海）裡盡人皆知。

對於「慶親王格外青睞外資銀行」的表述，高新對比稱，數年前曾慶紅的兒子、澳大利亞籍華人曾偉在澳洲花 3240 萬澳幣購買超級豪宅，並提出再花 500 萬澳幣翻新豪宅被當地政府拒絕事件，就已經轟動整個澳洲。

獨立觀察人士鄭經緯說，如果用慈禧來比喻戀權亂政的江澤民，那麼曾慶紅就是最契合的「對應」。二者無論權貴家庭出身、上位經歷、裸官身分以及斂財途徑，都極為相似。

3 月 1 日，政協舉行首場記者會，2013 年以「你懂的」三字回應周永康事件的政協發言人呂新華，在記者會共回答了 16 名中外記者的問題。被問到外傳中共近期是否會有「更大的老虎」落網時，呂先稱「猜測沒有意義」，繼而指「如果有更大的老虎，一定要挖出來」。他強調反腐「絕不封頂設限，沒有不受查處的鐵帽子王」。「鐵帽子王」首度在這種場合被引用，引輿論熱議，有人驚讚「太有針對性了」，「簡直跟指名道姓差不多了」！

王岐山親信抓了戴海波

上海市紀委 3 月 17 日宣布，上海市政府副祕書長、前上海自貿區副主任戴海波正接受調查。

2015 年 3 月 8 日，王岐山參加兩會海南代表團的審議時說出「利劍高懸、震懾常在」八個字。3 月 10 日，上海市召開 2015 年第一批巡視工作動員布署會，上海紀委書記侯凱與會。侯凱在會上重複了王岐山在兩會說過的話，稱「必須利劍高懸、震懾常在」。之前，侯凱曾說過「上海不是世外桃源，不可能置身事外」等話。

　　侯凱曾在審計署工作，2012 年成為中紀委常委。2013 年 11 月「空降」上海，任上海市委委員、常委和上海市紀委書記。多家海外中文媒體稱侯凱是王岐山的親信。

　　2014 年 9 月，戴海波被免去上海自貿區管委會常務副主任、黨組書記職務，但他的市政府副祕書長之職被保留。

　　戴海波的上海自由貿易區管委會常務副主任職務被免，外界認為這與當時王岐山祕密入滬有關。

抓捕「江綿恆的馬仔」江正在上海

　　「他曾在上海，而他，現正在上海。」2015 年 3 月 18 日，香港《文匯報》北京新聞中心執行總編輯凱雷，在個人認證的微博透露前中共國家領導人行蹤：「蘋果報大幅報導江總兩會期間到海南島養病云云，我和記者大會期間碰到接近江的權威人士詢問。這位非常熟悉江總情況的人士說，『……他（江總）在上海』。」

　　上海維權律師鄭恩寵接受《大紀元》採訪時表示，戴海波曾做過南匯區的區長、區委書記。南匯區後來合併到浦東新區，他後來做了浦東新區的副主任，並得到重用。戴海波有一個職務不太被外界注意，他當上了上海市經濟信息化委員會主任，相當於中共國務院的工業信息化部（工信部）這樣的政府組織，不是企業。

　　鄭恩寵稱，浦東新區有三個要害區：外高橋保稅區、張江高科技區及陸家嘴金融區。在張江高科技區，戴海波做了五個企業的法人代表，其中三個法人代表是搞通信產業的，其中一個企業明確說是信息安全產業——上海八六三信息安全產業基地有限公司的法人代表。

外界一直稱江綿恆是中國的「電信大王」，其通信業仕途發家於上海。

鄭恩寵稱，戴海波管理的領域跟江綿恆的高度重疊，以及他高升上海工信部主任，都說明戴海波這個人和江綿恆的關係是不一般的。戴海波倒台，離查清江綿恆「只有幾公里」。

香港《太陽報》發表評論文章稱，戴海波被指與江澤民兒子江綿恆、江綿康關係非常密切。戴海波被查或將引爆上海官場大地震，或有更大「老虎」被抓。

郭文貴挑戰胡舒立背後　曾叫陣王

2015 年 3 月 24 日，騰訊財經《稜鏡》刊發文章《郭文貴與他的神祕盤古會》；3 月 25 日，胡舒立執掌的財新網發布特稿《郭文貴圍獵高官記：從結盟到反目》；3 月 26 日，財經網又發表《起底郭文貴》。

郭文貴是擁有政泉控股的大陸富商。

3 月 29 日，身在美國的郭文貴通過政泉控股官網發表公開信，公開否認財新等媒體對其的有關報導，指胡舒立「以權謀私」、「惡意操縱虛假輿論」，公開信中還爆料胡的「個人私生活」及與其的「私人恩怨」等，稱其手上掌握胡舒立的諸多猛料，並稱要與胡舒立當面公開對質等。

3 月 30 日，財新網發表聲明稱，郭文貴通過媒體和互聯網「故意捏造並散布虛構的事實」，並稱已經報警。郭文貴則通過香港《商報》回應胡舒立稱，可在任何時間任何地點公開對質。

財新等陸媒的報導重點在於曝光郭文貴與中共前國安部副部

長馬建的勾結內幕，其中包括利用偷錄的淫亂視頻扳倒時任北京副市長劉志華的事件，有港媒稱這涉及江派大佬曾慶紅。

馬建已在 2015 年 1 月 16 日落馬。報導稱，馬建的靠山是比周永康更有來頭的曾慶紅，因此馬建被抓後，外界大為震驚。報導還稱，馬建夫婦與曾慶紅的江西老表關係拉近了兩人的距離，曾慶紅培植馬建，是因為兩人的江西同鄉關係起了關鍵性作用。有了曾慶紅這個靠山，馬建成了曾慶紅經營的「江西幫」的一大主要人物。

經過幾次來回之後，胡舒立和郭文貴兩人之間的對壘驟然升級，郭文貴開始接受海外各大媒體採訪。郭文貴在接受採訪中自稱不認識曾慶紅，但很「佩服」王岐山。

2015 年 4 月 2 日，郭文貴在接受美國之音採訪時稱，他和 2008 年被判死緩的劉志華只有過一面之緣；而且是在時任北京市市長王岐山的授意下找到副市長劉志華；在 2008 年北京奧運會期間，他和王岐山「關係很好」。

對於郭文貴對媒體大講其與王岐山「關係很好」，時事評論員李林一認為，這是郭文貴對王岐山的一種政治「暗算」。郭文貴現在作為一個犯罪嫌疑人，卻大曝特曝其與王岐山的「密切」關係，其用心可見一斑。

財新網對郭文貴的報導中也稱：「郭文貴外表隨和，總是笑臉迎人，但長於權術，城府較深，待人貌似很好，乍見之下往往給人留下好印象，下手卻黑。」

中紀委第六監察室主任蹊蹺換人

海外中文媒體報導，中紀委第六監察室的官員孟會青捲入了郭文貴、馬建政商勾結攫取利益的黑幕中。目前，海外傳出孟會青已經被雙規的消息，不過尚未有官方證實。據報，郭文貴早年的合作夥伴曲龍，在 2011 年遭到多輛車圍捕，多名大漢砸開其車窗將其帶走。當時是國安公安兩家在搶人，由馬建（原國安部副部長）、張越（河北政法委書記，原北京市公安局副局長），還有中紀委六室綜合處長孟會青共同策劃。

據悉，孟會青擁有盤古大觀公寓一套，是郭文貴送給孟會青作為獎勵其在「收購」民族證券中，為郭文貴立下「汗馬之功」的答謝。這些內容目前在百度網可以看到很多相關報導，幾乎等同在大陸公開。

港媒報導稱孟會青實際上是郭文貴的「下屬」。在收購民族證券的過程中，孟會青利用其特殊的工作優勢，將北京首都機場集團總經理張志忠以最快的速度「雙規」，為郭文貴的政泉控股入主民族證券掃除障礙。在這場爭奪民族證券的事件中，孟會青負責搞定首都機場；張越拿下石家莊商業銀行；馬建逼退東方集團及以國家安全的名義來協調其他事宜。

中共中紀委監察部網站 3 月 23 日報導顯示，第六紀檢監察室原主任耿欣秋去職，其職務由紀檢監察幹部監督室副主任李欣然接替。耿欣秋在 18 大之前就任中紀委原第六紀檢監察室主任。此次人事調整後，暫未有公開報導耿欣秋的最新去向。同時未知耿欣秋這次的調動是否因涉郭文貴案而起。

打下新「四人幫」王岐山立功

2012 年王立軍事件爆發後，習近平陣營與江澤民集團公開分裂，博弈日益激烈。海外一直盛傳「新四人幫」要奪權的說法。

所謂「新四人幫」指的是：薄熙來、周永康、徐才厚、令計劃。他們曾擬定政變時間，要在 2015 年抓捕習的家人及幹掉某個元老，然後在中共 19 大前後將習近平趕下台，而策劃這起政變的後台人物就是江澤民。

有消息說，徐才厚曾在一個有數人在場的軍方半公開場合對郭伯雄說：「讓他（指習近平）幹 5 年就滾蛋！」習近平之所以在中共 17 屆五中全會才被增補中共軍委副主席，最大的阻力就是時任中共軍委副主席徐才厚和郭伯雄。

過去十多年來，中共江澤民集團亂法禍國，利用「第二權力中央」掌控著中國的政治、經濟權力。自「18 大」後，習近平、王岐山高調反腐「打虎」，先後拿下大批江派的高官，此舉引起了既得利益集團的頑抗。

下面我們分幾章來介紹王岐山是如何把四隻大老虎擊倒的。

王岐山布陣 19 大

第十一章

周永康被江澤民推下懸崖

江澤民一手搞出的邪惡體制，使政法委成為「第二權力中央」，無法無天的周永康被外媒稱為「維穩沙皇」，迫害無數的中國普通老百姓，導致十年法制大倒退、冤案遍地。周永康只是馬前卒，江澤民才是最終的責任人。

（大紀元合成圖）

第一節

江澤民一手搞出的邪惡體制

　　2015 年 6 月 11 日，中共前政治局常委、一度被稱為「最有暴力實權」的政法委書記周永康被宣判無期徒刑。

　　全球最早預測周永康被逮捕的書，是新紀元出版社在 2012 年 9 月 7 日出版的《中南海政治海嘯全程大揭祕（上）》，那時薄熙來還沒被雙開。王立軍案發後，江澤民集團策動薄熙來 18 大入政治局常委來頂替即將退休周永康位置的計畫流產，同時，江澤民、曾慶紅、周永康和薄熙來策動二年內政變的相關資料也被王立軍交給了美國大使館，習近平 2012 年訪美期間獲此信息，其中包括江澤民、薄熙來、周永康參與大規模活摘及販賣器官等罪惡，為逃避清算，周永康對習近平動了殺機。

　　周永康執掌公安部和政法委的十年間，中國黑暗政治蔓延，地方政府黑社會化加劇，官場賣官、賄賂司法機構減刑、免刑、頂替死囚等等違法風氣迅速蔓延。同薄熙來案一樣，中共高層為了減少王立軍出逃後引發的政治骨牌效應，為了推遲中共政權的解體，掩蓋了周永康的眾多駭人聽聞的驚人罪行，公開治罪的只是一點貪腐問題。

周永康落馬後，惶惶不可終日的卻是江澤民。周永康為了上位，連妻子都敢殺，說明什麼壞事他都敢幹。江澤民看中周永康的也正是其殘酷嗜血的本性。「維穩沙皇」每年支配的經費比國防預算還多，把民眾視為仇敵的人，隨時會發動更大的政變。

當時習近平新上位，地位尚未鞏固，怎麼有能力打垮掌控和平時期最大軍警權力的周永康呢？不過，在王岐山的一步步操作下，習近平把周老虎關進了牢籠。這背後的過程如何呢？

新紀元出版社在系列暢銷書「中國大變動」的第 17 本《周永康垮台驚天內幕——暗殺習近平另有圖謀》和第 18 本《周永康垮台全程大揭密》中，詳細介紹了王岐山如何打垮周永康這個掌控 200 萬兵馬的黑領教頭的過程。

2014 年 7 月 29 日，習近平當局公布對周永康立案調查，同時公布中共四中全會的主題是「依法治國」。這與結束文革時有相似之處，當年打倒「四人幫」之後也是首提恢復法治。落馬的薄熙來、周永康、徐才厚、令計劃被稱作「新四人幫」，他們最大的作惡不是貪腐，而是破壞法治、迫害人民。

「新四人幫」背後真正的「大老虎」是江澤民。江澤民在 2002 年中共 16 大搞出了一個以中央政治局委員、中央書記處書記、中央政法委副書記和國務院國務委員四大副國級身分兼任的公安部長，同時又把政法委書記推上政治局常委，從中共黨內來說，都是極其邪惡和陰毒的做法。他實際上恢復了文革前夕政法小組的「人治」做法，即公檢法合一、公安獨大、以言代法。

　　江澤民一手搞出的政法委體制是比法院還大的法院，比政府還大的政府。在迫害法輪功運動中，政法委和「610」辦公室合體，打破了任何法律和制度的約束。這個迫害機器迫害了千千萬萬無辜的法輪功學員，還也迫害更多普通的中國民眾，造成每年數千萬民眾上訪、冤假錯案遍地。本章講述的就是江澤民如何一手搞出這樣一個異形體制，以及它的影響和危害。

「我就是法律」

　　「國家規定是狗屁，我任長春就不執行。」「我說他誰是腐敗就誰是腐敗……」2015 年 5 月，一段題為《任性的領導講話》的視頻引發熱議。據中共官媒報導，這是山西省古交市汽車客運管理辦公室主任任長春 2014 年 4 月在全體幹部職工大會上的講話。

　　「當村支書的感覺真好，天高皇帝遠，想幹啥就幹啥……」湖北省嘉魚縣官橋鎮白湖寺村原黨支部書記周松林 2013 年 8 月因貪污被查處後，新華網公布了他的「語錄」。

　　「威脅我，就是威脅黨。」四川省達州市達川區罐子鄉黨委書記羅頌 2014 年 1 月 2 日在接待民眾來訪時語出驚人。

　　「警察不打人，那養警察幹嘛？」蘇州市信訪局官員 2013 年 6 月對一位小區業主控訴無良開發商時這樣回答。（《南方日報》，2013 年 7 月 1 日）

　　「一些地方官員膽大妄為，欺壓百姓，無法無天，無視法律和法規，甚至說出『我就是法』的狂言，更不怕百姓告狀。」（新華網，2014 年 10 月 21 日）

「官員即是法律」，官方喉舌把這種亂象的責任推到地方官員頭上。其實不然，根源還在中共高層。「政法王」周永康當年無疑也是比「法律」還大的人物。他任公安部長、還未進入政治局常委時，一個電話可以推翻兩高（中共最高法院和最高檢察院）的判決。

周永康比「法律」還大

原格林柯爾、科龍電器董事長、民營企業家顧雛軍，經歷 7 年牢獄之災，2012 年出獄後一直為自己喊冤。2014 年 8 月 8 日，顧雛軍在抗議廣東法院分配他個人財產的信中說，在 2006 年顧案審理期間，「最高檢察院領導曾集體認定『本案立案動機不純，不符合立案條件，應做不起訴處理』的決定，最高檢的領導於 2006 年 3 月 25 日發函指示廣東公安放人，同時為了拯救格林柯爾系五家上市公司已到了最後關頭的重組，保護已經面臨下崗的 5 萬 5000 名員工的切身利益，最高檢在 2006 年 3 月 28 日又追加了一道指示放人的督辦函。就在我將要被釋放前的幾個小時，周永康違法打電話給廣東公安，不許廣東公安放人。」

這封信發表在「新浪財經」。信中說：「自從周永康用權力奴役法律炮製了這個冤假錯案之後，從此上行下效，各地方官員馬上就心知肚明理解了：不管有罪無罪，所有的民營企業家皆可收拾，沒罪偽造證據也可入罪。在民企老闆的汽車後備箱裡放上兩支手槍，立即就以黑社會罪抓人判人，最終演變成重慶的打黑故事，幾乎一網打盡了重慶民企的各種大魚。如果周沙皇的死黨薄熙來繼續主政重慶，那些漏網的小魚小蝦長成大魚龍蝦之後，還會再被一網打盡。大量的民企老闆因此被嚇破了膽，舉家移民者如過江之鯽。」

據大陸《新京報》等報導，欠下數條人命的劉漢 2001 年被列在公安機關查處名單之上，岌岌可危。但劉漢花巨資攀附上「某位領導」，那位領導一個電話將他從查處名單上撤除。這裡所說的巨資就是指周濱從劉漢手裡以象徵性價錢收購兩座水電站，轉手淨掙 22 億元。

報導稱，此後，劉漢成了「領導的人」，搖身一變從不入流的黑社會老大迅速成為億萬富翁，他也因此獲得了「殺人執照」。在長達十多年裡，劉漢黑社會組織涉嫌實施故意殺人等嚴重刑事犯罪案件數十起，造成 9 人死亡。

與劉漢結下冤仇的袁寶璟一案曾經轟動一時。袁寶璟是商業奇才，個人資產上千億，曾經被稱為「北京的李嘉誠」。2003 年 11 月，袁氏四兄弟以僱凶殺人案被捕。2006 年 3 月 17 日三兄弟被執行死刑。

周永康垮台後，大陸不少官方媒體披露周永康介入此案。2014 年 3 月 5 日中國經濟網的一篇報導中，有下面兩段描述：

據說袁寶琦要殺汪興的時候，袁寶璟並不知情，而是在香港，當袁寶琦把自己的想法告訴他的時候，他說「行了，你注意點」。袁氏兄弟被抓後，法院在判決時，以袁寶璟曾經說過「行了，你注意點」這句話為由，認定其有買凶殺人的意圖。2006 年袁寶璟被判處死刑，同時被判處死刑的，還有袁寶琦、袁寶森，這三個人被立即執行死刑，另一個堂弟袁寶福被判死緩。

按理說，買凶殺人，被殺的還是一個敲詐勒索的傢夥，怎麼會把兄弟三人都處死呢？即便是殺人償命，殺一人，有一個被處死也就可以抵命了，為什麼要把袁寶璟兄弟滅門？再者，袁寶璟買凶殺人的證據並不確鑿，僅僅憑藉一句「行了，你注意點」，就認定袁寶璟是主謀，無論如何是說不過去的。此外，袁寶璟還曾經委託妻子卓瑪捐出了自己持有的一家印尼石油公司40％的股份，總價值約500個億，希望減刑，但捐獻了這麼多財產，都沒有起到絲毫作用。為什麼呢？因為劉漢。劉漢與周濱交往密切，而周濱的父親當時是國家的政治局委員、公安部長，所以劉漢才有這麼大的能量，可以公權私用、官報私仇。

當時周永康還只是公安部長、政法委副書記。據海外媒體報導，為了給自己家族的「白手套」——劉漢「出口氣」，周永康直接發話「最應該懲處的就是袁寶璟」，最高檢察院和最高法院因此就同時處死了袁氏三兄弟。

為什麼周永康一通電話兩高的判決可以推翻，殺人者可以生，無辜者可以死？自由亞洲電台評論員劉青說：「在上級的指令面前，什麼法律法規和政令等都是聾子的耳朵擺設，這種潛規則在公檢法尤其是警察部門遠比一切重要。這就是為什麼周永康一個電話可以讓死刑犯免死，殺人等重案在身者可以銷案且漂白成人大政協常委。而接到這種指令者膽敢不照辦必將丟官直至丟命，這是在中共官場上混江湖的官員無不銘刻於心的。」

操控司法 買賣人命

從中共官媒的報導，人們知道徐才厚在軍中明碼標價買賣軍職，導致軍隊腐敗怵目驚心，而周永康對司法的破壞，就不那麼引人注目了。其實，周永康父子操控司法，買賣人命和刑期，大發不義之財，對中國司法的破壞無以覆加。周永康主政中央政法工作的十年是中國法治大倒退的十年，這是中國律師界的共識。

海外雜誌《新史記》2012 年披露，周濱利用父親周永康在政法系統的影響力，收取巨額「保護費」，替一些不法商人「鏟事撈人」，悶聲大發財。在甘肅、山西、遼寧，周濱「拿人錢財，與人消災」，使一些重大案件難以置信地未獲應有審理。周濱被曝受賄 2000 萬人民幣現金，撈出了甘肅二號黑幫頭目出獄，而此人涉嫌殺人，還開膛剖心。據稱，這個案子在甘肅法院和北京最高法院都有記錄。

文章還披露，最高法院有個有據可查的案子，警察用開水從頭到腳澆嫌犯，致其被活活燙死，但周濱在拿到 1 億元好處費後，擺平此事，涉案警官沒有受到任何懲罰。

海外《新紀元》周刊 2013 年披露，周濱還用被祕密關押的法輪功學員，頂替死囚犯執行死刑，趁機活摘法輪功學員的器官。因為是活摘器官，使得頂替死囚赴死的事情變得更加隱祕。

消息稱，周濱在這過程中收取數額巨大的金錢利益，因他父親是周永康，周濱只需付給相關司法人員數十萬元好處，就可以把死囚犯換成法輪功學員執行死刑。在中共司法系統，調包一個死囚犯的黑市價格大約是 300 萬元人民幣。

更為驚人的是，原衛生部副部長黃潔夫 2015 年 3 月在做客鳳凰衛視時公開披露，死囚器官移植形成了骯髒的利益鏈，周永康落馬才打破這種利益鏈。黃潔夫並稱：「這件工作（查處器官利益鏈）是得到了上一屆的胡錦濤總書記和溫家寶總理的支持，這一屆得到了習主席跟克強總理的支援，不然是很難完成這件事情的。」胡溫習李聯手才揭開這個黑幕，其中的水有多深可想而知。這一採訪間接印證了中共活摘法輪功學員器官的指控。美國一位研究者和記者葛特曼（Ethan Gutmann）估計，大約有6萬5000名法輪功學員可能在2000年至2008年之間被強摘器官而死。

第二節

周永康無法無天

「空前絕後」的公安部長

周永康在 2007 年之前還只是中共公安部長、政法委副書記，為什麼能夠壓服最高法院、最高檢察院製造出顧雛軍和袁寶璟兄弟等大冤案，關鍵問題在於江澤民 2002 年卸任總書記時，讓周永康以四個副國級職務「高配」公安部長，形成了公安部長有權命令和指揮最高法院、最高檢察院的荒唐局面。

中共在 1949 年奪取政權以後，最先的政權實際上是軍管會。軍管會的功能就是部隊直接派人留在地方，成立軍事管制委員會，代理政府職能、鎮壓「反革命」等。隨著中共政權的初步建立，軍管會中的治安機構也改名為各地的公安廳，在中央層面，則設立了公安部。

自由亞洲電台評論員高新在分析這個問題時表示，在毛澤東時代因為沒有「法」只有「治」，所以從歷任公安部長羅瑞卿、謝富治再到華國鋒，都是位高權重。

毛澤東時代結束後，鄧小平目睹文革中國家主席被打死、自己的兒子致殘，深知公安權力太大的威脅。整個鄧小平時代都沒有令公安部長的權力和地位再度惡性膨脹。從趙蒼壁、劉復之、阮崇武、王芳、陶駟駒到賈春旺，其中只有兼任一段時間公安部長的王芳是國務委員（副國級）。王芳實際上是以國務委員身份在國務院內分管公安、司法和國安等部門。除了王芳，其他幾任在位期間都只是正部級待遇。

接替賈春旺的周永康則大不一樣，在江澤民的一手安排下，2002 年周接任公安部長的同時，被安排為 16 屆中央政治局委員（副國級）、中央書記處書記（副國級）和中央政法委副書記（副國級），次年 3 月又被安排為國務院國務委員（副國級），周永康五職集一身，其權位不亞於「以階級鬥爭為綱」的毛澤東時代的羅瑞卿和謝富治。

查看周永康仕途的關鍵時間點，1999 至 2002 年任四川省委書記，2002 至 2003 年任中央政治局委員、中央書記處書記、中央政法委副書記、公安部長，2003 至 2007 年任中央政治局委員、中央書記處書記、國務委員、中央政法委副書記、公安部長，2007 年升任中央政治局常委、中央政法委書記。

在 2002 年，周永康從正部級升為副國級官員；2007 年，周永康從副國級升至正國級。

周永康任職四川省委書記期間，適逢江澤民發動鎮壓法輪功。周極力推動對法輪功的迫害，表現極其邪惡和突出。在他任職期間，已確認四川省至少有 43 名法輪功學員被迫害致死，上萬人被綁架、洗腦、勞教、判刑，導致四川省成為中國大陸鎮壓法輪功最嚴重的省份之一。

周永康主政四川期間，常常自吹是「中央派我來的」、「江主席身邊的人」。儘管周永康從來沒有公安、政法工作經驗，也沒有法律背景，但江澤民看上了周永康在鎮壓法輪功中的瘋狂表現。為了退位後能有人持續他迫害法輪功的政策，江澤民 2002 年把周永康推上了公安部長位置，還配以中央政治局委員、中央書記處書記、中央政法委副書記等副國級職務，並任鎮壓法輪功的專職機構——中共「610 辦公室」副主任，使其迫害法輪功更加肆無忌憚。

周永康任公安部長期間，獲得江澤民更大的信任，成為江進一步交權後試圖維持鎮壓法輪功的「救命稻草」。2007 年起，周永康接替羅干任中央政法委書記，被江塞進中共政治局常委之列。周永康掌握司法大權、龐大的公安、武警部隊，把政委法打造成「第二權力中央」，成為和胡錦濤軍隊分庭抗禮的「政法王」。

可以說，江澤民在退位時為了維持和升級對法輪功的鎮壓，一手搞出個以四個副國級職務身分兼任的公安部長，是極其邪惡和陰毒的做法，在中共歷史上都是空前絕後的。下文將闡述其給中國帶來的災難性後果。

荒唐的公檢法關係

2002 年周永康以政治局委員身分「高配」公安部部長後，從當時中央政法委的配置看，羅干是政法委書記。周永康以公安部長、政治局委員等身分兼任副書記，最高監檢察院檢察長、最高法院院長都只是中央政法委員會的委員。此後，各級公安機構都上行下效。

2003 年 11 月 18 日，《中共中央關於進一步加強和改進公安工作的決定》更明確規定，公安廳（局）長「進領導班子」。於是省級黨委常委、政法委書記兼任公安一把手逐漸成為普遍現象，公安機關權力在地方上惡性膨脹。

這種「高配」違背了中國憲法對公、檢、法相互協調監督的規定，公安獨大使得檢察院、法院無法獨立辦案、獨立審判。浙江某市檢察院檢察長苗力對《中國新聞周刊》表示，「檢察機關作為專門的法律監督機關，對公安機關的偵查工作和看守所的執法活動要進行監督，包括偵查活動監督、刑事立案監督和刑罰執行的監督。如果公安局長是政法委書記，就可以領導檢察機關，這樣一來，監督者與被監督者的關係就理不順，顯然不利於法律監督工作的開展。」

上樑不正下樑歪。在中央，周永康是「政法王」，他以公安部長兼政法委副書記的身分身份就可以指揮最高法院和最高檢察院辦案：我讓你殺誰，你就得殺誰！我讓你放誰一馬，你同意也得放，不同意也得放！在各地，大大小小的公安局（廳）長都是「小政法王」，他們可以指揮同級法院和檢察院把案件辦成「鐵案」。公安機關的權力不受任何監督，導致刑訊逼供、冤假錯案叢生。

「自由亞洲電台」評論員高新是這樣評價的，「江澤民在自己退位的 2002 年中共 16 大上製造出了一個以中央政治局委員、中央書記處書記、中央政法委副書記和國務院國務委員身分兼任的公安部長，絕對稱得上是極其陰毒的做法。」「即使是站在中共政權的立場上，從所謂的『長治久安』的角度來評判江澤民退休之前的這一『黨內重大體制改革』，也稱得上是極其惡劣，後患無窮。」

千萬人上訪 冤假錯案遍地

這種後患在周永康落馬後，顯得更加清楚，但只有一小部分冤假錯案被重審。有報導稱，中國大陸公開的、在周永康治下的冤假錯案只是極其有限的部分，官媒在這個問題上被限制報導。

澎湃新聞根據公開報導不完全統計，截至 2014 年 12 月 15 日呼格吉勒圖昭雪，18 大後各地糾正了重大冤假錯案 23 起，大部分是殺人案。其中 3 起是因為「真凶歸來」被糾正，包括內蒙古王本餘案、浙江蕭山五青年案和貴州高如舉、謝石勇案。

前香港《文匯報》駐大連記者姜維平 2015 年 2 月撰文，首先肯定這是 10 年「政法王」周永康落馬前後出現的新氣象，但是情況遠遠不容樂觀。

姜維平舉例，當年在大連，周永康的死黨薄熙來想抓誰，一個電話給他任命的政法委書記成城或祕書車輝，他們召集公安局長或安全局長、檢察長、法院院長「三長會議」，統一思想就行了，隨便編一個什麼罪名，薄熙來厭惡的人就進了監獄。這樣製造了數十起影響較大的冤假錯案。比較知名的有律師陳德惠案、「天天漁港」張家兄弟案、劉曉濱案、高姿案、張成家案、韓曉光案等等，但至今無一例真正平反。

文章還提到，在周永康當政的 10 年裡，下面各省市、地區、鄉鎮村的「小政法王」多如牛毛，製造的冤假錯案五花八門、堆積如山，訪民、冤民海潮般湧向京城。

「中國的冤假錯案已達一個足以引起社會動盪的臨界點。與上世紀 70 年代底（文革時期）相比，有過之而無不及。」胥志義 2015 年 3 月在共識網發文稱。

「如果一個國家有幾千萬人上訪，任何光鮮的經濟數據都掩蓋不了這個國家的苦難，任何經濟發展的成績都無法沖淡政府的不負責任。試想，哪怕這個社會大多數人的生活水準都提高了，卻有一部分人，即便是少數人，載著這樣那樣的帽子，承擔著不公的冤屈，忍受著政府的打壓，要『祕密進京上訪』，時時可能因『越級上訪』被抓被打，這個國家還是一個正常的國家嗎？」

這裡還不算千千萬萬遭到歧視和打壓的法輪功學員，他們的冤屈在中國至今無處訴說。海外明慧網收集到有身源的至少有 3864 名法輪功學員被中共迫害致死。據明慧網報導，2015 年上半年至少有 2539 名法輪功學員遭綁架、430 人被冤判。明慧說，因為中共消息封鎖，實際數字應遠不止此。

周永康的「政法十年」被稱作是一個大公安的維穩時代。中國自 2011 年起，連續三年維穩費用預算超過軍費。維穩被網友比喻是中共「對人民的戰爭」，但越維越不穩。根據清華大學學者孫立平估計，中國 2010 年有超過 18 萬起如示威和騷亂的「群體性事件」，是接近 10 年前數量的三倍。

高新做了這樣的點評：「周永康擔任公安部長期間，把江澤民一手製造的公安部長兼任中央政治局委員和中央書記處書記的制度之惡，發揮到了極致。」

體制內的人都看不下去

「我們的政法委書記往往都身兼公安局局長，公安局本來是檢察院的監督對象，但被監督者是監督者的領導，這個體制特別不順。」2010 年中共兩會期間，中共全國人大代表、人民銀行原副行長吳曉靈公開表達了對這種體制的不滿。

吳曉靈在兩會期間說，她曾經聽到基層法院和檢察院的官員感嘆工作很為難。「比如，領導開會決定了一個事，那這個領導包不包括政法委書記呢？如果包括，就得服從他的領導。但如果這個事情做得不對，從業務上來說，檢察院和法院都可以對公安局做出的不當行為提出不同的意見。」

她對《中國新聞周刊》表示，這種黨政關係的扭曲和錯位，影響了司法公正。她提出的解決辦法是，「政法委書記不能身兼公安局長。」

同樣在 2010 年，《羊城晚報》6 月 2 日報導，3 起案件在當時引起了中國公眾的熱議，「突顯人們對法律的日益不信任」。這 3 起案件是：

1. 湖北的按摩女鄧玉嬌因刺死一名官員而被刑拘。調查發現她是為了防止受到性侵犯而自我防衛，有關部門隱瞞了性侵犯的情節。

2. 河南農民趙作海因謀殺鄰居而被判刑。服刑近 11 年後，他殺死的「受害人」活著出現了。

3. 河南 8 名農民因誹謗罪而被捕入獄。他們所犯的罪是：揭露村支書的腐敗行為。

第三節

文革悲劇正在重演

專門為迫害法輪功而設立的「610 辦公室」是蓋世太保式的超級邪惡機構，凌駕於法律之上。（大紀元合成圖）

1997 年中共 15 大，第一次獨立主持中共高層換屆工作的江澤民安排親信羅干以政治局委員、書記處書記身分接替任建新的政法委書記職務。羅干一幹就是十年，而且還藉此爬上政治局常委。

1999 年也是在 6 月 10 日，江澤民成立了一個特殊的「中共中央處理法輪功問題領導小組」，領導小組下設的具體辦事機構就是「中共中央處理法輪功問題領導小組辦公室」，簡稱「中央610 辦公室」，與中央政法委員會機關合署辦公。中央政法委的權力再一次惡性膨脹。

「中共中央處理法輪功問題領導小組」由時任政治局常委（正國級）李嵐清任組長，除了中央政法委做主導，該「小組」成員單位還包括：中共公安部、國家安全部、最高法院、最高檢察院、司法部、國家廣播電影電視總局、國家體育總局、國務院法制辦公室、中央外事辦公室、國務院新聞辦公室、國家工商行政管理總局、工業和信息化部、國家新聞出版總署、國家郵政局、中華全國總工會、共青團中央、中華全國婦女聯合會、中國科學技術協會、武警部隊。

《真實的江澤民》一書指出，從「中共中央處理法輪功問題領導小組」的議事機構負責人的級別和參與的成員單位之多之廣，就可以看出江澤民當初迫害法輪功動用的國家公權力之多之大，完全是傾舉國之力，把整個社會都動員起來迫害法輪功。也正是這種議事機構的性質，說明「610 辦公室」為什麼能成為一種蓋世太保式的超級邪惡機構，能凌駕於法律之上。

據報導，通過政法委，「610」控制中共的公安、法院、檢察院、國安、武警系統，還可以隨時調動外交、教育、司法、國務院、軍隊、特務、衛生等資源。通過強行設立附屬單位，「610」還操縱了包括企業、工會、學聯、婦聯、政協、科協、受控的黨派和宗教協會等各種各樣的非官方團體。

專門為迫害法輪功而設立的「610 辦公室」，遍及全國，從中央到地方，上至權力核心層下至鄉鎮農村基層，形成了嚴密而獨立的體系，並對全國各級黨、政、軍系統擁有絕對的權力。此後中共政法委成了鎮壓法輪功的主要打手，隨著江澤民鎮壓法輪功的升級，各級政法委權力跟著膨脹。

江澤民、曾慶紅、羅干等在步步升級的鎮壓法輪功運動中，製造了「天安門自焚偽案」、大量冤獄和勞教所慘案、活體摘除法輪功學員器官等驚人罪惡。為繼續掩蓋事實真相、維持鎮壓，江澤民、曾慶紅等一直把持中共最高權力。

2002 年底中共 16 大江澤民向胡錦濤交出總書記職務時，江硬把常委人數從 7 人增加至 9 人。這 9 名常委是胡錦濤、吳邦國、溫家寶、賈慶林、曾慶紅、黃菊、吳官正、李長春、羅干，這使得政治局常委中胡溫被大幅度孤立。新增的「中央政法委」書記羅干和「中央精神文明委」主任李長春分管政法和文宣，確保維持江的政策。

羅干以政治局常委身分兼任中央政法委書記後，整個機構水漲船高，成為和中央書記處、中紀委平起平坐的正國級機構。江還讓周永康以四個副國級的職務高配公安部長，加大了對法輪功的鎮壓力度。

高新在自由亞洲電台評論道，「從羅干進入政治局常委會之後，胡錦濤擔任總書記的十年是中央政法委權力和權限惡性膨脹的十年。」「更過分的是，這兩屆政法委的副書記都是公安部長（周永康、孟建柱），形成了公安部長有權命令和指揮最高法院、最高檢察院的荒唐局面。」

2007 年中共 17 大，江澤民把周永康塞入常委。當時的 9 個常委是胡錦濤、溫家寶、吳邦國、賈慶林、李長春、習近平、李克強、賀國強、周永康。

這一屆，周永康在政治局常委的實際權力甚至超過胡錦濤。這樣一個擁有政法委武警力量和控制「610」特務機構的特殊常委，使胡錦濤在權力上被架空，而政法委成了「獨立王國」，成為「第二權力中央」，無法無天的周永康被外媒稱為「維穩沙皇」。

周永康的勢力還不限於政法系統。《人民日報》原副總編周瑞金 2015 年 3 月 15 日在陸媒「財經網」發文說：「周永康被指與薄熙來、徐才厚、令計劃案都有剪不斷理還亂的牽連，甚至從事政治陰謀活動；而他夥同李東生、蔣潔敏等部屬，更是或串聯，或並聯，組成了一張巨大的貪腐網，到了幾乎可以遮天蔽日的地步。」

自江澤民 1989 年執政開始，羅干和周永康前後兩任政法委書記都當了主管政法委的政治局常委，這在政法委的歷史上從未有過。喬石也當過身兼政法書記的常委，但他只是兼職政法委，而且他對政法委的要求也是「務虛」，不介入實務。

文革悲劇正在重演

2012 年 3 月 14 日，中共國務院總理溫家寶回答中外記者提問。在談到政治體制改革時，溫家寶表示，「文革的錯誤和封建的影響，並沒有完全清除。」

「現在改革到了攻堅階段，沒有政治體制改革的成功，經濟體制改革不可能進行到底，已經取得的成果還有可能得而復失，社會上新產生的問題，也不能從根本上得到解決，文化大革命這樣的歷史悲劇還有可能重新發生。」

這是溫家寶首次在公開場合提出這麼嚴厲的警告。文革，有些人認為很遙遠，其實類似文革的狀況還在身邊發生著。對照前文說的 1958 年建立的政法小組，有兩項措施為後來的文革形成了條件：其一，全國的立法工作陷於停頓；其二，公檢法三家合一，公安為頭。江澤民一手打造的政法委也造成了這樣兩個條件：其一，各地官員以言代法，法律形同虛設；其二，公安為大，公安領導檢察院、法院，三家合一。

　　江澤民一手搞出的政法委體制是比法院還大的法院，比政府還大的政府。1999 年 7 月 20 日以來，中共江澤民集團利用政法系統對億萬法輪功學員發動文革式的鎮壓。它直接迫害了千千萬萬無辜的中國民眾，令無數人生活在無助與恐怖之中。這場迫害打破了任何法律和制度的約束，導致中共這部鎮壓機器對普通民眾越發的瘋狂。

　　中國知識界和法律界人士普遍認為，周永康任中共公安部長和政法委副書記以來，中國的法制建設急劇倒退，社會治安急劇惡化，嚴重刑事案率居高不下，黑惡勢力橫行。

　　「我是覺得中國的法治處在一個大倒退的時期。」中國知名民法學者江平過去幾年多次這樣說。

　　「事實上，幾乎所有的重大冤案後面，都有政法委的影子。在全國引起惡劣影響的佘祥林案、趙作海案是其典型。隨著政法委員會的不斷擴權，特別是當它掌握了『綜合治理』的權力的時候，它事實上成為政府以上的政府，法院以上的法院。這個體制加上黨的集體領導難以實現的體制性缺陷，各地在維穩的旗號下埋下了社會穩定的隱患。」法學教授周永坤說，「政法委員會的工作方式、導向與公檢法不一致……這就是目前我國暴力強拆、暴力截訪、刑訊逼供、超期羈押等違法行為屢禁不止的制度原因。」

逮捕江澤民方顯法制公正

　　當薄熙來和周永康互相呼應「唱紅打黑」的時候，外界還不明就裡。其實，江澤民、曾慶紅、周永康早已密謀中共 18 大時讓薄熙來進入政治局常委當政法委書記，再用兩年時間在整個中國推行「唱紅打黑」，然後從習近平手裡奪權。

可人算不如天算，2012 年王立軍事件引發骨牌效應，薄熙來、周永康等相繼落馬。中共 18 大，政法委書記被逐出政治局常委，政法委權力被削弱，周永康的政法系統勢力也不斷被清除。2015 年 6 月 24 日，中共各大黨媒均報導一條消息：今年 1 月當選湖南省政協副主席的湖南省委政法委書記孫建國，將不再兼任公安廳長。至此，31 省份中省政法委書記均不再兼任公安廳長。早在「17 大」，胡錦濤就意識到周永康以政治局委員兼任公安部長的問題。胡拒絕曾慶紅安排孟建柱進入第 17 屆政治局、「全面接替周永康」的動議。換句話說，胡拒絕再製造一個以政治局委員身分高配的公安部長。實際上，這為「18 大」後省級政法委書記和公安廳／局長分離創造了條件。

「18 大」後習近平採取一系列措施，否定江澤民一手搞出的政法委路線：強調憲法權威，取消勞教制度，省級政法委書記不再兼任公安廳局長等。

2013 年 11 月 12 日，中共 18 屆三中全會公報強調維護憲法法律權威，健全司法權力運行機制等。

2013 年 12 月 28 日，執行半世紀的勞教制度被廢止。

2014 年 10 月 28 日，中共《關於全面推進依法治國若干重大問題的決定》發布，要求「建立重大決策終身責任追究制度及責任倒查機制」。

2015 年 1 月 20 日至 21 日，中央政法工作會議首次提出「徹底肅清周永康案造成的影響」，並宣布將建立領導幹部干預司法活動記錄、通報和責任追究制度，造成後果的要倒查責任。

2015 年 5 月 1 日，立案審查制度改為立案登記制度，施行「有案必立，有訴必理」。

2015 年 6 月 23 日，31 省份的省級政法委書記均不再兼任公安廳長。

2014 年 7 月 29 日，習近平當局公布對周永康立案調查，同時公布 10 月份將召開「四中全會」研討依法治國的消息。中國政法大學法學院副院長何兵認為，「這與結束『文革』時的情況有相似之處，當年打倒『四人幫』之後首先恢復的就是社會主義法治，鄧小平等領導幹部一再提到建立社會主義法治體制。」

巧合的是，落馬的薄熙來、周永康、徐才厚、令計劃也被稱作「新四人幫」，他們的背後是真正的「大老虎」江澤民。

從 5 月 1 日大陸法院施行「有案必立，有訴必理」以來，截至 8 月 13 日，已超過 14 萬 6000 名法輪功學員在大陸控告江澤民犯下反人類罪、群體滅絕罪、酷刑罪、濫用職權罪等各種罪行。

評論員李林一認為，江澤民一手搞出的邪惡政法委體制，復辟文革的做法，不僅迫害了法輪功，也迫害了無數的中國普通老百姓，導致十年法制大倒退、冤案遍地。周永康只是馬前卒，江澤民才是最終的責任人，只有江澤民伏法，中國的法制才有公正，正義才能伸張。

王岐山布陣 19 大

第十二章

徐才厚是
江澤民留下的釘子

2004 年江澤民延期留任中共軍委主席兩年屆滿，不得不讓出軍委主席之位，於是，江安插軍內親信徐才厚任軍委副主席，在中共軍隊中架空時任總書記胡錦濤，藉此干政以避免自己的迫害罪行被清算。徐是江退位後留下的釘子、干政的棋子。

中共前軍委副主席徐才厚（左）軍中賣官內幕，徐才厚和郭伯雄聯手架空當時的中共軍委領導人胡錦濤。（大紀元合成圖）

第一節

徐才厚架空胡錦濤的內幕

　　中共兩會期間，習近平當局兩次公布徐當年在軍中胡作非為的內幕。就在兩會閉幕當天，2015 年 3 月 15 日，前軍委副主席徐才厚癌症惡化死亡。兩會期間，習近平當局兩次公布徐當年在軍中胡作非為的內幕。有分析認為，此前中南海對於徐才厚的罪行究竟掌握多少還是個謎。習近平當局在兩會期間搶在徐才厚死亡前公布這些信息，或想要對外顯示已經掌握了徐當年的罪證，並指向江澤民。

　　中共新華網 3 月 16 日凌晨零點報導稱，3 月 15 日，徐才厚因膀胱癌終末期，全身多發轉移，多器官功能衰竭，醫治無效在醫院死亡。報導稱，徐才厚涉嫌受賄犯罪，證據確實、充分，應當追究其刑事責任。由於徐才厚病亡，現軍事檢察院對徐才厚作出不起訴決定。

　　不過人死了，罪行還在。

少將首次公開曝光胡錦濤被架空

3月9日，鳳凰網報導，原中共軍事科學院軍建部副部長楊春長首次公開表示前中共軍委副主席徐才厚「他們架空了軍委領導人」。由於鳳凰網在大陸運營的特殊性，這個表態被認為是中南海首次半公開胡錦濤掌權時，江澤民在軍內干政的消息。

楊春長的表態雖只是「隻言片語」，微博認證為中山大學全媒體研究院中國新聞業評議會特約觀察員的「石扉客 2014」卻表示：「幾個副主席架空胡主席」這個指控「力度太大了。」

共軍少將首次曝光胡錦濤被架空

在 3 月 9 日播出的鳳凰衛視訪談節目中，原軍事科學院軍建部副部長楊春長公開了徐才厚軍中賣官內幕，同時罕見提到徐才厚他們架空了當時的軍委領導人（胡錦濤）。

楊春長還表示，軍隊「成了他們家的了，又把當時的軍委領導人架空，很複雜這些問題」。楊春長更是自爆與徐的關係：「徐才厚我是比較熟悉的，用土話說我是直接伺候他的，我是給他寫材料、以這種方式為他服務的人員。他的那種用人習慣，就是選人用人的習慣，一認錢多少，二是看關係遠近，三是感情。」

徐才厚和郭伯雄都是 17 屆中共軍委的副主席，兩人都被認為是前中共總書記江澤民的親信。

時事評論員夏小強稱，這是習近平當局第一次以半公開方式，公布江澤民在軍內干政。

江澤民當年為什麼要留下徐才厚、郭伯雄等人架空胡錦濤、干預軍隊的事務？十幾年前究竟發生了什麼，使得江澤民對胡錦濤如此不放心？

江澤民不放心胡錦濤

1999 年 4 月 25 日，中國大陸的法輪功學員至中南海和平上訪。雖然當時的中共國務院總理朱鎔基基本圓滿解決這個事件，但是卻激怒了時任總書記的江澤民，江一意孤行鎮壓法輪功。

報導稱，「4‧25」上訪後，江澤民召開政治局常委會試圖打擊法輪功。但是時任政治局常委的李鵬投了棄權票，朱鎔基、李瑞環、尉健行、李嵐清都投了反對票。最令江澤民吃驚的是，當時已經是「備胎」身分、一直以來小心翼翼的胡錦濤也在法輪功這個問題上舉手投反對票。胡錦濤的這個舉動給江澤民的震動很大。

政論人士陳破空曾經撰文《究竟是誰要扳倒薄熙來》稱：「江澤民任內鎮壓法輪功，留下平生最大污點。江澤民後來發現，不僅他的同僚朱鎔基、喬石、李瑞環等人對鎮壓法輪功態度消極，就連繼任的胡錦濤、溫家寶等人，對法輪功問題，也盡可能保持低調。」

一名「610」（鎮壓法輪功的專屬機構）官員曾經透露說，在一次小範圍的所謂「慶功」宴上，時任公安部副部長劉京透露了一個故事。

劉京當時說，2001 年江澤民在一次布置對法輪功打壓的會議上說，由於公安、國安、司法等部門消極對待等現象已經使得「各地法輪功事件不但沒有減少的趨勢，反而越演越烈」。在會上江澤民提出要在國家安全廳、公安廳、各地公安局也增加設立相應的「610」辦公室，這時胡錦濤表示反對。江立時大怒，衝著胡錦濤咆哮道：「都要奪你權了，什麼編制不編制、經費不經費的！」此後，江在鎮壓法輪功上要胡錦濤「要錢給錢，要人給人」。

據稱，胡錦濤的這些舉動一直是江澤民的最大的「心病」，再加上胡錦濤本身就是鄧小平因為不滿江澤民的表現，而隔代指定的「接班人」，在中共內部與江澤民不屬同一派系，使得江擔心胡是否會在其任內為法輪功翻案，從而使得江遭到清算。

於是，江澤民在 2002 年從總書記位置退下前在政治局和軍隊內部，都作出了一系列的布署。

徐才厚是江澤民干政的重要棋子

中共軍隊內一直有一個「瓦房店幫」，其老幫主于永波是江澤民的親信，1985 年至 1989 年 11 月于永波任南京軍區政治部主任。1985 年至 1989 年 5 月江澤民任上海市委書記，兼任上海警備區第一政委。

有港媒報導稱，在理論上，于永波是江澤民軍中的上級，但是于永波對 1987 年就成為政治局委員的江澤民「儀禮有加，尊崇備至」，使得江澤民對于永波頗有好感。江和于曾兩次一起隨團出國訪問，兩人交談投機，于深得江的賞識信任。

1989 年 11 月江澤民擔任中共中央軍委主席之後，感到軍中無親信，孤立無援，就提名于永波越過大軍區副政委和政委的兩個台階，擔任總政治部副主任。當時手握兵權的楊尚昆、楊白冰沒有把于永波看在眼裡，也樂得給當時名義上的軍委主席江澤民一個面子。

據稱，于永波學樣張萬年，處處對江澤民拍馬奉承，得以火速升官。2001 年初，江澤民在中南海懷仁堂宴請軍中高級將領，于永波在席間高呼「江主席萬歲」，一時被傳為笑談。

于永波為江澤民最終扳倒「楊家將」立功。1992 年江澤民提升于為中央軍委委員、總政治部主任。從此于永波開始建立「瓦房店幫」。1992 年于永波將瓦房店同鄉徐才厚提拔到總政治部擔任主任助理兼解放軍報社社長。此後，徐才厚在軍中迅速竄升，從 1993 年的總政治部副主任一路升遷。

徐才厚當過于永波的祕書，是于的心腹。于永波 2002 年退休時向江澤民推薦徐才厚，建議提拔徐。江澤民視徐才厚為于永波的「接班人」，把徐當作江軍內人事變動的鐵桿馬仔。這是徐才厚在 2004 年被江澤民提拔為中央軍委副主席的主要原因。

也有另一種說法稱，最早是山東籍的王瑞林提拔了徐才厚成為總政治部主任助理。

但是無論何種說法，徐才厚後來成為江澤民在軍內的親信是不爭的事實。

第二節

江澤民安插的兩個副主席

郭伯雄成為軍委副主席的原因被曝光

《江澤民其人》一書透露，1992年當江澤民視察濟南軍區時，張萬年還是濟南軍區的司令員。他不失時機地向江澤民表忠心，高喊堅決「擁護以江澤民為核心的黨中央和中央軍委」。

當時，江澤民在中共黨內地位還不穩，急需在軍隊中培養親信，張的口號讓江澤民大喜過望。回到北京後，江澤民馬上把張萬年調到了中央軍委，任總參謀長，後來成為軍委副主席。

1992年郭伯雄還是47軍軍長，少將軍銜。在90年代初，一次江澤民到陝西視察，順便去了47軍。江睡午覺，郭伯雄在門外站崗。江睡醒後一推門，看見站崗的衛兵竟是47軍少將軍長郭伯雄，對郭頓生好感。於是郭伯雄從47軍軍長，調到了北京軍區任副司令員，隨後連升三級，當了中央軍委的副主席。

2002 年 11 月 13 日，在中共 16 大主席團常委第四次會議上，張萬年突然發難，提出由 20 名主席團成員（全部為軍人）聯署的「特別動議」，要求與會者同意江澤民繼續留任軍委主席。他以大會主席團常委會臨時「特別動議」來否決中共政治局委員會、常委會既定的江澤民全退的決議，最終使得江澤民能多留任軍委主席兩年，繼續干政。

「自由亞洲電台」在 2015 年 3 月 10 日的文章稱，郭伯雄通過行賄張萬年的祕書、現已被抓的朱和平，向江澤民的鐵桿張萬年「效忠」。

在 2002 年，投向了張萬年的郭伯雄，也順利地成為了軍委副主席。

徐才厚拍馬上位

1994 年，14 屆四中全會《決定》正式公布後的一段時間裡，中共各大官方媒體奉命為江澤民宣傳造勢。

當時的《解放軍報》上曾用了半版篇幅發表了三張尺寸基本相同，被攝者的姿勢幾乎一樣的歷任軍委主席照片，分別是毛澤東、鄧小平和江澤民。三張照片的排列順序是：攝於 1962 年的毛澤東照片橫置於報紙的左上方，攝於 1993 年江澤民照片橫置於毛澤東照片之下，版面右上角是《軍報》報頭及發行日期，報頭下面是豎放的鄧小平照片，攝於 1988 年。

「自由亞洲電台」的文章分析稱，當時的軍報故意遺漏了華國鋒。而且，這種把江澤民與毛澤東、鄧小平三人只分先後，不分高低的排列方式，除了直接達到吹捧江澤民的宣傳效果，同時也是為了向外界宣示，前任軍委主席鄧小平也已經同毛澤東一樣，已經是「過去時」。

而《解放軍報》當時的這番「獨具匠心」的策劃者就是正在向孫忠同交付該報社社長職務的徐才厚，此舉令江澤民很高興。

軍委主席虛位 副主席負責

2014 年 11 月 2 日，習近平主持召開了「新古田會議」，即在福建召開「全軍政治工作會議」，會議突出強調「軍委主席負責制」。

11 月 2 日，中共軍委副主席范長龍在古田會上力挺中共軍委主席習近平，並要求中共軍隊維護「軍委主席負責制」。11 月 4 日，中共另一名軍委副主席許其亮在中共官媒上刊文，多次提到「習主席」、「軍委主席負責制」，還特別提到徐才厚、谷俊山案的影響。

2015 年 1 月中旬，四總部開會集體支持「軍委主席負責制」，此後七大軍區再對反腐表態。

據報導，「軍委主席負責制」不是習近平的首創。2002 年中共「16 大」之後，當時的徐才厚已經接替了于永波的總政主任職務，而江澤民則在交出黨總書記職務之後仍死握軍權不放，乾脆連中央委員的職務也不要，以一個「普通中共黨員」的身分繼續賴在軍委主席的位置上。

就在中共 16 屆一中全會召開後的次日，江澤民繼續留任軍委主席的「決定」被公布之後，徐才厚指使《軍報》要多強調「軍委主席負責制」，要把「軍隊聽黨指揮」和「堅決服從中央軍委和江主席的指揮」並列宣傳。

親習近平、胡錦濤陣營的消息人士牛淚也在 1 月發文稱，胡錦濤掌權的 10 年，「與其說是軍委主席負責制，還不如說是前軍委主席負責制，或者是更離譜的軍委副主席負責制。」

江澤民「八一大樓」辦公室的興亡

2004 年江澤民延期留任軍委主席兩年屆滿，不得不讓出軍委主席職務，但是徐才厚卻在 2004 年成為了軍委副主席。

港媒的報導稱，在軍委擴大會上徐才厚以「軍隊大事必要的連續性」為由，要求在中央軍委「八一大樓」內常設江澤民辦公室，並發明「軍委首長」這一軍內稱呼。

2012 年 11 月 1 日，日本右派報紙《產經新聞》報導說，中共「18 大」前，中共前總書記江澤民在中央軍委「八一大樓」裡的辦公室被關閉了。

報導引述中共軍方消息人士透露，江澤民 2004 年卸任中央軍委主席職務後，一直在「八一大樓」保留與他執政時期相同規模的辦公室和幾名專用祕書，江澤民不時到訪辦公室，與現役軍官和軍方首腦會晤，行使他對軍方的影響力。

消息說，不過隨著最近中共連串軍方高層人事變動，國家主席胡錦濤和副主席習近平的親信瓜分了軍方要職。

隨著江澤民政權時期提拔的將軍們紛紛引退，軍委內部質疑「八一大樓」裡江澤民辦公室的聲音趨於高漲，江澤民才通過祕書向中央軍委提出關閉辦公室的申請。

第三節

胡溫對徐才厚深惡痛絕

汶川大地震 溫家寶調不動兵的真相

2008 年的四川汶川大地震發生後，時任總理溫家寶第一時間趕赴災區，下令打通通往汶川的道路，但是中共軍隊行動遲緩、甚至以「天氣不好」為由按兵不動。當時，溫家寶氣得摔電話說：「我不管，是人民養活了你們，你們看著辦！」結果，軍隊還是按兵不動。

為什麼當年溫家寶調不動軍隊？消息人士牛淚曾發文稱，按照中共的規定，「中央軍事委員會實行主席負責制。」文章還稱，未經中共中央、中共中央軍委授權，任何人都不能調動和指揮中共軍隊，「這就是溫家寶為什麼只能在外圍著急發脾氣摔電話的原因。」

牛淚還稱，當時，別說溫家寶去了乾著急，就是胡錦濤親自下命令，恐怕也不會太管用。過去十年，中共軍隊各主要部門和人事，胡錦濤也無法插手。

時任中共軍委副主席郭伯雄後來到了四川，但他拒不服從抗震總指揮溫家寶的調度，而是成立軍隊抗震指揮部，並自封為總指揮，自己下達命令，致使胡錦濤在黃金救生時間的 72 小時之後，不得不趕到成都支持溫家寶。

在 2008 年年底，時任中共總參謀長陳炳德在黨媒撰文揭露，在汶川地震發生後的 72 小時黃金時間內，胡、溫無法調動軍隊赴災區進行救援，在震後的 3 天時間裡，軍方的一切行動都要經過「軍委首長」的批准。

在今日，回過頭來看這個「軍委首長」，當是江澤民無疑，這個用詞也是當年徐才厚在 2004 年軍委會議上所提出的。

胡錦濤十年軍委主席的真實處境

2014 年 7 月 3 日，葉劍英的養女戴晴透過「美國之音」發聲，她認為，胡錦濤當政期間，江澤民在背後操縱權術，徐才厚賣官起自於江澤民的濫權。徐才厚會說套話，能夠溜鬚拍馬，絕對不是有獨立人格、獨立意志的人；徐才厚主要是買官、賣官，別的武器裝備、土地，這些還沒弄出來呢。

戴晴還認為，對於徐才厚等巨貪在軍中的胡作非為，江澤民要負主要責任，「誰強勢、權力在誰手裡，就是誰幹的。」

原中國軍事學院出版社社長、國防大學《當代中國》編輯室主任辛子陵向「美國之音」表示：習近平上台後，不再買江澤民的帳。

辛子陵說：「胡錦濤時代，只有少將一級他批。中將以上的是操弄政局的更高的那一位批。懂得了吧？老實講，他說不上話。他要是支持的話，那一位就不支持了，就不用了。徐才厚是只忠於那個人。」

他還說：「退下的老人還能不能繼續操弄政治，還能不能繼續干政，像過去指揮胡錦濤那樣指揮習近平？這本身就是個政治（問題）。這個問題不解決，習近平怎麼能有所作為呀？過去胡錦濤也想有所作為，但是叫他們欺負得沒有辦法。胡錦濤個人自身的條件，家庭出身，背景和部隊的關係，都不一樣。他沒習近平這麼硬。習近平敢跟他們叫板。」

也有報導稱，胡錦濤只能提拔少將，是其掌軍權的初期。到了「18大」之前，隨著薄熙來下台等事件爆發，胡錦濤在軍中的實權也達到了其掌軍生涯中的顛峰，胡的親信與習近平瓜分了中共軍方四總部。

徐才厚架空了胡錦濤

2002年，徐才厚接任了總政治部主任，從此把握軍內人事的大權。在其成為軍委副主席後，總政更是聽命於徐。同時，徐才厚又對江澤民唯命是從。

在中共軍隊中，總政治部主任握有絕對推薦人事的大權，而這和中共軍隊的體制有關係。媒體披露，軍內各類軍官任命的「分水嶺」在師長（大校）。副師級到正團級軍官，由總參謀長、總政治部主任、總後勤部部長、總裝備部部長、相關政委；軍區司令、各軍種司令、政委任免。

　　而軍委成員、各軍區司令、各集團軍軍長、各師師長則由軍委主席任免。但是，在這個過程中，總政治部幹部部的推薦就十分重要，軍委主席不一定一一知曉每一個師長，集團軍軍長和政委的背景。與此同時，總政保衛局需要寫出此人的政治審查報告。

　　換句話說，徐才厚擁有對將要提拔的軍官的「推薦權」。即便軍委主席不滿意這個軍官，徐才厚盡可以重新「推薦」。

　　近期，網路流傳的一封「總政知情官員致習近平的公開信」，也間接證實了這點。信中說，徐才厚、郭伯雄在把持中共軍隊時期，把所謂的「測評」和「後備幹部制度」作為其買官賣官、排斥異已的工具，把那些有黑錢、會花錢、敢送錢的人很快列入後備官員的名單，然後通過「測評」提拔這些「大膽」送錢的人；而對那些不送錢或不聽話者，「測評」就通不過。

　　文章稱，是高票「優秀」稱職還是零票落選，由暗箱操弄的領導說了算，他們把「測評」當成整人的工具。中共 18 大之前，時任總政主任李繼耐通過操弄「測評」，把劉源的得票「搞」成零票，矇騙時任中共軍委主席胡錦濤。

　　3 月 9 日，原軍事科學院軍建部副部長楊春長非但首次公開披露徐才厚「他們架空了軍委領導人」，還將大軍區司令的買官價格捅出，「……他們權力太大了，人家一個大軍區司令，就他們你用一個我用一個，給他送了一千萬，再有一個送兩千萬的他就不要一千萬的。」

　　2015 年 3 月 4 日中共政協僑聯小組會上，侄子在軍隊的恆昌國際集團董事長林曉昌披露軍中的買官賣官問題。他說：「一個人要提到連長，必須給 20 萬（人民幣），（升）到營長，就要 30 萬，到團長，就是 100 萬，這是老規矩。」

　　此前海外媒體報導，中共總政治部「深喉」1月15日大爆中共軍中的買官賣官，稱在徐才厚、郭伯雄擔任軍委副主席期間，全軍上下跑官買官成風，「千軍萬馬」（指軍職官員標價千萬元人民幣）、「百萬雄師」（指師職官員標價百萬元人民幣）成為軍內人人皆知的潛規則，團、營、連層層明碼標價，軍心渙散，心思全用在請客送禮，搞關係拉選票上。

　　在于永波退下後，徐才厚成為了軍內「瓦房店幫」幫主。原籍瓦房店的將軍共有 30 多名，其中現任的有空軍副司令鄭群良空軍中將、海軍後勤部副部長任忠吉海軍少將、總參謀部信息化部政委盧勝軍少將、瀋陽軍區政治部副主任魯世勝少將、遼寧省軍區副政委王德波少將、海軍試驗基地副司令宋錫東少將等，還有原北京軍區政委谷善慶上將、原南京軍區政委陳國令上將、原北京軍區政治部主任鄶萬增少將、原北海艦隊副司令張治新少將、原解放軍軍需大學副校長徐太和少將等。這對於一個人口不足百萬的小小的縣級市來說，堪稱「奇蹟」。

　　現在還沒有證據顯示，這 30 多名將軍都與徐才厚有買官賣官關係，或者是徐的政治同夥。港媒對此評論稱，老鄉見老鄉，兩眼淚汪汪，家鄉情誼在交往中會起作用，何況中國是一個人情社會。

　　評論還稱，徐才厚對瓦房店籍的軍官往往都是另眼相待，極力拉攏，而投靠「瓦房店幫」的軍官存在一致的政治目標。誰進了「瓦房店幫」，也就坐上了升官晉級的直梯。「瓦房店幫」權力膨脹的速度令人吃驚，很多人占據了關鍵的高級職務。

傳胡錦濤對徐才厚「深惡痛絕」

港媒還稱，「文革」時期確立的軍報寫給中央軍委主席的《快報》直呈，在「文革」結束後並未廢除，鄧小平卸任軍委主席後最關注的還是《快報》，直至其死亡後才不再呈送。

江澤民延續這個慣例，至今仍可閱讀《快報》。但徐才厚在 2002 年 16 大前保江軍權的文稿撰寫後，並未按程式以《快報》形式讓胡錦濤知曉。因此，現在軍內仍有傳言說：「胡錦濤『全退』後，也拒收軍報《快報》」，表示胡對此深惡痛絕。

2014 年 2 月 1 日，新華社刊發長篇報導《政治建軍的時代新篇——〈關於新形勢下軍隊政治工作若干問題的決定〉誕生記》。4 000 餘字長文重點突出了習近平對軍隊政治工作的重視。不過，在回顧歷屆軍委主席對政治工作的重視時，漏掉了胡錦濤。

有海外中文媒體刊發評論稱，一般情況下，新華社這類官式報導，是經過反覆修改，多層審閱才發出的，不可能出現此錯誤。據統計，胡時代軍委從未專門出台過一份政工正式文件倒是實情。2014 年 9 月 21 日與 10 月 30 日，習近平相繼召開的「全軍參謀長會議」與「全軍政治工作會議」，在胡錦濤接任中央軍委主席的 8 年間也從未召開過這兩類軍隊會議。

第四節

習江兩大陣營激烈交鋒

暗殺胡錦濤只是當時駭人聽聞事件中的一椿，在徐才厚主政軍隊政工期間，還發生了活摘器官的罪惡。（新紀元合成圖）

軍隊內發生的事件「駭人聽聞」

此前一直有報導稱，胡錦濤在 2006 年曾經遭到江澤民的暗殺。當年 5 月，胡錦濤到黃海視察北海艦隊。胡乘坐一艘導彈驅逐艦巡視時，兩艘軍艦突然同時向該艦開火，打死驅逐艦上 5 名海軍士兵。載著胡的導彈驅逐艦驚慌失措之下，立即調轉頭以發瘋的速度急速駛離艦隊演習海域，直到安全海域。為避免再遭暗殺，胡換乘艦上的直升飛機飛回青島基地，未作停留，也未回北京，而是直飛雲南。一個星期後，才回北京露面。

事後，據被拘捕的艦艇官員供認，襲擊命令是江澤民下達的，江澤民的軍中心腹、海軍司令員張定發指揮手下人幹的。幾個月後張定發在北京死了。據說其死前生不如死，死時人已經脫像。

胡錦濤這次險遭暗殺事件被香港媒體報導後，張定發死後沒有弔唁，沒有悼詞，官方媒體也沒有發布其死訊。只有海軍的小報《人民海軍報》刊出個簡訊：「中央軍委委員、海軍原司令張定發同志，因病於 12 月 14 日在北京逝世，享年 63 歲」，消息中只有一個簡單得不能再簡單的履歷，甚至連個黑白遺照都免了。

暗殺胡錦濤只是當時駭人聽聞事件中的一樁，在徐才厚主政軍隊政工期間，還發生了活摘器官的罪惡。

據中共國防部網站消息，中共軍事檢察機關確認，徐才厚於 2013 年 2 月確診患膀胱癌。明慧網 2014 年 7 月 3 日刊文《跟隨江集團迫害法輪功 徐才厚遭惡報》文章指，徐才厚主掌中共軍隊期間，各地軍隊醫院大量參與活體器官移植。

明慧網報導，從 1999 年到 2006 年 5 月份，中共中央軍委開過 6 次「處理涉外宗教問題」專門性會議，主要針對法輪功。此後，以中共軍隊後勤部為首的軍隊系統，開始按照江澤民的命令活摘法輪功學員器官，而販賣器官成了一條被江澤民默認的軍隊生財之路。

徐才厚主政軍隊政工，主要負責的就是總政治部和總後勤部。

報導指出，中共活摘法輪功學員器官從 1999 年開始的零星個案發展到 2001 年底的系統性大規模活摘器官，其中大規模活摘在 2003 至 2006 年進入高峰期。

3 月 10 日《南華早報》的報導稱，連美國也對胡錦濤掌控軍方的能力表示懷疑。2011 年時任美國國防部長的蓋茨訪問北京，解放軍卻突然舉行了殲－20 隱形戰機的首次飛行演習，蓋茨事後回憶表示，他看到胡錦濤當時對消息明顯感到措手不及。

美國官員當天就向傳媒披露：「明顯地，中國的領導人事前也不知道有關的演習。」蓋茨本人事後也說，胡錦濤對軍方能夠有效領導，經常都感到憂慮。

報導引述消息人士表示，2010 年習近平成為中央軍委第三個副主席之後，習親眼看到徐和郭如何公然架空胡錦濤，自把自為領導軍隊。習近平是因為親眼看到他的前任胡錦濤如何遭到軍方手下的架空和擺布，因此決心要嚴治中共軍隊。

谷俊山案 胡、習聯手 徐、郭抱團

據「財新網」2014 年 4 月 5 日報導，中共軍科院大校公方彬通過當年 4 月 2 日發表的一篇博文，透露了谷俊山案的部分內情。

據公方彬透露，是胡錦濤下決定拿下谷俊山。中共總後領導第一次向時任中央軍委主席胡錦濤彙報情況，講了兩個多小時，向胡錦濤建議把谷俊山調離總後，胡不同意，認為這樣的人調到什麼地方都是禍害，胡下決心懲處谷俊山，將其「繩之以法」。

谷俊山的後台就是徐才厚和郭伯雄，在中國大陸幾乎人盡皆知。《鳳凰周刊》評論稱，谷俊山案竟然至今已經耗時長達近三年之久仍未完結，足見徐、谷系列案件查辦之艱難，以及徐才厚對谷俊山案查辦的干擾和阻撓。

2014 年 1 月 20 日，海外出現了一封名為《就谷俊山案無法深入致全軍指戰員的公開信》稱，「總後原副部長谷俊山巨大貪腐案曝光兩年一直無法深入、其根源在於深涉谷案的原中央軍委副主席徐才厚和郭伯雄，頑強抵制習近平」，「在近兩年時間內，習近平先後指示和批示 12 次，要求嚴厲查處谷案，但徐、郭頂著不辦，極力包庇谷俊山。」

「即使在習近平先後指示和批示達 12 次之多，但軍委始終沒有動靜，只勉強發了 3 次通報，而且 3 次的說法都不一樣，只是把谷的事與其他人的事夾在一起說，故意輕描淡寫不單獨突出。」

過了近 3 個月左右，在 2014 年 4 月 15 日，《鳳凰周刊》2014 年第 11 期刊發封面文章《谷俊山案大起底》，文中提及上述公開信時稱，據一位接近核心信息源的高級軍官分析稱，「信件提供者絕非一般人」，因為「不僅裡面涉及谷俊山案的一些細節，包括最近一月軍隊腐敗的具體人和事，非軍內人士不可能知道得這麼詳細。最為關鍵的是，舉報信所說的內容，大量與軍內相關單位給軍委報告中說的內容高度一致，甚至連原句都有照抄的。」

徐才厚的「海南情結」

《明報》在 2 月 24 日稱，中國最南端的城市海南三亞，是中共高層避寒勝地，一來是海濱景色優美，二來是新落成的解放軍總醫院（301 醫院）三亞分院，由北京千名軍醫成建制南下駐診，令當地醫療條件直追北京。2015 年元月江澤民在附近的東山嶺露面，是「冬休之行」。

2015 年 1 月 3 日周六下午 4 點 10 分，大陸多家媒體援引海南東山嶺微信公眾號發布的消息稱，88 歲的前中共黨魁江澤民在海南島著名景區東山嶺公開露面。海外媒體稱其寓意「東山再起」。此消息後來在中國大陸被全部刪除。

自從 2012 年 11 月，習近平成為軍委主席之後，徐才厚將被抓的傳聞不斷，隨後，徐才厚有兩次新年時期在海南現身的報導。

2013 徐才厚元旦前後，南下廣東、海南「避寒」。1 月 5 日上午，徐才厚在海南保亭縣的甘甚嶺檳榔谷原生態黎苗文化旅遊區，參觀體驗黎苗民俗文化和生活。

檳榔谷網站報導稱，原中央軍委副主席徐才厚一行 15 人，在中共保亭縣委楊慶冠常委的陪同下，「蒞臨」檳榔谷。

報導稱，整個行程頗為低調，隨行人員只有極少數的省、軍、縣級領導，在時間上也選擇遊人稀少的清晨時分。

有港媒稱，2014 年中國新年，徐才厚跑到海南三亞轉了一圈，卻無心看風景，而是以去找「那裡休養的老領導」為名，到處請託和求助。

2014 年 6 月 30 日，徐才厚被習近平當局宣告落馬。

徐才厚、郭伯雄為禍的緣由

北京時局觀察人士華頗分析稱，「說胡錦濤被架空，這是對其的一種辯解，說明他無力扭轉軍隊腐敗問題，那誰應該對此負責任呢？徐才厚、郭伯雄哪個不是江澤民提拔起來的？所以江澤民要負這個責任。」

他認為，習近平對軍方動作，這塊目前除了針對郭伯雄外，就是針對江澤民。他解釋道，「胡錦濤被架空全是因為老人干政，就是他江澤民，沒事在那裡弄權，退而不休，拉攏培養自己的勢力，一昧在後台干政，把中共和國家推向一個深淵，江澤民難辭其咎。」

王岐山布陣 19 大

王岐山布陣 19 大

第十三章

機關算盡的令計劃

2015 年 7 月 20 日，被外界視為胡錦濤大內總管的令計劃被「雙開」並移送司法。2012 年初，令正處權力顛峰，因一場突如其來的車禍改變一切。關於令的落馬眾說紛紜，可確定的是他腳踏兩隻船，是中共官場的無間道、兩面人。

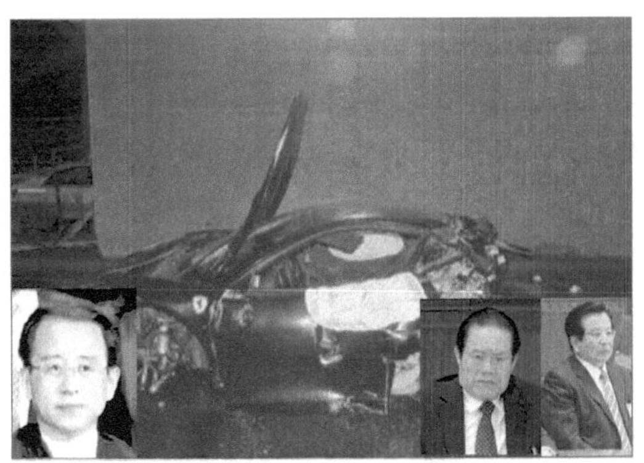

2012 年 3 月 18 日令計劃之子車禍死亡，令計劃與江派大佬周永康等的關係曝光。（大紀元合成圖）

第一節

圍繞法拉利車禍的爭奪戰

2015 年 7 月 20 日，官方公布令計劃被「雙開」，移送司法機關處理。令計劃仕途逆轉起源於三年前的一場車禍。相比於大陸媒體遮遮掩掩的暗示報導，海外媒體對這場車禍的報導，比好萊塢諜戰片還精彩。

北京這場神祕的法拉利車禍造成一死二重傷。死者為令計劃 24 歲的獨子令谷，同車兩名重傷的美女據稱「衣衫不整」。

「為掩蓋兒子死因，令計劃與當時的政法系統負責人達成了某種政治約定。但這個約定隨即敗露，令計劃的政治道路由此逆轉。」財新網在 2014 年 12 月 22 日官方公布令計劃落馬後，隨即發布了上述消息。

這是大陸媒體第一次證實令計劃落馬與法拉利車禍及周永康的關係，儘管這篇報導馬上在網上被刪除。

仕途逆轉

中共 18 大前的 2012 年初，令計劃處在仕途的顛峰時期，被外界普遍認為有望高升，甚至可能會入常。但是當年 3 月 18 日，上述突如其來的車禍改變了這一切，令計劃仕途開始走下坡路：

2012 年 9 月，令計劃不再擔任中共中央辦公廳主任，接替杜青林兼任中共中央統戰部部長。

2012 年 11 月，令計劃不再擔任中央書記處書記，僅連任「18大」中央委員。

2013 年 3 月，令計劃擔任中共全國政協副主席。

2014 年 12 月 13 日，令計劃最後一次公開露面，主持中央統戰部的通報會。

2014 年 12 月 22 日，官方正式公布令計劃被調查。

在令計劃被調查前後，他的家人頻頻出事。

人民日報社主辦的《中國經濟周刊》2015 年披露，在令計劃被調查後，妻谷麗萍也被帶走調查。但令計劃落馬後，未見谷麗萍被帶走的官方消息，也未見谷麗萍有過任何公開露面。

在令計劃被調查前半年，其兄令政策於 2014 年 6 月 19 日被調查，中紀委還未通報調查結果。

令計劃被宣布調查前兩月，其弟令完成也傳出被調查的消息。令完成是一名商人，另一個化名是王誠。關於他的信息和處境眾說紛紜，沒有確切的官方消息。

令計劃妻弟黑龍江省公安廳黨委委員、副廳長谷源旭，2014年 12 月底也被帶走調查。谷源旭妻子羅芳華也於 2015 年 1 月被曝遭調查。

2014 年 6 月至 7 月，令計劃的姐夫、運城市副市長王健康曾消失 54 天。運城官方解釋說，這 54 天王健康「請假了」。2015 年 7 月 9 日至今，王健康的行蹤再度成謎。多名知情人對「政事兒」說，王健康已於 7 月 12 日被帶走調查。

令計劃落馬後，他的多個朋黨隨即跟著被調查。

2015 年 1 月 16 日，國家旅遊局副局長霍克被調查。霍克之前長期在中辦工作，是令計劃的直接下屬，兩人被查的時間間隔僅為二十多天。

1 月 16 日當天，中紀委還通報，國家安全部副部長馬建被調查。馬建被指與令計劃關係密切。

1 月 31 日，民生銀行行長毛曉峰被帶走調查。毛曉峰也曾是令計劃下屬，關係密切。

而香港雜誌 1 月曝出，令計劃家族現被查封資產高達 837 億元人民幣，流出境外資金有 45 億美元。令計劃家族的腐敗與周永康家族的貪腐可謂並駕齊驅。

極力掩蓋

這場「計畫風暴」起源於北京一場蹊蹺的車禍。

車禍發生在 2012 年 3 月 18 日凌晨 4 點，北京市海淀區保福寺橋附近濕滑的環路上。令計劃兒子令谷駕駛的一輛法拉利跑車失控撞橋解體。車上三人被甩出車外，男子當場死亡，兩女重傷送醫。重傷的兩名女子皆為 25 歲的藏族美女。多家媒體報導稱，三人「衣衫不整」。

據悉，撞毀的「法拉利 458」，只能坐二人，卻擠了三個人。

當時下雪天滑，法拉利在轉向時，坐中間偏左的女郎因離心力關係，在強大的慣性下，身子自然偏向左邊壓住了男子，致使該男子無法操作，釀成慘禍。

案發後，最先到達現場的是交管民警，緊接著又有兩批武裝力量火速趕抵。其一是令計劃私自調動的中央警衛局人員，其二是中央政法委幹員。兩班人馬支開交警，全權接管，嚴密封鎖。據報導，相關方面火速封鎖現場、火速清洗馬路、火速拖走並銷毀殘骸，死者以假名火化。

就處理車禍問題，時任政法委書記周永康和令計劃商談。當時周永康表示，全面封鎖車禍消息，願意支援令計劃進入常委。作為回報，令計劃確保中央不再追究周永康，停止中紀委已經開始的調查，確保周與薄熙來和薄谷開來的謀殺案做完全切割。同時周永康和令計劃決定成立一個來自周、令陣營的兩人小組，協作消除車禍「傳聞」。

當夜，令計劃得到時任政法委書記周永康的協助，將令谷車禍消息壓下來。至此，也暴露了令與周聯盟的陰謀，暴露了令計劃身為胡錦濤貼身祕書，同時又是江派人馬的兩面人身分。

令谷車禍前三天（3月15日），剛發生薄熙來被免事件。3月19日即車禍第二天晚上，北京安全力量出現異動，軍事政變的傳言在網上流傳，一時間消息相當混亂。

這場號稱改變中國政治格局的車禍發生第二天，北京的《新京報》和《北京晚報》即有報導，還發布了現場圖片，但沒有透露死者身分。這些報導隨即被從網上刪除，「法拉利」和「法拉利撞車」等關鍵詞搜索被屏蔽。警方、消防部門和幾家當地醫院均拒絕評論此事。中宣部下令《北京晚報》不得傳播那張照片。

第二天，《環球時報》英文版報導說，一夜之間網上關於這起撞車事件的所有信息幾乎全被刪除，引發人們懷疑已死亡的駕車者的身分。

在令谷死亡將近三個月之後，令谷的社交網路帳戶上還發出了帖子：「謝謝，安好，勿念。」這個貼子起到了平息傳言的作用。但後來的消息顯示，這條訊息是假的，是其他人用令谷的化名發布的。

《紐約時報》報導說，這一作假行為是壓制法拉利車禍消息的眾多複雜手段之一。在「18 大」上仕途看好的令計劃極力隱藏其子之死，包括胡錦濤在內的中共領導層都不知道。

令計劃將整個事件瞞著胡錦濤，其後隨同胡錦濤出巡辦事，他一直若無其事，神情輕鬆，甚至談笑風生，毫無喪子之痛，被網友稱作「用特殊材料做成的黨員」。

江、曾發難

本來一場車禍在北京是再小不過的事情，但不尋常的後續處理驚動了北京市長郭金龍。

香港《前哨》雜誌 2012 年 9 月的文章說，首先是市交管部門被「相關部門」打招呼禁止跟進，接著網上閃電刪盡相關網文。政爭漩渦中心的郭金龍高度敏感，運用「現管」之便，通過手中交管、殯葬、醫療諸部門，迅速搞清車禍真相──死者為令計劃的獨子令谷（化名王子雲），事發時疑正與兩名美女大學生「車震」中。

郭金龍第一時間向自己的「幫主」詳盡彙報。「幫主」如獲至寶，一聲令下，偵騎四出⋯⋯

據說「成果」是震撼的。24 歲的令公子擁有各款名車 101 部，其中肇事後變為廢鐵的法拉利，價值 560 萬元，屬其「藏品」中的「中價車」。此外林寶堅尼、卡迪拉克……絕版的、限量發售的……林林總總，總共價值少說五個億。

「幫主」當機立斷：就以此為突破口，由車主查車位車庫，由車位車庫查所屬物業，由車位物業查業主身分……順藤摸瓜，一查到底，連根拔起深埋土中大蘿蔔。

令公子擁有的 101 輛名車，分別停泊在近 90 處物業車庫車房裡，物業多為天文數樓價的近郊獨立屋別墅，鬧市高層大廈的豪宅單元也為數不少。而物業業主，全為令氏家族四兄妹（令路線、令政策、令方針，令完成）、令太太谷麗萍親屬，他們本人或為他們所擁有、控制的公司、基金，總體樓價保守估算不少於 50 億。

接著「以樓查樓」。根據令氏、谷氏物業業主姓名，以及其掌控公司的高層要員姓名，追查一干人等與地產商、地產公司的利益關係，說白了即所占股權份額。性質囊括建造業、租賃業、屋業管理，範圍拓闊至全國各省加港澳國際。再然後更上層樓，調查延至令太太全權「奉獻」的幾大慈善基金。

據說初步查出令氏家族涉貪至少人民幣 3500 億元！

等到 6 月下旬，揭幕中共權力交接的北戴河會議即將來臨，換屆的北京市委會議也召開在即，江派的「超齡書記」劉淇實在「超」不下去了。郭市長的「幫主」江澤民、曾慶紅，轟然一聲向眾人拋出上述「炸彈」。

被打了個措手不及，令計劃百口難辯，胡錦濤目瞪口呆！朱鎔基晃著滿頭的白髮，連連驚呼「想不到，真想不到……」朱還痛斥令計劃「無人性」。

本來胡錦濤想讓令計劃接北京市委書記這個肥缺，然後作為跳板入常。江派此時順理成章提出無可辯駁的建議：具備五年北京工作經驗的郭市長，是最適合的書記人選。於是，65 歲的郭金龍「立功受獎」，扔下返鄉行囊，意外地撈了個北京市委書記。

江澤民和曾慶紅並進一步藉此在 18 大人事上向胡錦濤施壓。

這裡半路殺出的郭金龍究竟是何許人？《前哨》披露郭金龍不是團派乃江派。文章說，南京出生的郭金龍南京大學一畢業便「發配」巴蜀，三十餘年仕途，從川官、藏官、皖官當到京官，從未做過共青團幹部。雖然與胡錦濤先後赴西藏就職，但中間隔了一年多無從交集，團派胡派之說理據何來？2007 年胡總雖已「扶正」有年，但將郭調京任二把手決非出自胡的意願，換個角度講，江派死黨京城霸主劉淇，臥榻之旁豈會容留一個團派副手貼身監視？

文章指郭近十餘年的平步青雲，全賴兩任中組部長曾慶紅和賀國強的提攜，他當然是曾、賀身後總舵主江澤民的馬仔。

郭金龍是江派人馬，從 2015 年「追查迫害法輪功國際組織」的追查通告，也可以得到證實。通告指出，自江澤民鎮壓法輪功以來，郭金龍緊跟其後，使得其先後任要職的西藏自治區、安徽省、北京市的法輪功學員均遭受嚴重迫害。尤其是他在北京任職期間竭力參與迫害，使北京市成為迫害法輪功最嚴重的城市之一。

關於這場車禍的調查還有一種說法，即時任北京公安局長傅政華調查了車禍原因，沒有理會周永康的警告，將實情報告給了中共高層。最後江澤民在 2012 年北戴河會議上藉機發難。

　　無論哪種說法，最後結論都是殊途同歸。

兩面人蔣潔敏

　　2013 年 9 月，多家媒體報導，被調查的國資委主任、前中石油董事長蔣潔敏涉入法拉利車禍事件。車禍後，有數千萬元款項從中石油的帳戶轉到了車禍中受傷的兩名女子家人帳戶，蔣潔敏因此曾受調查。

　　大陸媒體報導，蔣潔敏是周永康的親密盟友，而周永康被指通過石油交易獲取不正當利益。但蔣潔敏又如何甘願為令計劃輸送數千萬元款項？原來他也像令計劃一樣，腳踩兩隻船，投靠兩個主人。這在中共官場司空見慣。

　　《前哨》2013 年 12 月的文章說，綜合蔣潔敏和周永康兩人交代的內容可知，車禍發生後，令計劃曾求助周永康幫其擺平事端，掩蓋真相。周三次動用公安部門修改其子令谷的身分證信息，同時動用網監手段，派人操縱其社交網路帳戶，做出令谷仍然在世的假相。

　　而周永康所不知的是，與此同時，他的昔日馬仔蔣潔敏也與令計劃搭上關係。蔣應令要求，從中石油的帳上打出數千萬元人民幣，給兩名車禍重傷倖存的藏族女生家屬，作為封口、做假口供以及補償費用。

　　車禍真相暴露後，2012 年夏天，蔣潔敏被相關部門約談詢問。他當時的職務是中石油董事長。但蔣在半年後的「18 大」上，他不僅官升一級，獲委正部級的國資委主任，而且還當上了中共中央委員。

2013 年 8 月 31 日，在習近平橫掃「油老虎」的狂潮中，蔣潔敏中箭落馬，終於交代了這筆既無財務記錄也無正常收據的巨額賄款。調查中的周永康於是也被問到同一問題，他專門向中央寫了一份數千字的「情況彙報」，稱自蔣離開勝利油田後，與他已多年未有聯絡；令計劃向二女付數千萬元「封口費」事有耳聞，但不知何人提供，更想不到出自蔣的中石油「小金庫」。

其實蔣潔敏已經投靠了當時炙手可熱、一手遮天的令計劃。能夠順利升入中委，是令一手操盤促成。儘管「18 大」前令已失勢，為了報答蔣的投靠，之前已為蔣鋪好升遷路。但是，也有港媒稱蔣潔敏的升遷是周永康的安排。

抓捕蔣潔敏，已經臭不可聞的中共對外放風「自己面子上也不好看」。《鳳凰周刊》曾對蔣潔敏的落馬評論道，致使中共新一屆中央組建不到十個月就不得不查辦一名剛剛進入中央委員會的委員，開了一個極壞的先例，「極大地損害了自身的形象」。

北京一位知情人士說：「你看這隻令狐狸多厲害，周永康、蔣潔敏同時為車禍案不遺餘力擦屁股，而兩人對於對方的角色卻完全不知情。不過如今真相水落石出了，你再厲害也救不了自己的命了。3000 萬是什麼概念？死緩的劉志軍無期的薄熙來統統被你超越啦！」

據說胡錦濤背後的評語是，「那個人啊，機關算盡太聰明，自作自受吧。」

殺人滅口

為了掩蓋這場車禍，令計劃還涉嫌殺人滅口。法拉利車禍發生半年後，其中一位傷重送往醫院治療、正在康復中的姑娘楊吉突然死亡，醫院聲稱是猝死。但香港《亞洲周刊》2012 年 10 月的報導質疑其中另有隱情。

報導說，楊吉傷得比較嚴重，生命一度垂危。但經過醫院一段時間的全力搶救後，醫生告訴家屬說，姑娘已完全脫離了危險期，性命保下來了，但會落下終身殘疾。

病情好轉的楊吉開始感到寂寞，躺在床上，她手拿著iPhone，到處找人發簡訊、聊天。2012 年 9 月，楊吉感到不舒服，醫生給她打了一針，楊吉昏睡過去後就再也沒有醒來。醫院宣布她突然死亡，家屬都不敢相信這是真的，從死神處走回來的楊吉怎麼又被奪去生命？

有人向《亞洲周刊》表示，中共的高官家屬連外國人都敢毒死，還有公安高官參與隱瞞，一個中國公民又算得了什麼？他懷疑死因另有內情，但無奈，楊吉的遺體早被火化。

北京知情者說，有高官弟子早就多次提醒日夜守候在病房中的楊吉家人，勸姑娘不要與外界聯絡，要保持低調。「事情很複雜，因為全世界都在打聽這宗交通意外背後的故事。」

冰櫃藏屍

除了調動中共中央警衛局，動用數千萬封口費，涉嫌殺人滅口，令計劃還以「冰櫃藏屍」來喊冤，說兒子遭到報復性政治謀殺。

《前哨》文章說，其實在令計劃視權位高於生命的價值觀中，和政治得失相比，兒子只不過是一件工具，若妨礙其仕途攻略，必毫不猶豫地棄之一隅。而正因為是工具，若能用以避凶擋災，自會不失時機地拎將出來。一年多過去了，撞車事件引發的「圍觀潮」早已消退，當時沒流一滴淚而遭朱鎔基痛斥「無人性」的冷血父親令計劃，突然「人性回歸」，大聲呼起冤來。

令計劃通過身邊人傳話境外媒體，「假名火化」乃有人造謠，愛子遺體至今仍存放在零下 20 度的冰櫃中，並斷言令谷同學並無「車震」，只是趕赴派對途中出事，而且事出蹊蹺，絕非一般尋常車禍，而是恐赫威脅未果的報復性政治謀殺。令計劃曾向中央提出申訴，要求對其子車禍死亡展開調查，查出幕後殺兒凶手，並誓言真相一日不大白，愛兒冰屍便一日不解凍。

2015 年年初，還有另外一椿傳聞，難辨真假。海外媒體報導說，出事的法拉利是河南商人郭文貴為討好令計劃所送。令谷的法拉利車禍當晚，正在開車去郭文貴的盤古大觀樓給國安部原副部長馬建送兩位美女。2015 年 1 月 16 日馬建被公布調查。海外消息指，馬建涉及周永康和令計劃案，並利用管道透過海外華人洗錢。馬建還涉嫌散布虛假消息、構陷高官，並涉及與多名女性通姦等。

一場車禍演繹出這麼多離奇的劇情，暴露了這麼多複雜的關係，可以說是令計劃始料未及的。

誠如一位網友所言：「一起普通的車禍，本來我們並不在意，可你們緊張到抽風，四處刪帖，這才讓我們懷疑背後的故事。你們總用愚蠢的行為來證實傳聞不是假的……」

也誠如傳言中胡錦濤的評語，「那個人啊，機關算盡太聰明，自作自受吧。」

令計劃腳踏兩隻船，成為官場的無間道、兩面人。擅工心計的他，在仕途的顛峰時期，一場突發車禍使他方寸大亂，調動「禁衛軍」平息風波，犯了黨內大忌。而與周永康早已「暗通款曲」，危機處理中洩露了兩人的同盟關係，攪動一灘渾水。人算不如天算，作惡者欲蓋彌彰，可以說是天意。

第二節

令與薄周江胡的真實關係

令計劃案中，最複雜也最令人關注的是令計劃和胡錦濤、江澤民、周永康、及薄熙來之間的關係。

令計劃是胡錦濤一手提拔的嫡系嗎？還是江派安排在胡身邊的臥底？令計劃在胡錦濤和江澤民之間究竟傾向於哪一方？令計劃和薄熙來是什麼關係？令計劃和周永康在法拉利車禍之前就有交易嗎？理清楚這個「蜘蛛網」，中共政壇近年來一鍋粥的亂鬥也就清楚了。本文將試圖解開這些謎團。

大內總管

前面講到令計劃在法拉利車禍中原形畢露。在此之前，沒有人懷疑令計劃對胡錦濤的忠誠。

令計劃 2007 年 9 月至 2012 年 9 月擔任中共中央辦公廳主任，

該職務有「大內總管」之稱。任職期間，令計劃經常陪同胡錦濤出訪，但照片很少見報。據大陸媒體報導，令計劃在中央決策中扮演重要角色，具體細緻到安排胡錦濤何時收看《新聞聯播》。

香港《明報》2011 年 3 月 12 日報導了一則新聞，突顯令計劃在中共中央運作中的樞紐角色。

2011 年 3 月 11 日下午 3 時 57 分左右，中共最高法院院長王勝俊正在兩會主席台上宣讀報告。一名工作人員走上主席台，將一份文件交給令計劃，再遞到胡、溫手上。胡、溫在主席台先後批示，而這名工作人員一直半蹲在令計劃旁邊等候。批示後，胡、溫分別向這名工作人員交代了幾句，工作人員再回到令計劃旁邊，令計劃簽名後也叮囑了幾句。

之後，工作人員叫主席台第二排主管救災的國務院副總理回良玉離場，令計劃也跟著離場。約 10 分鐘後，回良玉返回主席台座位，同時叫中央軍委副主席郭伯雄離席，此時主管外交的國務委員戴秉國也離席。

至 4 點半，郭伯雄、戴秉國先後返回座位，令計劃也返回座位，顯示這宗緊急公務處理完畢，主席台恢復平靜。

至於這宗「十萬火急公務」到底是什麼，報導最後說「仍是個謎」。但上述動作無疑讓人看清楚令計劃作為「大內總管」在中共中央運作中發揮的作用。

一名在胡錦濤辦公室工作了六年的官員被降職，他發牢騷透露，胡錦濤一直深藏不露，讓人搞不懂怎麼回事。但他明顯感覺到，掌管胡辦的是令計劃，「決定中國大小事務的，也是令計劃和令計劃這樣的祕書，而不是總書記本人在統治中國」。這篇文章 2010 年 9 月發表在博訊網。

瞞天過海

2012 年 3 月法拉利車禍發生後，令計劃本想瞞天過海。事情敗露後，令計劃求助胡錦濤。

據《亞洲周刊》稱，2014 年 7 月底，令計劃去胡錦濤家拜訪，懇請胡錦濤能出面與習近平溝通求情，他堅稱自己絕對沒有「違法違紀」，兄弟間家族裡的一些事，自己並不知詳情。在中央辦公廳任職那麼多年，工作中難免得罪一些人，黨內有人想藉此下手妖魔化他。

《明鏡月刊》援引胡錦濤身邊人員透露，令計劃痛哭流涕，向胡錦濤保證說，「如果全國幹部都貪污腐敗，我令計劃也是清官，我每一天都為總書記忠心耿耿地工作，回家只是換身衣服，哪有時間腐敗……」但胡對令這番表演沒有表明態度。還有媒體報導令計劃甚至向胡錦濤下跪求情。

2012 年 11 月，胡錦濤「全退」後發現很多事情被令計劃蒙在鼓裡出賣。尤其令胡不能容忍的是，在許多重大人事及工作安排上，令完全沒有如實彙報，甚至是刻意欺騙。提拔蔣潔敏和劉鐵男就是實例。

據《前哨》2013 年 12 月報導，劉鐵男在發改委可謂「萬人憎」，多番專業考試又不合格，但 2006 年突然從司級位上提拔為副部級的東北辦副主任。一片譁然之中，部領導的理由竟是：「劉鐵男已經改正了那些缺點。」其後又「帶病」升任正部級能源局長，一切都是令計劃假胡之名突擊提拔這位山西同鄉。

外面知道劉鐵男是江澤民的人，但劉鐵男通過中國知名女商人丁書苗張羅的高官俱樂部——西山會也同時攀上了令計劃。

於是，胡錦濤對令計劃案不再說話。甚至有人傳出他背後的感言：「劉鐵男、蔣潔敏都完蛋了，都不關我事，不是我要提拔的。那個人啊，機關算盡太聰明，自作自受吧。」

之後，有報導說，胡錦濤向現任中共總書記習近平表明，無論是誰涉嫌腐敗，習都可儘管放手去查，言外之意就是他不會干涉調查令計劃，為最終收拾令計劃達成了一定的默契。

令胡無交集

令計劃有意無意營造的印象，好像他是胡錦濤看中，從團中央一路提拔上來的嫡系團派。

查看官方公布的簡歷可以發現，令計劃 1979 年調入團中央時，胡錦濤還是甘肅省建委的副處長。1982 年 12 月，胡錦濤首次調入團中央，任書記處書記，當時令計劃正借調河北省一年，其後又為補學歷到中國青年政治學院學習兩年。直到 1985 年胡調離團中央外派貴州省委書記後，令計劃才結束學業返回團中央，做到 1995 年。而胡錦濤直到 1992 年還遠在西藏當一把手。這 16 年間，令計劃和胡錦濤幾乎沒有交集。不能說在團中央待過，就都是胡錦濤的人，何況胡錦濤那時候還到邊遠地區任職，自身前途未卜。

胡錦濤部分簡歷摘錄：

1979 ～ 1980 年，甘肅省建委設計管理處副處長。

1980 ～ 1982 年，甘肅省建委副主任，共青團甘肅省委書記（1982 年 9 月～ 12 月）。

1982 ～ 1984 年，共青團中央書記處書記，全國青聯主席。

1984 ～ 1985 年，共青團中央書記處第一書記。

1985 ～ 1988 年，貴州省委書記，貴州省軍區黨委第一書記。

1988 ～ 1992 年，西藏自治區黨委書記，西藏軍區黨委第一書記。

1992 ～ 1993 年，中央政治局常委、中央書記處書記。

1993 ～ 1998 年，中央政治局常委、中央書記處書記，中央黨校校長。

令計劃部分簡歷摘錄：

1978 ～ 1979 年，山西省運城地委幹部。

1979 ～ 1983 年，共青團中央宣傳部辦公室、宣傳處、報刊處工作（其間：1982 ～ 1983 年借調河北省委辦公廳工作）。

1983 ～ 1985 年，中國青年政治學院政教專業學習。

1985 ～ 1988 年，共青團中央宣傳部理論處副處長。

1988 ～ 1990 年，共青團中央書記處辦公室主任。

1990 ～ 1994 年，共青團中央辦公廳副主任，《中國共青團》主編。

1994 ～ 1995 年，共青團中央宣傳部部長，共青團中央常委、宣傳部部長。

德國之聲中文網曾報導稱，令計劃真正的升遷之路，是在1995 年，胡錦濤成為「接班人」的三年之後。令計劃在中共團中央宣傳部部長位子上，被調入中央辦公廳，擔任調研室三組負責人。當時胡謹言慎微，正觀察高層風向，不可能為自己調兵遣將。

隨著令案發展，2014 年 8 月，海外多家媒體報導，胡錦濤最近向身邊人士重申，令計劃雖然曾給他當過多年大祕和大總管，但根本就不是他的什麼「自己人」，也不是他親自提拔的什麼團派成員。

消息人士說，提拔令計劃擔任中央辦公廳主任不是胡錦濤，而是令計劃身後的利益集團，其中包括「太子黨」的勢力，也可以說是令計劃是諸多勢力在胡錦濤身邊安插的「眼線」。

薄一波「養子」

令計劃不是胡錦濤提拔的。那麼他在仕途關鍵點究竟是何人提拔的？

據多家媒體報導，令氏兄弟的父親令狐野，在延安時曾與後來擔任過中共中央副主席的汪東興長期共事，是晉察冀邊區第一任醫藥局長。薄、令兩家在那時候就有了淵源：令計劃父親令狐野和薄熙來父親薄一波，本是一對往來頻繁、有多年交情的山西密友，而薄一波幾乎將令計劃視為養子。1979年，薄一波重新獲權剛一年，就讓令計劃上調團中央。

消息人士說，令計劃調到團中央及以後的晉升，都是「中共八老之一」的薄一波一手安排和提撥的，令計劃是薄家的一個棋子。

辛子陵2015年1月也對澳大利亞國家廣播電台表示，令計劃案件是薄熙來案件的延伸。令計劃家族與薄家有很深的歷史淵源。

他說，2007年令計劃能成為胡錦濤的大內總管、中央辦公廳主任，也是因為有共青團和薄一波這兩個背景，胡錦濤能夠接受他，江澤民也能通過。薄一波對江有恩（江初登總書記大位，陳希同揭露了江的生父江冠千在汪偽政府任職問題，鄧想換掉江，是薄一波出面說情，使江度過了危機），江以扶持薄熙來相報。所以，薄一波是一手託兩家。令計劃則成了一個腳踩兩隻船的人物。胡錦濤與江澤民矛盾激化後，令計劃事實上成了江派在胡錦濤身邊的臥底。

生死同黨

那麼，令計劃與薄熙來關係如何呢？

海外媒體報導，薄熙來每次來京，都要經過令計劃安排與胡錦濤密談數小時。六常委到重慶山城朝拜「唱紅打黑」，也都由令計劃一手安排。

媒體還曝出當年陳良宇因上海社保案落馬，策劃、實施者正是時任中辦副主任令計劃與時任商務部部長的薄熙來。兩人之後的升遷也證實這一點。薄在陳良宇倒台之後，於中共 17 大順利進入政治局；令計劃後也被升為中辦主任。而在上海社保案之前，身為中央政治局委員的陳良宇一度被視作中共 17 大入常熱門之一。雖然陳良宇也是江家幫，但薄熙來想達到自己的目的會不擇手段。

那麼外界一直流傳令計劃是倒薄推手，這又如何解釋？

《前哨》的文章說，「如果沒有薄一波，作為一個邊城處級幹部的兒子，令計劃努力終生，恐怕最多也只能爬上個廳級官位吧。挑明這一家族淵源，自然也粉碎了令計劃扮演反薄英雄的計畫。而事實上他不僅不是反薄英雄，反而是如假包換的薄熙來同黨。」

文章舉了一個例子。

　　王立軍被押進京的第二天，2012 年 2 月 8 日，重慶市政府新聞辦發布消息稱：「據悉，王立軍副市長因長期超負荷工作，精神高度緊張……現正在接受休假式治療。」同時重慶門戶網站「華龍網」上，出現一份王立軍的精神狀況診斷書，由第三軍醫大學附屬醫院開具，稱王「存在嚴重抑鬱狀態和抑鬱重度發作，建議組織干預，對患者實施治療」。

　　而與此同時，千里之外的北京，軍方 301 醫院裡，由令計劃督陣，正命令精神科醫生對王立軍進行「真人診斷」。其診斷結論是「間歇性精神病」，印證了重慶軍醫大附院千里隔空的「醫療斷症」。

　　《紐約時報》中文網 2013 年 8 月 31 日的報導也證實，令計劃安排的「這次檢查可以被用來為薄熙來開脫」。

　　「如果王不是在安全部手中，而是在政法委手中，薄谷開來的如意算盤便打響了（開精神病診斷書是谷的建議），王必將在精神病院中經『組織干預』迅速治療至傻至死。」《前哨》的文章說，這種事「相信只有生死與共的同黨才能做得出來」。

令周聯盟

　　2014 年 12 月 22 日，令計劃被宣布落馬。大陸財新網隨即發出報導說，法拉利車禍後，「為掩蓋兒子死因，令計劃與當時的政法系統負責人達成了某種政治約定。但這個約定隨即敗露，令計劃的政治道路由此逆轉」。但這裡沒有披露是何種「政治約定」。

　　袁紅冰所著《台灣生死書》一書中披露了這個「約定」：法

拉利事件發生後，周永康約令計劃密會，首先讓令計劃翻閱一祕密檔案。檔案中，令計劃家族成員仗其之勢，在山西壟斷煤礦，濫權貪瀆，做買官鬻爵之掮客以斂財，暗開賭場以致暴富，等等惡行惡狀，事無鉅細，皆記錄在冊。令計劃閱後，冷汗遍體，目眩神搖。於是二人達成默契：周永康助令計劃在秋天召開的中共 18 大上進入政治局常委之列；令計劃助周永康同薄熙來切割，全身而退。

令計劃和周永康在這次聯盟之前究竟是何種關係？

《前哨》2012 年 9 月文章說，令周之間早已暗通款曲，早已私定有限合作「君子」協定。所謂「有限」，他當然不會愚蠢到捨棄最大、最強的利益源頭胡錦濤。

文章說，2010 年開始，為滲透周永康控制的政法委，胡錦濤以加強部門間合作力度為由，要求令計劃以書記處書記身分，每月不得少於一次，與政法委正副書記周永康、王樂泉例行聯席會議。令計劃深知老周憑川油有數百億身家，一來二往之下，令、周二人居然化敵為友，在胡錦濤眼皮下合作無間。

令計劃效忠的是金錢利益，不完全是江派或者胡派，所以腳踩兩船。這也是為什麼江澤民、曾慶紅也打他，胡錦濤也不救他。

從大陸媒體披露的令氏家族腐敗情況可以看出，雖然令計劃案與周永康案相連，但令計劃也有一個龐大而獨立的腐敗集團，與周氏家族腐敗等量齊觀。

總幫主駕馭「新四人幫」

「新四人幫」，即令計劃、周永康、薄熙來、徐才厚組成新四人幫政變集團，架空胡錦濤，還要向習近平奪權，坊間對此一直津津樂道。

2015 年 3 月 15 日，中共《人民日報》原副總編輯周瑞金在財經網上刊文稱，周永康被指與薄熙來、徐才厚、令計劃案都有牽連，他夥同李東生、蔣潔敏等人，更是或串聯、或併聯，組成了一張巨大的貪腐網，到了幾乎可以「遮天蔽日」的地步。

這是大陸媒體比較直白地說出了，周、薄、徐、令四人聯盟「遮天蔽日」。

辛子陵 2015 年初對澳洲廣播電台表示，「說令、周、薄、徐是個政變集團，其最終目標是推翻習近平，奪取最高權力，這符合事實；但突出令計劃，把令計劃擺在首位，這就不符合事實了。薄熙來政變成功了，薄熙來是一把手，令的地位會上升，比如進政治局，甚至當常委，但還是個幕僚。在這個反黨集團裡輪不到他掛帥，他也掛不起帥來。」

辛子陵說，「造這個輿論，是要反貪打虎止步，掩護老老虎、老虎王。當年抓出王（洪文）張（春橋）江（青）姚（文元），說是『一舉粉碎四人幫』，結束文化大革命。因為四人幫的幫主是毛澤東，應該是『五人幫』，至於四人幫，是為了保護毛澤東。新四人幫的提法是要保護總幫主和他的軍師。這樣說，你懂的，聽眾和讀者也會懂的。」

這裡的總幫主和軍師就是指江澤民和曾慶紅。

中紀委公布令計劃落馬後，原上海大學教授、在上海市金山區經營農場的張炎夏在新浪博客發了兩文，記述張家和陳良宇家幾十年交往中的一些軼事。

文章最後說，「其實有些話到現在還是不能說的。令和薄因為已經被判，有問題的我可以說，但這不會是兩個人的問題，令、周、薄，是三駕馬車，只有一人駕馭，大家早晚會知道是誰。」

「我們不妨想想，周被抓了那麼多時間才宣布，顯然是有阻力，而且阻力必然來自比周職位更高的人。而令一被抓馬上就宣布了，顯然沒阻力，為什麼呢？最簡單的解釋是阻力來自同一人，清除了抓周的阻力，抓令就沒阻力了。而沒有按照正常程式公布，在夜裡突然宣布，說明習也怕夜長夢多吧，避免節外生枝。」

在大陸的張先生能說到這個地步已經不錯了。這裡的「只有一人駕馭」，當然是指上文提到的總幫主。

張炎夏最後語重心長地說，「習主席，你任重道遠。」

以上都證實了《大紀元》之前的報導：由於擔心迫害法輪功遭到清算，由江澤民主導、曾慶紅主謀，江派在「17 大」後制定了薄熙來、周永康聯手政變、廢掉習近平的計畫。該計畫由時任政法委書記周永康和時任重慶市委書記薄熙實施，在中共「18 大」上讓薄熙來接替周永康的職位，掌管政法委「第二權力中央」；待時機成熟後，聯合江澤民在軍中勢力，意圖在「18 大」後兩年內，趕習近平下台，推薄熙來上位。

不過現在應該加上，令計劃以中辦主任的身分，居中聯絡，暗中策應。

時事評論員夏小強指出，令計劃作為江澤民安放在胡錦濤身邊的「暗釘」，這一點在通過令計劃調任統戰部長後的作為得到進一步證實。令接手統戰部之後，統戰部加強向海外輸出迫害法輪功政策，在台灣、香港、美國，受統戰部控制的特務組織對法輪功的打壓變本加厲，甚至給出國訪問的習近平製造難堪。在迫害法輪功的問題上，令計劃的臥底身分暴露無遺。

　　時事評論員李林一表示，令計劃作為中辦主任，在協調中共這部龐大的機器迫害法輪功的問題上，是難辭其咎的。「610」是中共專門迫害法輪功的政法系統。但是中共黨委整個系統、整個專政機器，必須是中辦發號司令、協調運作，才能使中共對法輪功的迫害達到如此慘烈的深度和廣度。

　　綜上所述，令計劃是薄一波一手推上位，是薄家一顆棋子，與薄熙來是暗中勾結的死黨。令計劃不是胡錦濤一手提拔，胡錦濤的性格和不作為給了令計劃很大的空間，以至於令計劃可以「挾天子令諸侯」。令計劃的工作角色和見風使舵的本性，使他與薄熙來、周永康、徐才厚沆瀣一氣，形成「新四人幫」政變集團。令計劃利益至上腳踩兩隻船，亦江亦胡也非江非胡，在胡錦濤和江澤民矛盾激化時成了江派安插在胡錦濤身邊的臥底，一度成了江澤民手中一個棋子。

第三節

政治段子洩
「胡家天下令家黨」內幕

　　網上流傳一個笑話。這個笑話「向常年戰鬥在敵人心臟的胡錦濤致敬」，並列出胡錦濤身邊一大堆落馬的「老虎」。現在人們終於體會胡錦濤為什麼總是苦著臉。因為他身邊：

　　「管政法的是壞人：周永康，政法委書記，

　　管公安的是壞人：李東生，公安部副部長，

　　帶軍隊的是壞人：徐才厚，軍委副主席，

　　管政協的是壞人：蘇榮，全國政協副主席，

　　管國家資產的是壞人：蔣潔敏，國資委主任，

　　管科學家的是壞人：申維辰，中國科協黨組書記，

　　管信訪的是壞人：許杰，中共國家信訪局副局長，

　　副主席、部長、司長、局長以及地方諸侯許多也是壞人，

　　就連長年給自己寫文件出主意的大內總管也是壞人，

　　胡主席啊，你這 10 年也太不容易啦！整個一個戰鬥在敵人心臟裡啊！」

　　說的是笑話，卻是殘酷的現實，中共官場就爛到這個地步。

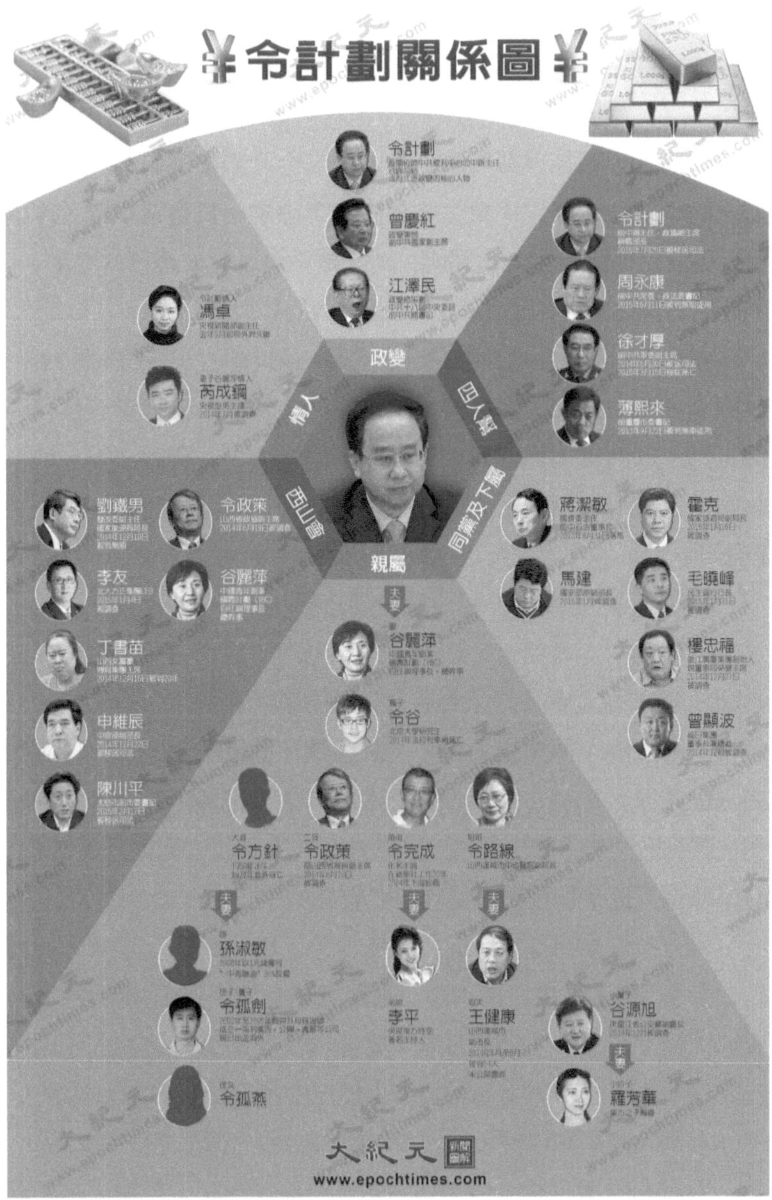

令計劃被曝是新四人幫成員之一，大搞幫派團伙、圖謀政變。令計劃的朋黨關係被指達到「遮天蔽日的地步」。（大紀元）

「18 大」政變名單

　　「周永康被指與薄熙來、徐才厚、令計劃案都有剪不斷、理還亂的牽連；他夥同李東生、蔣潔敏等部屬，更是或串聯，或併聯，組成了一張巨大的貪腐網，到了幾乎可以遮天蔽日的地步。」大陸財經網 3 月 15 日這篇文章被廣泛轉載。

　　在中國官場，「遮天蔽日」有擅權、謀反的意思。周、薄、徐、令四人在政法系統、黨系統、經濟系統、軍隊系統大量安插自己的人馬，試圖聯手把薄熙來推上政治局常委、主管政法委，把令計劃推上常委，讓周永康留任人大委員長，並等待時機把習近平拉下馬。

　　2014 年網上流傳一個涉薄、周政變 18 人的「封官」名單。這份名單包括：薄熙來、劉雲山、梁光烈、黃奇帆、蔣潔敏、周本順、羅志軍、夏德仁、趙本山、司馬南、孔慶東、吳法天、張宏良、薄瓜瓜（薄熙來之子）、劉樂飛（劉雲山之子）、薄谷開來、徐才厚、徐明。其中大部分人已經落馬被抓，最新被抓的一個是號稱政變後「將出任最高法院院長」的河北省委書記周本順。有報導說習近平是按照這個政變名單抓人。

　　還有一份被稱為「令計劃名單」的「18 大封官」名單，據稱是令計劃 2012 年初和周永康一起制定的。其中令計劃的四大心腹都「榜上有名」，如江蘇省委書記羅志軍被令計劃和周永康定為公安部長，江西省委書記強衛也變成中央政法委書記人選等。

　　這個政變集團以薄、周、令、徐為中心，形成了三支團隊。

　　明鏡網的消息說，最核心的是「決策團隊」，全是「黨和國家這一級的領導人」。除了時任中央政治局常委周永康、中央政治局委員薄熙來、軍委副主席徐才厚上將之外，還有前中央軍委常務副主席郭伯雄、前中央政治局常委李長春。

第二團隊，是「執行團隊」，主幹是令計劃的鐵桿幹將們組成的「西山會」，曾有人稱其為「令計劃的禦林軍與敢死隊」，主要由進入中委和候補中委的山西籍官員組成。

第三團隊，是「支援團隊」，人數眾多。

官員祕密檔案

這個政變集團除了對參與人員封官許願，還利用國安特務的力量對付政敵。

據博訊雜誌 2015 年 2 月報導，周永康自 2007 年出任政法委書記以後，密令中共國安部利用它最先進的特務手段，建立了一個針對全國廳局級以上官員的祕密檔案庫，由國安部副部長馬建等人負責。數以萬計官員政要被列入其中，包括習近平、李克強在內。

這個黑檔案庫在周永康與令計劃等人結盟後，被雙方共同利用，為上千名他們認為是「異己勢力」的官員作了標籤，收集他們的不利材料，必要時放出，致這些政壇對手於「死地」。

直到周永康垮台時這個系統還在運作。據報導，對習近平、溫家寶家人不利的傳聞就是通過周永康的親信、時任公安部副部長的李東生向外釋放的。

2014 年 12 月 29 日，中共政治局開會聽取中紀委報告，中紀委書記王岐山將周永康、令計劃在國安部所設的祕密檔案庫的情況在政治局會上擺出時，全場一片譁然。

神祕「西山會」

「紅牆綠瓦，豪車美女，紫檀黃金……織造出了隱蔽、幽靜的權貴交際平台。誰手握著那張通往西山飯局的門票，似乎也就坐上了權力晉級的直梯。那種權力膨脹的速度，並不亞於他們故鄉——煤都老闆的財富迭增。一名大內管家成為他們名副其實的『黨鞭』，正是通過他，郭靜華為自己的丈夫劉鐵男獲得了那張門票。」

這是知名調查記者羅昌平在其自述舉報前能源局長劉鐵男的網路書籍《打鐵記》中披露，劉鐵男加入「西山會」後仕途暢達。

「西山會」，由令計劃於 2007 年建立，由山西籍中共中央委員和中共中央候補委員組成。除官員外，只有個別獲得身分認可的同籍商人，才能擁有埋單的資格。「西山會」的會議地點位於北京西郊，以不低於三個月一次的聚會頻率保持聯絡。聚會期間有豪車負責接送，手機、祕書、情人必須隔離。

《打鐵記》披露，「西山會」在這一輪政治周期遭遇重創。尤其是在 18 大之前，令計劃召集了三次拉票飯局，並將範圍擴大至「西山會」以外的旁籍人員。這一有違中共黨內傳統做法的舉動，構成了重大組織人事事故。與會者均因此付出了重大代價。

這個重大代價起源於中共高層對令計劃的調查。據海外媒體報導，2012 年 5 月 7 日，在令計劃的運作下，全部中共中央委員被召集進京，出人意料的閉門「海選」「18 大」政治局常委名單。投票結果，令計劃名列第三。但這一投票並沒有遵照向退休領導人諮詢和向時任九常委說明情況的正常程式，引起一些高層震怒和懷疑。在有人告密法拉利車禍之後，成了壓垮令計劃的最後一根稻草。

以下是這些付出了「重大代價」的「西山會」成員：

令計劃，1956 年 10 月 22 日生於山西平陸。最高任中共中央書記處書記兼中共中央辦公廳主任。2014 年 12 月 22 日因涉嫌嚴重違紀被調查。

令政策，1952 年 6 月生於山西平陸。曾任山西省政協副主席。2014 年 6 月被調查。

陳川平，1962 年 2 月生於山西平陸。曾任山西省副省長，山西省委常委、太原市委書記。2014 年 8 月被調查。

申維辰，1956 年 5 月生於山西潞城。曾任中央紀委委員、中國科協原黨組書記、常務副主席。2014 年 4 月被調查，2014 年 12 月被開除黨籍。

劉鐵男，1954 年 10 月生於北京，祖籍山西祁縣。最高任國家發改委副主任兼國家能源局局長。2014 年 12 月 10 日因受賄罪被判處無期徒刑。

金道銘，1953 年 12 月生於北京。曾任山西省人大常委會原副主任。2014 年 2 月 27 日被調查。

杜善學，1956 年 2 月生於山西臨猗。曾任山西省委常委、副省長。2014 年 6 月被調查。

丁書苗，又名丁羽心，1954 年生於山西晉城。曾任山西省政協委員，中國扶貧開發協會副會長。2014 年 12 月 16 日因行賄、非法經營兩罪判除丁書苗有期徒刑 20 年，並沒收丁書苗個人財產 2 000 萬元（人民幣，下同），罰款 25 億元。

「山西幫」幫主

「西山會」與「山西幫」緊密相連。新華社 2015 年 1 月 3 日發文首次公開承認，近年來落馬的一些「大老虎」背後存在「幫派」「團伙」，並點名「石油幫」、「祕書幫」、「山西幫」。這裡說的山西幫幫主無疑是令計劃。

「山西幫」的坍塌發生在 2014 年，在幫主令計劃年底落馬時達到高潮。官方報導稱山西是「18 大」以來反腐敗的主戰場之一。《中國新聞周刊》根據公開資料統計，「18 大」後，山西省共有 26 位廳級以上（包括副廳級）官員被調查，其中包括 4 位省部級官員。山西省 11 個地市中太原、大同、運城、呂梁、朔州、陽泉、晉城等地均有官員落馬。山西落馬的省部級高官人大副主任金道銘、政協副主席令政策、副省長杜善學，分屬山西省委、政協、政府「三套班子」，他們的落馬可謂「一窩腐敗」。

媒體發現，山西落馬高官都與令計劃家族有利益關係。

《內幕》雜誌 2014 年 9 月報導稱，自中央第六巡視組 2013 年底進駐山西後，這個被稱為腐敗的「煤炭大省」開始露出了它的真實面目——中紀委出身的原山西政法委書記金道銘，僅出逃的小蜜就捲走上億錢財；原呂梁市市長丁雪峰為了升官，號稱花了上億現金；還有山西司法廳副廳長蘇浩、監察廳副廳長謝克敏等高官的落馬，都扯出更多的山西官場腐敗內幕。然而，山西數起腐敗大案的背後都牽扯到同一個利益關聯者，它就是操控著山西省政治資源和煤炭資源的令計劃家族。

在弟弟令計劃中央升官後，令政策的仕途也隨著快速提升。令政策 2000 年 6 月升任山西省發改委副主任，2003 年成為正廳級的常務副主任，2004 年 4 月升任主任，2008 年 4 月升至山西政協副主席。

在轉任山西省政協副主席後，令政策依舊是當地「政治明星」，其行蹤常常在當地黨報、黨刊占據顯著位置，與他政協副主席的虛職不相稱，但與其「綜合實力」則很相稱。

當令計劃在北京大搞「西山會」的時候，其兄長令政策成了「山西幫」的代理人。

《內幕》說：「山西省的所有腐敗大案都跟令政策有或多或少的關聯。」令政策在原山西省委常委、副省長杜善學升遷上一直扮演幕後「中間人」角色。山西知情人士稱：「在山西流傳說杜善學花錢買官的說法，由朝裡有人的令政策幕後操作；還有傳聞稱，令政策收下杜善學買官錢後，通過當時還是中央辦公廳主任令計劃的關係，很快就完成了這筆交易。」

而北京消息人士則透露，令家兄弟在杜善學花錢買官上「的確起著決定性作用」，「從中紀委已掌握的相關證據看，已經落馬的山西高官的晉升，幾乎都與令計劃有關，無論是金道銘還是申維辰，他們的高升都跟令家兄弟有錢權關係」。

山西省人大原副主任金道銘還同時投靠了時任中央政法委書記周永康和「大內總管」令計劃。

從山西媒體檢索到的資料顯示，2009 年 9 月 28 日，金道銘前往山西省司法聽調研，特意提到山西省司法行政工作兩次得到周永讓的表揚，「是十分難得的」。而在 2011 年 3 月山西省政法委宣布主要領導職務任免決定時，稱金道銘兼任省政法委書記是「經省委研究決定並徵得中央政法委同意的」：時任政法委書記的周永康同意金道銘就任，說明了什麼？是什麼原因讓其得到了周永康的賞識？而金道銘上任後，時刻不忘「貫徹」周永康的要求。

海外明慧網指出，金道銘在任紀委書記期間壓制本系統法輪功學員；在任政法委書記期間，追隨周永康，在全省舉辦洗腦班迫害法輪功學員。

北京政情觀察人士評論說，無論是「西山會」還是「山西幫」，在令計劃和令政策兩兄弟的運作下，其成員最後都變成了「令家黨」。

胡家天下令家黨

中共官場一直有「胡家天下令家黨」之說。令計劃為什麼有這麼大的能量？

作為中辦主任，令計劃掌握中共最核心、最機密的中央機構之一，直接為中共最高層提供服務，位置之重要，權力之大，可以說是「一人之下萬人之上」。所以令計劃很容易一手遮天，假胡錦濤之名構建自己的政治勢力。

《紐約時報》2012 年 12 月一篇報導引述中共中央組織部的一名中層官員表示：「官員們說，令計劃打的電話就相當於胡錦濤的電話。」

2002 年胡錦濤正式接掌總書記之後，「共青團派」逐漸崛起。據《內幕》報導，團派的迅速崛起，與令計劃的幕後運作有直接關係。「在令計劃主持中央辦公廳工作後，他實際上就變成了團派出身的地方大員與胡錦濤之間的聯繫人，尤其是當年曾在團中央一直共過事的，如袁純清、羅志軍等人，早就跟令計劃有過多年的往來，何況令已變成胡錦濤之外的團派第二號實權派人物，一些團派出身的地方幹部，如當過北京市委書記的強衛，還有任過湖南團省委副書記的秦光榮等人，更是極力巴結令計劃。」了解團派的北京消息人士說。

而秦光榮也積極追隨薄熙來、周永康，是江派大員。薄熙來落馬前去雲南考察，時任雲南省委書記秦光榮在兩天行程中一路陪同，甚至一起到軍事基地。秦光榮與周永康也有利益輸送。自江澤民1999年迫害法輪功以來，秦光榮一直積極參與。據不完全統計，雲南省有上千名法輪功學員遭到非法抓捕、抄家、關押、劫持到「洗腦班」、近500名法輪功學員被非法勞教、300多名被非法判刑、至少44名法輪功學員被迫害致死，對此，作為雲南主政者秦光榮負有不可推卸的責任。

2007年下半年，令計劃升任中央辦公廳主任，成為名副其實的中南海「大內管家」後，胡錦濤對「17大」的人事布局，特別是對部分團派高官的卡位和調整，基本上都是由令計劃進行操作。

「這時的令計劃手握大權，地方團派大員對其唯命是從，他不但掌控著中央辦公廳，而且也遙控著團派人馬的升遷」，上述消息來源稱。於是江西省委書記強衛、江蘇省委書記羅志軍、雲南省委秦光榮等，都成了令計劃的心腹。

令計劃一手遮天還表現在薄熙來「唱紅打黑」上，胡錦濤一度被矇騙。

令計劃家和薄熙來家是多年的世交。薄熙來2008年開始在重慶「唱紅打黑」，全國各路人馬都去重慶捧場。17屆政治局常委胡錦濤、吳邦國、溫家寶、賈慶林、李長春、習近平、李克強、賀國強、周永康九人中，只有胡錦濤、溫家寶和李克強三人沒有去重慶。

　而六常委去重慶表態，都是由令計劃一手安排。薄熙來每次進京，也經過令計劃安排與胡錦濤密談數小時。胡錦濤一開始還默許了薄熙來的「唱紅打黑」，直到胡錦濤發現自己被薄熙來竊聽之後才醒悟。

第四節

銷毀絕密文件
抗拒栗戰書接手

盜出數千份機密文件

在中共中央機關中，有一個神祕的機構，負責保衛所謂「黨和國家核心機密」。這個機構名為中央保密委員會，這個委員會下設的辦公室名為中央保密辦，和國家保密局是「一個機構、兩塊牌子」。保密辦或保密局在保密委員會的管轄之下，而保密委員會主任一般由中央辦公廳（簡稱中辦）主任兼任。所以，當專案組在前中辦主任令計劃家中搜出 2700 多份有「中辦」字樣的密件副本時，工作人員大驚失色。

據《博訊》雜誌報導，這些中辦文件大部分屬「祕密」級，部分屬「機密」級，甚至還有「絕密」級，涉及中共政治、經濟、軍事、外交和文化等諸多方面，不少文件上面有中共總書記習近平和其他政治局常委的圈閱和批示。雖然這些文件都是影印本或電子版，但數量之多、性質之嚴重，實屬罕見。

這些機密文件大部分是 2012 年 9 月以後發出的，也就是令計劃離開中央辦公廳、轉任中央統戰部長後才發出的。調查發現，令計劃是通過他在中辦的心腹死黨取得這些文件，其中包括時任中辦祕書局局長霍克和中辦機要局有關處長。這些人當年都是令計劃的手下，得令的關照提拔而受重用。

據《動向》雜誌報導，令計劃在接獲中央政治局命令調離中辦等候另用時，被給予十天交班工作時間。但令要求增加一周時間，被批准。同年 12 月中旬，新任中辦主任栗戰書、中組部部長趙樂際提出和令計劃核校交班，清點有關文件、資料。令計劃十分抗拒，稱：「已交接清點完畢，總書記胡錦濤和新屆政治局常委、中央書記處常務書記劉雲山已簽署，確認無誤。」

令計劃還精心毀滅一批絕密文件。消息稱，2013 年 9 月、2014 年 4 月及同年 10 月，中紀委、中央書記處和中組部三次和令計劃談話，甚至亮出底牌指：有 70 多份文件失落，20 多份文件外洩，令的工作日誌本有漏上交和作假情況。

據知，在令計劃 2003 年主持中辦工作後，中央政治局、中央書記處、中紀委先後接到 120 多件舉報，多是有關對令計劃涉及違法及家屬在經濟領域中的違法犯罪活動，全部被打入冷宮，不少舉報原件被令計劃親自毀滅。

據高層消息，令計劃毀滅文件是利用調離中辦前的交接期，在夜間值班時親自處理的。令計劃用化學溶劑毀掉文件，溶劑殘餘物質留在制服上。制服是由中辦後勤處統一洗滌的，在洗滌時發現情況向上級作出報告，才發現令計劃有意銷毀絕密文件。

令完成——不確定的政治核彈

令計劃長期工作的中共中央辦公廳，是中共最核心、最機密的中央機構之一。令計劃 1995 年 7 月進駐中辦任調研室三組副組長。2003 年 7 月任中辦副主任主持常務工作。2007 年 10 月任中央書記處書記、中辦主任，另任中共中央最高層多個小組成員。令計劃參與中辦工作 16 年之久，直接涉及到中共 15 屆、16 屆、17 屆政治局常委會核心的祕密。

因此令計劃一案被中央政治局、中紀委、中央政法委和專案組認為是中共建政以來最錯綜複雜、政治後果最嚴重的案件，甚至會有難以預料的破壞性。當局預料，令計劃利用落馬前一年多的時間精心策劃，離開中辦後大量竊取中共核心機密，顯然是有目的有動機的。可能是因為他預感自已政治末日將到，要為自已尋找救命稻草，以那些核心機密，要挾當局換取自已一線生機。但這些核心機密是否已經外洩，外洩多少，最令中共高層憂慮。

例如，關於令計劃弟弟令完成的去向目前仍然是個謎。2014 年 10 月，有媒體傳出令完成被調查。2015 年 3 月，海外媒體曝出令完成攜帶大量機密文件逃到美國。而關於令完成的去向，至今沒有權威媒體或者官方機構發布確切消息。海外博訊和明鏡網則咬定，令完成逃亡在外，成為中共的「政治核彈」。

令完成的公開職務是經商，但長期在中辦、國務院部門擔任「聯絡」工作，有七個化名在境外活動：朱國賓、諸世界、王誠、程美英、彭修石等。

消息稱，令完成在 2014 年 7 月其大哥、山西省政協副主席令政策被拘查後不久已出逃美國，相信他是得到信息，提前出逃，免被中共「滿門抄斬」。接近令完成的消息表示，令完成隨身攜帶有大批中共機要文件，令或是以此作要脅，逼當局要對其兩個哥哥和家人刀下留情，否則會引爆手中的「政治核彈」。中共有關部門設特別行動組展開追蹤監督其行跡，傳派出上百人到國外追緝，並和美、加、歐多國聯繫展開合作通緝。

明鏡的報導表示，令完成的出走是「文革」以來最嚴重的出走事件。他攜帶的機密一旦對外洩露，對中共的摧毀力將石破天驚。因為令計劃是十多年間橫跨江澤民、胡錦濤和習近平三個時期的掌握最多最高最深機密的大內總管。

分析說，令計劃的腦海中掌握什麼，令完成的電腦中可能也就擁有什麼，哪怕他手頭沒有什麼實物和書面材料，而只有記憶，也同樣不得了：他若對外界「口述歷史」，披露若干內情，就足以讓中共若干高層人士身敗名裂。

分析指，其中像令計劃和周永康聯合利用國家間諜力量收集到的中共高層醜聞，這些高層之間、與各方包括外國各種勢力所做的各種政治、經濟、人事方面見不得人的交易，中共 16 大、17 大到 18 大從醞釀籌備開始的權力博弈，江澤民集團在迫害人權、活摘器官利益鏈中的驚人黑幕，乃至外交、軍事、政治、經濟、文化各方面的情報……無一不是高度敏感，「可以讓一批政要頃刻瓦解，讓另一批權貴一朝覆亡」。

據稱，令完成現在已是國際情報界追逐的目標，他們認定，令計劃掌握中共核心機密至少十年，這名小弟必定擁有足以叫眾多中共高層膽顫心驚的材料。

中辦大清洗

2014 年 12 月底，令計劃落馬後，習近平下令中辦主任栗戰書主導對中共中央辦公廳進行了大清洗。

博訊稱，這場行動是 1976 年四人幫倒台後所未見的。原中辦工作人員要人人表態，副處以上要寫述職報告，總結自己過去兩年的工作以及「遵紀守法」情況。中辦至少有 3 名副主任、4 名局長被調離。3 名副主任分別是調往中共中直工委的張建平、調往中共社科院的趙勝軒和調往南水北調辦的王仲田；4 名局長分別是調往法制辦的夏勇、調往國家旅遊局的霍克、調往國家人口衛生與計畫生育委的陳瑞萍、調往中聯部的丁孝文。其中霍克調走 1 個月後就被公開處理，傳王仲田亦已停職接受調查。

據悉，王仲田、霍克不僅涉嫌政治問題，還存在經濟問題，包括與北大方正集團存在權錢交易黑幕。北大方正董事長魏新、行政總裁李友已因捲入令計劃事件，正在接受調查。

此外，還有近百名處級以下的官員被調離、辭退或接受調查處分。

與此同時，官媒報導習近平在 2014 年先後三次視察中辦。習要求中辦「絕對忠誠」。

官媒還全文刊載習近平早年在福建省任職時的《談談祕書工作的風範》講話稿，其中習近平尤其提到，「（祕書）不能認為『機關牌子大、領導靠山硬』而有所依仗、有恃無恐，更不允許濫用領導和辦公室的名義謀取個人私利。」

據悉，中央辦公廳作為中共中樞神經，保密制度規定得相當嚴密，原則上有十「不」：不該說的機密，絕對不說；不該問的機密，絕對不問；不該看的機密，絕對不看；不在私人通信中涉及機密等等。

中辦還詳細規定，如字紙簍內的字紙，應每日清燒一次，燒時要進行檢查；特別機密和重要的廢紙，必須立即燒毀，不得放入字紙簍內；凡機密事項，不得用電話傳述；夜晚送的祕密文件，應二人同行等等。

博訊說，在這種嚴密制度下，令計劃可輕易盜取數千份機密文件，說明中共這個中樞神經已病入膏肓。

監聽眾高層 收集黑材料

官方通報的令計劃「嚴重違反政治規矩」，可能還表現在以權力要脅和利益收買等，買通中共高層身邊人員或相關人士，監控眾多中共高層，包括他的老闆胡錦濤。

如令計劃買通中南海電話局（俗稱三九局）專管「紅色機子」的女話務員，通過她們對各名中南海高層的通話信息進行監控。被監聽者包括時任總書記胡錦濤，以及眾多政治局委員、常委、黨政軍高層等。

三九局紅色話機班的女兵都是經嚴格挑選、受過嚴密保密訓練，由總參謀部管，但平時工作歸中辦管。令計劃作為中辦主任，他提出的要求，往往被下面的人視為上級指示，故女兵們不以為異，只會服從，應其要求將有關通話記錄「報告」給令。

據悉，「三九局」女兵從全國徵選，政治審查非常嚴格。她們集中住中南海軍營，不許外出住宿，不許隨便外出，不許與親友通信，不許向親友透露自己的工作地點和任務，更不許在接通紅色機子後，偷聽通話人的電話。

中共高層的紅色機子在軍用保密網內，只配給中共黨、政、軍領導人，省部級或正軍級以上幹部，有的大型央企一把手也有。

除了監聽高層，令計劃還利用職務之便，建立了自己獨立的情報系統。令計劃的情報系統是依中央辦公廳「調研」功能而行的，而「調研」在中共政治中就是情報活動的一種，如國安部的前身——「中央調查部」。據悉令的情報系統早就針對習近平在作業。

令計劃與周永康等結盟後，與周永康的國安情報系統結合，雙方共同利用這些情報系統，為上千名他們認為是「異己勢力」的官員作了標籤，收集他們的不利材料，包括不正當的男女關係，必要時放出，致這些政壇對手於「死地」。

周永康自 2007 年出任政法委書記以來，密令中共國安部利用它最先進的特務手段，建立了一個針對全國廳局級以上官員的祕密檔案庫，由國安部副部長馬建等人負責。數以萬計官員政要被列入其中，包括習近平、李克強在內。

2012 年 4 月 26 日，《紐約時報》引自 10 多名與中國共產黨有聯繫的消息來源稱，薄熙來為了強化自己在黨內的地位，對中共高層官員展開了大規模的竊聽行動。薄熙來通過王立軍在重慶建立的系統對包括常委在內的幾乎所有中共高官進行了監聽。其中包括胡錦濤與中紀委副書記兼監察部部長馬　、重慶市委常委兼政法委書記劉光磊間的通話。

明鏡網同年 4 月披露，是周永康下令薄熙來和王立軍收集最高領導層的黑材料，包括胡錦濤、習近平和溫家寶等。

中央警衛局政變疑雲

令計劃落馬起因於私自調動中共中央警衛局掩蓋兒子車禍。2015 年中共「兩會」前夕，海外傳出中央警衛局局長曹清和副局長王慶被調職的消息。曹清調任北京軍區副司令員的消息已獲中共軍報證實，但王慶下落一直不明。有媒體報導，王慶是令計劃親信，因捲入令計劃案被調查。

博訊稱，王慶與令計劃私交甚密，屬死黨關係。在當局決定調查令計劃後，王同情令計劃，並透露對習近平的不滿，有不利於習近平的表露。習在獲悉有關情報後，立即做出對中央警衛局高層「換馬」的決定。

2015 年 3 月初中共「兩會」前，在中辦主任、中央警衛局政委栗戰書安排下，由中央軍委委員張又俠出馬，抽調北京軍區第 38 集團軍一個連特種部隊，對中央警衛局進行清洗。其方法是以學習為名，召集中央警衛局全體營級以上幹部軍官集中，然後由張又俠宣讀中央軍委和總參謀部改組中央警衛局的命令。

根據命令，中央警衛局局長曹清調任北京軍區副司令，副局長王慶調任解放軍信息工程大學（鄭州）副校長。同時部分與王慶關係較密切的校級軍官，被停職接受軍紀委審查。所有被點名停職的軍官，要立即交出配槍，由會場外的 38 軍特種部隊接走。

被現場繳械的包括宣布調職的局長曹清和副局長王慶。兩人還被要求立即乘車到各自新單位報到，不能再回辦公室。據透露，當時會場氣氛相當緊張，幾十名號稱是中南海大內高手的中央警衛局軍官，面對外面荷槍實彈的野戰軍特種兵，無人敢有異議。

報導稱這次動用近衛野戰軍，拿下有意謀反的中央警衛局部分將官，是習近平上台以來最危險的一次經歷。

隨後，曹清依然以中直機關全國人大代表身分，出席 3 月 5 日開幕的全國人大會議，他所穿軍裝佩戴的「北京軍區」肩章被香港媒體拍到。

消息稱，雖然曹清最後證明與王慶、令計劃的陰謀無關，可以正常履職，但對中央警衛局出現這麼大的漏洞，仍負有一定責任。

中央警衛局負責中共最高領導層的安全保衛，屬於中共軍隊的編制，聽從中共中央辦公廳的調動。

近兩年來有傳言，習近平多次遭未遂暗殺，皆中共內部所為，其中包括 18 大前周永康集團欲發動政變加害習近平。

報導稱，中共 18 大前後拿下的前政治局委、重慶市委書記薄熙來，前政治局委員中央軍委副主席徐才厚，前政治局常委、中央政法委書記周永康，都有力量、有辦法對習近平下毒手、搞暗殺乃至發動政變。

2014 年的消息稱，周永康一度認為末日來臨，於是孤注一擲、策劃暗殺。第一次是在會議室中放置定時炸彈，另一次是趁習近平在北京 301 醫院做體檢時打毒針。消息人士透露，這些暗殺都是由其助理和警衛譚紅實施，譚據悉也在 2014 年 12 月 1 日被帶走。

因此，時任局長曹清的中央警衛局也被認為並沒有盡到保衛習近平的責任。

習近平掀起打老虎運動後，多次在內部講話中表示，要將個人生死置之度外，印證暗殺、政變的傳言不虛。

王岐山布陣 19 大

郭伯雄直接落馬的內幕

2015 年 4 月 10 日郭伯雄被查，7 月 30 日即被移送法庭，習陣營迅速審理郭案令外界詫異。有分析指，因江澤民、曾慶紅勢力反撲猛烈，包括香港政改風波、上海股市暴跌、捉捕人權律師等。習近平一怒之下拋出郭伯雄，以警告江派立即收手。

7 月 30 日，中共當局直接宣布開除郭伯雄的黨籍，移交軍事檢察院審理。（新紀元合成圖）

第一節

郭案沒經調查直送司法

2015 年 7 月底，在中共建軍節前夕，前軍委副主席郭伯雄被移送軍事法庭審判。有人拿相近落馬的周永康、令計劃、周本順和郭伯雄案做對比，發現郭案的進展速度很特別。

中共內部調查周永康案始於 2013 年 12 月 1 日，2014 年 7 月 29 日中紀委才對外宣布立案審查，同年 12 月 5 日周被開除黨籍移送司法。2015 年 4 月 3 日天津第一中級法院祕密審判了周案，並於 6 月 11 日宣布無期徒刑。也就是說，在老百姓議論了將近一年，才最終了結周案。

令計劃於 2014 年 12 月 22 日被宣布調查，到 2015 年 7 月 20 日才被雙開和移送司法；周本順作為周永康最後一個落馬的祕書，是在 18 大落馬的第一個在職的省委書記，儘管周本順捲入令計劃兒子死亡事件以及李旺陽事件，早被傳說要被查，但在 2015 年 7 月 24 日的中紀委通報中，周本順只是因涉嫌貪腐而被查。

然而 2015 年 7 月 30 日周四，中紀委網站沒有對外宣布對郭伯雄進行任何調查，直接一上來就宣布中共中央政治局的決定：開除郭伯雄的黨籍，移交軍事檢察院審理。這樣一個大步跨越讓不少大陸讀者覺得很突然，同時也感受到中共政局的詭譎多變。

有消息稱，現年 70 歲的郭伯雄也和另一名前軍委副主席、已經患癌症死亡的徐才厚一樣罹患癌症，也許北京想在郭死前審理其案，但《新紀元》從更多消息中發現，是由於習近平被逼，一氣之下迅速拿下郭伯雄。

買官賣官 貪腐上千億

早在徐才厚落馬的 2014 年 7 月，《新紀元周刊》在 387 期刊出《軍內公開信 再曝西北狼郭伯雄家族貪腐》，文章引述中共總政治部機關幾名幹部的公開舉報信稱：「郭伯雄一日不除 全軍依然不得安寧」。

當時在中共軍隊裡施行雙領導推薦制，要提拔一個軍人必須經兩個軍委副主席都同意，於是，中共將官們不但需送禮給徐才厚，也要送禮給郭伯雄。另外，當時郭伯雄全面主管軍隊，而且掌控中共軍隊的時間比徐才厚還早了十年。

公開信說：「誰都知道部隊有兩大利益集團，東北虎集團的徐才厚垮了，西北狼集團的郭伯雄仍逍遙法外，正在坐大。」。據說徐才厚落馬後，郭伯雄積極收納徐才厚的人馬，並不斷放風：習近平為了中共的臉面和形象，不會同時拿下兩個軍委副主席的，自己會平安著陸的。

文章披露說，郭伯雄的女兒下海時，郭同谷俊山說，你要幫她起好步，谷很快給她送去 300 萬現金，並給她帳上打了 2000 萬元。並保證「每年讓她包賺 3000 萬元。郭的警衛員陳風泗對谷說手頭緊，沒錢花，谷俊山讓其開個公司，每年包他賺 1000 萬。谷俊山當總後勤部副長是郭伯雄提的名。

事後谷俊山曾對人說，這次提名費給郭伯雄送了 8000 萬。」徐才厚被抄家時，查出現金一個多億，郭不屑地對老鄉說：「這點錢算什麼呀！」據說郭伯雄家貪腐上千億。

從兒子祕書包圍郭伯雄

與周永康案類似，王岐山在處置郭伯雄案的過程中，也是走了從外向內，從家人親信不斷收緊包圍圈，最後把郭一舉拿下。有消息稱，徐才厚臨死前和盤托出了郭伯雄的多項罪證，對郭伯雄的迅速落馬起到了關鍵作用。

回頭看 2014 年 7 月徐才厚被開除黨籍之際，郭伯雄也傳出涉及貪腐傳聞，當時有港媒稱，郭伯雄的兒子郭正鋼夫婦因涉及相關案件確被中央軍委紀委帶走協助調查，但到了 2015 年 1 月 14 日，郭正鋼卻被晉升了少將。於是郭伯雄下面的馬仔都以為郭沒事了。有消息說，一次郭正鋼和朋友喝酒後口吐狂言說，習近平不敢動郭家，「軍以上的都聽我爸的」。

2002 年郭伯雄升任軍委副主席，以後受提拔的軍長以上的高官，都是經過郭伯雄推薦才有機會提升，凡是未給郭伯雄好處費的，都無法晉升。

當時也有很多學者專家分析，習近平若在拿下徐才厚之後，繼續推倒郭伯雄，那樹敵面太大，被逼急了的郭伯雄可能會聯絡其提拔的軍人一起來對抗習，弄不好習還會敗陣下來。因此外界以為，至少郭伯雄不會很快落馬。

特別是郭正鋼被晉升為少將時，外界以為是習近平妥協的標誌，但現在回頭來看，實為王岐山的處置手法。

有知情人透露說，「小郭原來只是個大校級的軍官，是屬於南京軍區管轄的幹部。即使有問題，按規定也只能由南京軍區查辦，軍紀委不便插手。而把他提拔為少將後，小郭就成為了軍委管轄的幹部，軍紀委就可以名正言順地查辦小郭了。」

王岐山在辦理周永康、徐才厚案子時，為了避免其死黨狗急跳牆，中紀委和軍紀委也多次採用這種類似安撫的障眼法，麻痺和瓦解被查老虎的鬥志，讓他們心存幻想，以為自己能逃脫落網，這種欲擒故縱的手法屢試不爽地令貪官更快速地暴露自己。同時，這種曲線推進的方式，也有溫水煮青蛙的效作用。

隨後，習近平、王岐山不動聲色地卸掉郭伯雄的左膀右臂，等郭伯雄看清自己的處境時，早已被繳械，周圍再無人無力來幫他。比如 2014 年 12 月，郭伯雄原祕書劉志剛，當時是北京軍區副司令員，握有實權，但習近平把他調到濟南軍區當副司令員，其實，就是被濟南軍區習的人馬給孤立控制起來了，無力做任何事。

另外，郭伯雄原祕書、新疆生產建設兵團副司令員來策義也被免職；郭伯雄原祕書馬成效、張福基分別從 31 軍軍長、47 軍政委被平調任南京軍區副參謀長、蘭州軍區政治部副主任；2014 年 12 月，郭伯雄老巢蘭州軍區的副政委范長祕也被立案偵查。

在除去郭伯雄的這些羽翼之後，2015 年 3 月 2 日軍紀委宣布，郭伯雄的兒子郭正鋼因涉嫌違法犯罪，已被軍事檢察機關立案偵查。據媒體報導：「在郭正鋼位於其杭州、紹興、舟山別墅查抄出來的現金達 8200 多萬元、銀行存款帳號 12 個，內有金額 2 億 2000 多萬元，合計資產超 3 億。同時，郭正鋼還藏有 9 本護照，4 本港澳特區往來工作護照，有效期 5 年，是 2014 年 5 月簽發。」

第二節

18 大後與習對著幹

郭伯雄讓習訪印度出醜

中共官員的貪腐幾乎是常態，是什麼導致習近平決心拿下郭伯雄呢？

王岐山曾公開表示，目前中紀委主要抓那些「18 大後還不收手的，在政治上對著幹的」。新紀元曾獨家報導《江派搞暗殺 蘭州軍區使壞 習近平訪印發火》（第 397 期，2014 月 10 月 2 日出刊）中給出了答案：郭伯雄跟隨江派，不但想在習近平 2014 年 9 月出訪印度時暗殺習，還利用領土糾紛讓習近平出醜。

2014 年 9 月 17 日，習近平訪問印度。習帶給印度 200 億美元的投資，為了表示友好，習專門選在印度新總理莫迪生日這天在他的故鄉和他見面。哪知這樣一個精心安排的出訪，卻因一系列江派搞出的「意外」而令習近平非常難堪，從而怒火中燒。

首先是中共駐印度大使魏葦被突然更換，接下來是兩國首領面談時，中共士兵突然「入侵印度」，兩國刀兵相見，局勢令習難堪。

《新紀元》當時調查發現，進入兩國爭議地帶 Chumar 挖戰壕的 800 多名中共士兵，是隸屬於郭伯雄老巢的蘭州軍區，隨後印度也派出 1000 人在相鄰的 Demchok 地區對峙。印度媒體因此大罵習近平，說他一面在和談，一面想以武力威脅。

後來《爭鳴》報導說，此前不久的 2014 年 8 月 12 日下午 3 時，郭伯雄在北戴河會議上被宣布審查，據說郭伯雄返京被關押後的第三天就招供了四方面問題：一是他在蘭州、成都、廣州、深圳、南京、蘇州、濟南、青島各有一套別墅的業權，是由當地軍區分配的，據悉市價超過 6000 萬元；二是收油畫幾十幅；三是在國開行有 12 個帳號，存款 780 萬元；四是他收藏了 8 個國家的手槍 12 支。

起初郭伯雄為了配合中共駐印度大使魏葦的行動，在阿里地區安排了軍人行動，不過後來大使被撤職，郭伯雄也投降交代了，但西藏那邊卻還是出事了，被視為是信息不到位、軍令不暢通的結果。於是習近平從印度回國後，馬上召開全軍參謀長會議，提出要增強指揮部隊打贏信息化局部戰爭的能力。

現在回頭看《新紀元》當時的分析報導，基本與事實相符。

郭買官賣官洗黑錢淫亂

有消息稱，郭伯雄買官賣官的情況非常惡劣。

中共黨史學者，原軍事學院出版社社長，正師級大校軍銜的辛子陵表示：「郭伯雄這些人，說起來實在是駭人聽聞。晉升中將是 2000 萬到 3000 萬。晉升少將是 500 萬到 1000 萬。誰給錢多，就提誰。」其子郭正鋼在酒醉後，謾罵當前的反腐，並對酒肉朋友稱：「有人想鼓搗我們家，白日做夢，全軍幹部一半以上是我家提拔的，都在要位上幹著。」

據民眾舉報，郭伯雄貪贓的巨額來源，除了買官、賣官、賣地之外，還有巨額的全軍採購武器裝備彈藥的驚人回扣，「巨額軍費早已落入郭伯雄家族囊中」。據說總參一個部的中南辦事處有一條祕密免稅進出口管道，郭伯雄等人就通過這個管道賺了數以千億元的黑錢。這個管道不僅隱藏著巨額款項的大案要案，而且涉及「國家機密」，從中可以查找到事關國家安全方面的重大漏洞。

還有小道消息稱，郭伯雄包養十幾名情婦，家中收藏了 500 多片色情光碟，生活非常荒淫。也有媒體報導說，郭伯雄曾 3 次被舉報搞婚外情，2 次被軍方責令檢查；其中一次在政治局會議上作了檢查，並被「記大過」處分。而他的住所除了被搜出 500 多片色情光碟外，還有 120 多本色情雜誌，還有 9 本偽名的護照。

傳郭伯雄曾扮女人出逃

最有意思的是，傳說郭伯雄男扮女裝出逃，令上海機場大亂，有網友還 PS 惡搞了一張郭伯雄帶長髮的照片。

2014 年 7 月 14 日中午至傍晚，南京軍區實行空中管制，超過 100 趟往返上海和北京的航班大量被取消或延誤；另外，上海電視台節目同一天也曾遭停播。有民眾在微博和推特曝料稱，有中共軍隊高級將領「男扮女裝」出逃被攔截，後更傳出這名企圖出逃的軍官是「大人物」，級別與「不薄（徐才厚）相當」，暗指是郭伯雄。

當時還有爆料稱，郭伯雄和餘黨趁習近平外出訪問上演了「越獄」戲。據說 7 月 14 日凌晨 5 時 15 分，郭伯雄餘黨領著突擊隊對看守他的守備人員發起強攻。看守人員因沒料到會遭受如此的攻擊，猝不及防被悉數控制。郭伯雄成功逃脫監控，逃離現場後兩次變換車輛，最後隱入北京國際機場附近一工廠。早上 6 點，趁員工尚未進場，郭伯雄進食後作短暫休息。7 時整，易容後的郭伯雄與隨行人員共 4 人順利登上國航 CA155 班機，於 7 時 30 分起飛抵上海浦東機場。

得知郭脫逃，習近平決定授權王岐山必要時全面封鎖海陸空通道，切斷郭伯雄及其黨羽外逃路線。5 個小時後，北京時間 10 點 15 分，易容後的郭伯雄在上海機場，正等待起飛由上海轉吉隆玻飛往墨爾本的馬航 MH387 航班上被捕。隨後王岐山下令取消北京上海之間的很多航班，全力抓捕郭伯雄餘黨。

對於當日多班飛機停駛，當時官方的解釋是：在北京和上海之間進行空中軍事演習。但外界質疑，就算要進行軍演，怎麼會毫無預告突然逼停國內最繁忙的商業航線？不過此事是否和郭伯雄有關，還有待確認。

起底郭伯雄兒媳吳芳芳

2014 年 4 月 7 日總政機關幹部的公開信中透露，郭的兒子郭正鋼是個混混，在總後工作從不上班，結婚有了孩子還在外面搞婚外情，還讓女方懷了孕，女方藉此要求必須結婚，否則要把郭家的醜事發到網路上。

郭家急了，要求兒子和老婆馬上離婚。但軍人離婚需經過許多手續，郭伯雄妻子為開離婚介紹信，曾大罵南京軍區官員。郭與吳芳芳在 2012 年 12 月辦理結婚登記。信中稱這是中共軍隊「有史以來的大笑話！」

1969 年出生的吳芳芳是典型的草根出身，比 1970 年出生的郭正鋼大 1 歲，老家是杭州淳安縣威坪鎮黃金村，當地人口 748 人。吳的再婚在其家鄉引起了很大轟動。

郭正鋼證實被查後，大陸媒體起底郭正鋼之妻吳芳芳斂財細節，指她捲入軍地發展爛尾醜聞，通過資本運作，加上得到郭正鋼協助，數年間賺取至少 15 億元人民幣。。

第三節

郭伯雄被提前審判

　　2015 年 4 月 11 日，港媒報導說，4 月 10 日，前軍委主席郭伯雄被抓。兩天後的 4 月 13 日有消息說，「習近平不準備公開、高調處理郭伯雄的問題」，因為「兩個副主席（徐、郭）都否定，在軍內震動太大，有失控的危險。」但 4 月 15 日又有相反消息傳出：習近平要動郭伯雄。等到 6 月 11 日輕判周永康後，7 月 20 日令計劃被雙開，但官方一直未對郭伯雄案發聲，直到中共建軍節前夕，郭伯雄被宣布落馬。

　　郭伯雄 4 月 10 日被調查，為何在 7 月 30 日就被移送軍事法庭呢？一百多天就能查完這個掌管了中共軍隊十多年的實權滑頭人物嗎？在中共軍方，郭伯雄的狡猾是出了名的。當年他在陝西老家偷自行車被抓，本應進監獄，但他把殺豬換來的錢全部送給主管幹部，結果這人幫他參軍，從此走上了軍營仕途。即使在徐才厚被查時，老奸巨猾的郭伯雄還讓手下人收留徐才厚的舊部，安撫這些人為自己所用。

不過仔細分析可以發現，習近平原本並沒想這麼快處置郭伯雄案。郭伯雄兒子 3 月落馬，但案子只是在調查階段，還沒有證據來坐實其貪腐金額，即使郭伯雄的弟弟陝西省民政廳廳長郭伯權被巡視組調查，但對於郭伯權挪用救災物資的調查也才剛剛開頭，還不能把郭伯雄套牢。

《爭鳴》在 2015 年 3 月的《郭伯雄交贓款 2.5 億求免刑》文章中透露了一些中紀委調查細節。報導說，中紀委書記王岐山、中辦主任栗戰書、軍紀委書記杜金才「看望」了郭伯雄，王岐山要求郭伯雄深入反思、檢查，交代清楚。當時徐才厚可能已經死亡，但王岐山並沒有把徐才厚一個人的口供看得那麼重，軍紀委還在調查郭案。

王岐山對郭宣布了在審查期間的「六不准」：1. 不准以任何原因出國出境。2. 不准未經批准審核離開北京地區的居住寓所。3. 不准以任何原因未經批准召集、邀請、舉辦活動。4. 不准未經批准出席參加親屬、同事、朋友等邀請的活動。5. 不准接見會晤媒體和接受境外媒體的採訪。6. 不准和內外人士，包括親屬、同事、朋友討論披露展開審查的事件等。

從這「六不准」可看出，調查還處於初始階段，文章還透露，郭伯雄已被軟禁近一年。4 個月後，郭伯雄未經過對外宣布調查而直接被移送司法審判，被認為是有突發事件促使了局勢的轉變。

習一氣之下拿下郭伯雄

這個突發事件就是黃潔夫在鳳凰衛視的採訪。

《新紀元》在《形勢急轉 輕判周永康 拉出了曾慶紅》（第434 期，2015 年 6 月 25 日刊出）一文中，總結了當時習近平與江澤民兩大陣營面臨的問題與各自的處境和對策。周永康案直到3 月 26 日官方都還在營造輿論要重判周永康，但在 4 月 3 日之後形勢就急劇轉變。3 月 15 日，習近平讓中共衛生部副部長、中國器官移植界的代言人黃潔夫在香港鳳凰衛視上公開暗示，周永康就是中國活摘器官罪行的主要負責人，分析認為，北京當局要用反人類罪懲治周永康的趨勢很明顯。

但等到 3 月 29 日曾慶紅的爪牙郭文貴借攻擊財新網的胡舒立而對王岐山發起攻擊後，習陣營意識到：不除掉曾慶紅，江派特務機構隨時會像過去拋出攻擊溫家寶的《紐約時報》風波，像國際記者聯盟拋出的離岸醜聞那樣，把習近平等中共幾大家族都捲入貪腐案中。中共 18 大後，曾慶紅持續不斷以「魚死網破、同歸於盡」的流氓手法，逼迫習近平妥協。於是，周永康的罪行被刪除了政變罪和反人類罪從而被輕判，但同時把拿下郭伯雄放在了日程中。

有分析說，留下周永康這個活口，最害怕的是江澤民。因為只要周永康存活一天，江澤民就擔心他一手發動的對上億法輪功學員的鎮壓黑幕就可能被揭開，屆時江澤民只有被判處死刑這唯一一條路，因為周永康的很多罪行都是在江澤民的命令下幹的。

後來又消息說，周永康在秦城監獄心情還不錯，經常唱當年在大慶時的歌曲，什麼「石油讚歌」、「克拉瑪依之歌」等，唱歌時 70 多歲的周永康很激動，還拍手鼓勁。也許「石油工人有力量」，能把幕後最大元凶江澤民交代出來。

殺一儆百 瞄準江澤民

關於郭伯雄的落馬時間點，正是中共北戴河會議前夕。有分析指出，原本令計劃案、郭伯雄案都沒打算這麼快宣布，但因江澤民、曾慶紅勢力反撲猛烈，包括香港政改風波、上海股市暴跌等，既給習近平施政製造暗礁，又正好營造北戴河會議向習近平、王岐山發難的基礎。加上江派安排周永康的祕書親信周本順準備在北戴河拋出《河北政情通報》，企圖從政治、經濟、肉體等多方面向習近平進攻，特別是曾慶紅利用國安法，到處抓捕人權律師，令習近平一個多月後的訪美披上巨大陰影，在這諸多攻擊的迫使下，習近平一怒之下踢出郭伯雄，目的是要殺一儆百，讓江派立刻收手。

外界評論說，徐才厚、郭伯雄的雙雙落馬，就如劉少奇的兒子劉源所說的，「上屆軍委全爛掉了」。不過人們注意到，王岐山調查周永康案時曾高調提出：「一案雙查」，不但查貪官本人，還要查貪官的上級，兩個副主席都爛透了，那正主席江澤民會怎樣呢？這就是外界對北京當權者在郭案問題上的最大質問。

據中共黨史專家、原中國軍事學院出版社社長辛子陵透露，「軍隊的統帥部門基本上爛掉了。或許原來（習近平）也想著，能不能劃出一個來。總是對軍隊的面子共產黨的面子好一點吧？但是越掂量越不行，只能是實事求是，只能是把這個事情像做手術一樣，要做到底，要刮骨療毒，要搞乾淨。」

辛子陵分析局勢後認為，江澤民將被查。「今昔對比，中國確實處在政治大變局的前夜；有可能是今（2015）年下半年解決曾慶紅，明（2016）年解決江澤民問題。」

第四節

人人怕習 首例高官自首

據港媒報導，就在奚曉明落馬僅 2 天後，中共人大副委員長、原最高法院院長、黨組書記王勝俊（左）向中紀委「自首」。（新紀元合成圖）

2015 年 7 月 12 日，中共最高法院副院長奚曉明落馬。2 天後，中共人大副委員長、原最高法院院長王勝俊向中紀委「自首」。王勝俊這樣的副國級高官「自首」，在中共官場非常罕見。據陸媒統計，從 6 月 25 日至 7 月 31 日，37 天內，中紀委接連逮捕 8 名高官。

奚曉明擁 15 億資產 早已準備抗捕

奚曉明是中共 18 大後 2015 年最高法院被調查的第一個落馬官員，他是繼 2009 年最高法院副院長黃松有落馬後，中共司法系統第二隻落馬的「大老虎」。

有港媒報導，奚曉明被中紀委帶走時拒捕，用小刀刺胸。

2015 年 7 月 12 日，中共官網公布，中共最高法院副院長奚曉明被調查。據《爭鳴》雜誌報導，中紀委在 7 月 10 日晚上 8 點 30 分上門帶走奚曉明時，總共費時 10 分鐘左右。奚曉明似乎對這一刻的到來早有準備，只是其沒料到剛結束法院會議回到住宅僅一個多小時後門鈴就已響起，奚曉明從閉路電視看到一批人破門而入。倉促間發現轉身返浴室已遲，本能的拿起桌上一把水果刀，往胸口插。

也許奚曉明是怕死，或是手顫乏力，僅在胸部劃出一道五、六公分長的傷口，送到軍醫院醫治傷口後，再押送到中紀委的審查室。11 日下午，中紀委副書記黃樹賢找他談話，稱：「這場戲你表演得夠長、夠緊張了，也該結束了。」

奚曉明在北京的寓所被搜出 3 支手槍，而且子彈上了膛。有分析認為，可見奚曉明時刻防備被捕，早有準備，因被捕時間太突然，來不及抓槍，才本能的拿起桌上一把水果刀往胸口插。在此前一天，奚曉明還參加了最高法院召開的司法研討會。

現年 61 歲的奚曉明為江蘇常州人，於 1982 年進入最高法院工作，長達 33 年之久。在最高法院副院長中排名第四。報導稱，奚曉明落馬後，被查封的總資產在 15 億元人民幣以上。並被查出其在北京、武漢、太原、蘇州、大連有 5 處公寓和別墅。在北京寓所中被搜出 3 把手槍，而且子彈上了膛，分別放在西裝內袋、掛在浴室的睡袍外袋，以及臥室床頭櫃裡。在武漢被搜出 16 幅齊白石、徐悲鴻等人的名畫。太原被發現 12 本銀行存摺；在蘇州被搜到外幣，在大連被搜到 6 本護照、3 本港澳通行證。

據海外媒體相關報導稱，奚曉明早在 2014 年 3 月就被中紀委找去談話。這名不願透露姓名的辦公廳人士說，奚曉明與山西黑老大張新明勾結，在山西無惡不作，收受髒錢，作風腐敗而被調查。

周永康鐵桿、最高院王勝俊自首

據港媒《爭鳴》8 月號報導，就在奚曉明落馬僅 2 天，中共人大副委員長、原最高法院院長、黨組書記王勝俊向中紀委「自首」，遞交交代書，同時上交任職最高法院院長時長期收受的賄金、手錶、金幣、6 幢住宅，其中 5 幢以假名登記業主。王勝俊 2008 年 3 月從中共中央政法委祕書長位置升任最高法院院長，與時任最高法院副院長奚曉明曾一起共事 5 年。

王勝俊（1946 年 10 月 15 日－），安徽宿縣人；合肥師範學院歷史系畢業。1968 年大學畢業後，王被分配到安徽省六安縣木廠鋪農場當工人。此後一直在安徽地方黨政機關任職；1985 年，任省政法委書記，兼安徽省公安廳廳長；並於 1992 年被授予副總警監警銜。

王勝俊也是中共江派常委羅干、周永康的「祕書」。1998 年，羅干升任中共政法委書記，已任 5 年政法委副祕書長的王勝俊升任政法委祕書長；2002 年 11 月，周永康因在四川省委書記任期內積極跟隨江澤民、羅干殘酷迫害法輪功，此後毫無公安、政法經驗的周永康被調任中共政法委副書記並兼任公安部部長。2007 年 10 月，周永康升任中共常委、政法委書記，接替羅干的職務；2008 年 3 月，王勝俊任中共最高法院院長。

王勝俊任中共最高法院院長期間，曾積極配合周永康殘酷迫害法輪功，通過造假等手段對法輪功學員進行非法判刑；同時，王勝俊還配合周永康，加大對民運人士、維權人士等的非法判刑，使得法院判決更為無法無天，王勝俊也被稱為「大法盲」。王勝俊因追隨江澤民的迫害政策，被海外「追查國際」組織列入了「追查」名單。

2013 年，中共「兩會」前夕，在京訪民到北京南站打橫幅要求罷免最高法院院長王勝俊，抗議司法腐敗，造成訪民冤案如山。2013 年 3 月，王勝俊被調任中共人大副委員長。據說周永康、李長春等曾提名王勝俊接替周永康政法委書記的職務，但因王勝俊在專業業務上有嚴重過失，政法界反映強烈，遂改為安排他到中共人大。

王勝俊在任職最高法院院長僅一個月後，在對待死刑判決的問題上，王提出了三個量刑依據；即「一、要以法律的規定為依據；二、要以治安總體狀況為依據；三、要以社會和人民群眾的感覺為依據」。中國各大媒體紛紛以《最高法院長：群眾感覺應作為是否判死刑依據之一》為標題，對此進行駁斥，從而也引發了學者對中國司法審判的獨立性以及量刑制度的思考和討論。

習王 37 天逮 8 虎 內含新領域「首虎」

2015 年 8 月 1 日，僅官媒中新網統計，從 6 月 25 日至 7 月 31 日，37 天內，中紀委接連「擒下」了 8 名高官。

除了內蒙古自治區政協原副主席趙黎平，還有環境保護部原副部長、黨組成員張力軍，河北省委書記、省人大常委會主任周本順，最高法院副院長、黨組成員奚曉明，西藏自治區人大常委會副主任樂大克，國家體育總局副局長肖天，以及中央軍委原副主席郭伯雄、武警交通指揮部原政委王信。

　　其中，6 月 25 日被查的肖天，是中共 18 大後體育系統的「首虎」。6 月 26 日被查的樂大克，是中共 18 大後落馬的西藏「首虎」，7 月 12 日落馬的奚曉明是中共 18 大後法院系統的「首虎」。7 月 24 日落馬的周本順，是 18 大後被調查的首位在任省委書記，而 7 月 30 日被查的環境保護部原副部長張力軍，是 18 大後環保系統的「首虎」。

　　7 月 30 日被開除黨籍的郭伯雄，是繼徐才厚之後另一副國級「軍老虎」，7 月 31 日通報的內蒙古自治區政協原副主席趙黎平，是 18 大以來中紀委通報的首名涉嫌故意殺人的「老虎」。

　　有分析認為，正是因為習近平和王岐山近期「打虎」異常凶猛，於是王勝俊在「東窗事發」之前趕緊「自首」，以期被從輕處理。這標誌著中共官場對習近平當局反腐的情緒發生根本性變化，很可能成為局勢的一個轉折點。

「我們真的害怕了！」

　　從簡歷中可看出，王勝俊算是周永康的鐵桿，是江派在司法界的大頭人物，是首例自首的副國級高官。外界認為，王勝俊的自首，從另一個側面反映了當局反腐的震懾力和江派的勢弱。

　　從 2015 年 6 月 11 日周永康被判無期徒刑以來，短短一個半月中，令計劃、周本順、與郭伯雄迅速落馬。這 4 人中至少 3 人，可謂掌管中國 15 年的超級實權人物。周永康掌控著超過軍費開支的維穩經費，是大權在握的「沙皇」；令計劃是胡錦濤的貼身人，北京官場有「胡家天下令家黨」的說法；郭伯雄是掌控中共百萬軍隊的實際頭號人物；周本順在 2012 年「七一」胡錦濤去香港前公然搞出李旺陽案。這些過去橫行中共官場的人物，在短短40多天裡被關進了牢籠，這樣的巨變讓外界感詫異。

就在郭伯雄被移送司法的第二天，7月31日，習近平晉升10名上將，包括江澤民的軍中仇敵楊尚昆的祕書王冠中。其中海軍政治委員苗華與武警部隊司令員王寧則屬破格晉升，二人均出身習近平嫡系部隊、南京軍區31軍。有評論說，目前習近平基本上掌控了軍隊，但並沒有徹底控制軍隊，因為很多官員還是江澤民提拔上來的。

據初步統計，從18大以來，習近平已將40隻軍隊老虎關進牢籠，僅2015年7月這一個月，王岐山在隱身20多天時間內，打落12隻老虎。從18大以來，地方上落馬的省級部級高官超過一百多名。

有知情人向《新紀元》透露，起初有不少貪官看不上習，認為習是理想主義的傻帽，幹不了多久就得下台，就如同徐才厚公開叫囂的那般：「讓他幹5年就滾蛋！」誰也沒想到，習會來真格的，據說如今中共官場，再也沒人敢正面對抗習近平了，他們都驚呼：「我們真的怕了！」

第十五章

「王岐山訪美」風波

2015 年 3 月媒體報導王岐山將訪美，隔日，傳出令計劃之弟令完成出逃美國。明面上王訪美，中美雙方是為交涉貪官引渡，不過實際議題內容涉及活摘器官內幕。雖然後來王取消了 6 月的訪美行，但分析認為，不久的將來王岐山還會就器官案訪美。

王岐山訪美的消息，間接證實令計劃弟弟令完成已外逃美國。然而外界認為王岐山不僅為「獵狐」而來，而另有重要任務。（AFP）

第一節

「王岐山訪美」消息背後的較量

2015 年 3 月 17 日，中國大陸的媒體開始報導王岐山將訪美的消息。一天後的 3 月 18 日，未被中共防火牆封鎖的「港媒」稱，傳令計劃的弟弟令完成出逃美國，「王岐山訪美有深意」。不過，後來王岐山取消了 6 月的訪美之行，而令完成逃美的消息未被中共官方證實。

令完成外逃被證實

鳳凰網在 3 月 18 日發表名為《令完成出逃美國 王岐山出訪有深意》的文章稱，「最近有傳言說令計劃的弟弟令完成也逃到了美國」，「這次王岐山親自到美國去談這樣的話題，應該說對中美兩國之間在反腐領域的共同行動。」

雖然文章仍然用了「傳」字，但是因為鳳凰網是獲得北京許可在大陸運營，所以此篇文章也被認為是中南海間接證實令計劃的弟弟令完成已經逃美。

此前在海外，令完成逃美的消息已經傳得沸沸揚揚。

奧巴馬遣返令完成是假消息

前中共統戰部長令計劃 2014 年 12 月 22 日落馬，2014 年底時海外流傳一篇繪聲繪色的文章，稱中共中央統戰部長令計劃的弟弟令完成和侄子令狐劍被從紐約遣返中國，三個機場的監視器攝像頭拍攝下了經過。

在這一消息傳出之後，網路上曾經熱鬧一時。到了 2015 年，海外有多個報導稱，奧巴馬遣返令完成這篇文章是編造出來的。據稱，編造令完成「已被遣返回國」，既是穩住和震懾令家在國內的黨羽丟掉幻想，乖乖順從；另一目的，也是暗示遠在國外的令完成稍安勿躁、不得輕舉妄動。

對於令完成命運的猜測也很多。據稱其中一個可能的選擇，是他申請美國政治庇護。這樣問題就轉換成：中共當局和美國當局雙方如何開價、如何博弈交換了。

王岐山原本預計的訪美之行，目的是否就是為了這個呢？

王岐山發「反腐膠著」論

港媒報導稱，令完成和他的侄子令狐劍逃到美國的消息，在中共內部引起極大震動，中共公安部、國安部負責人為此遭到嚴厲呵斥，並被責令清查內鬼。

　　報導還引用知情人士的話稱，「令完成是在令政策被抓前後成功逃走的，沒有內線支持是不可想像的，可見內部系統漏洞百出。」

　　海外報導披露，令完成外逃滯留美國，手中疑握有大量中共核心和敏感機密。

　　「兩軍對壘，呈膠著狀態」，這是 2015 年 2 月 7 日，中紀委書記王岐山在內部講話中談到反腐形勢時候所提。

　　在習近平、王岐山上台，拿下了周永康、徐才厚、蘇榮等正國級、副國級「大老虎」之際，王岐山的「呈膠著狀態」言論，讓人愕然。

　　對此，海外有一種解讀稱，王岐山這麼說，並非指的是近來傳說要被抓的郭伯雄，指的是令完成潛藏海外，並對當局做出要挾。

中南海的反擊

　　2015 年 3 月 10 日，有報導稱，從中南海獲得的消息顯示，中南海高層對此已有應對準備，不會懼怕令完成手中所謂的「政治核彈」，更不會接受令氏的政治要挾。

　　文章還引用有關人士的話指，「……如果令完成用這種方式要挾北京，不但無損北京反貪『打虎』的政治決心，不會危及習近平、王岐山的地位，相反將更加堅定『打老虎』的意志……」

　　10 日，《東方日報》引用消息表示，北京已將捉拿令完成列為首要任務，由政法委書記孟建柱指揮，迄今已派遣近百名情報、外交、遊說人員赴美與美方交涉，並查找令完成下落。

3 月 13 日，最高法院發言人孫軍工表示，周永康、令計劃案將公開審判，不排斥直播。17 日開始，王岐山即將訪美的消息熱傳。

《金融時報》引詹姆士城基金會中國安全問題專家彼得‧馬蒂斯的話說：「如果這是王岐山做為中紀委負責人對美國進行正式訪問，那麼他此行的主要原因之一就是追捕外逃貪官和追繳外逃非法資金。」美國之音也提到，落馬的前大內總管令計劃胞弟令完成在逃美國。

王岐山或尋求美國支持

2015 年 3 月 20 日，海外媒體的論壇發表題為《王岐山訪美必有比抓令完成更大的事》一文。文章對此前外界報導王岐山訪美是為了引渡令完成表達了不同的看法。文章認為，王岐山訪美為了「獵狐行動」只不過是個幌子。

文章分析，王岐山是習近平最信任的人之一，是習在政治局常委內最堅定的盟友。美國沒有像中紀委這樣的機構，王岐山作為中紀委書記的身分訪美意義不大，因此，王岐山不僅僅是以中紀委書記的身分訪美。而王岐山如果作為習近平個人絕密的密使出訪美國，肯定有更加絕密的任務。

文章稱，王岐山曾任主管金融和商務的中共副總理，期間有機會參與美、中戰略經濟對話，在美國擁有人脈。因此王岐山有機會跟美國政府高級別官員見面。奧巴馬或將破例接見這位習近平的最高盟友，兩人之間必有絕密交流。

文章分析，中共每有關鍵時刻都有「拜碼頭」的習慣。此次習近平讓王岐山去得到奧巴馬對習政權的支持，意味著一旦得到美國人的同意和認可，2015 年，習、王的反腐將馬上進入決戰階段，很可能有非常重要的中共人物將落馬，習、王動手活捉「虎王」很可能血雨腥風。2015 年必有大事即將發生，那個「虎王」是誰，相信大家應能猜到。

分析：王岐山訪美兩個更重要議題

時政評論員史達表示，這次王岐山訪美不那麼單純，他可能作為習近平的特使訪美，將與美國商談除令完成和貪官以外的更為重大的兩個議題。

第一個議題是如何處理「周、徐、薄、令」新四人幫，以及徹底解決其幕後黑老大江澤民的問題。

史達稱，習、江鬥中，習近平應該得到了美國的鼎力相助。當年王立軍夜奔成都美領館後，習近平訪美期間，美國很可能向習透露了不利於薄熙來和周永康的確鑿證據，包括政變計畫和器官黑幕等。習近平在徹底解決江派和江澤民的問題上，需要與美國深度溝通，期待美國某種程度上的默契和配合，甚至給出善意的承諾。

第二個議題是關於「周永康涉及大陸器官移植黑幕」的問題。

2015 年 3 月 15 日，中共原衛生部副部長黃潔夫在鳳凰衛視指證周永康涉器官移植黑幕。

史達稱，活摘器官這件事涉及到人類的道德底線。王岐山少不了要與美國溝通，如何釋放「活摘器官」這個重磅「道德核彈」所發出的衝擊波，包括把這件事全部歸罪於周永康為首的新四人幫或江澤民本人的可能性和布署等問題。

外界關注，習近平在拿下江澤民死黨徐才厚和周永康後，2015年針對江澤民集團的「打虎」正不斷升級，並密集發出鎖定曾慶紅和江澤民的信號。

跡象顯示，江澤民集團的核心人物、江澤民的頭號心腹曾慶紅，或成為即將落馬的「巨虎」。

時政評論員夏小強表示，習近平「打虎」的終極目標已鎖定江澤民，拿下曾慶紅將為拿下江澤民掃清最後的障礙。

第二節

王岐山訪美談引渡真實內幕
涉血腥大案

　　2015 年王岐山訪美的目的，明面上人們說中美雙方交涉的議題是關於貪官的引渡，不過實際交涉的議題內容恐怕比這血腥。

追逃貪官只是能拿到檯面上說的目的

　　2015 年 3 月，英國《金融時報》曝出王岐山將訪美磋商引渡外逃貪官的消息，5 月，海外媒體報導稱王岐山的訪美行程已被推遲，但未說明具體原因。7 月，《爭鳴》報導相關內情，稱王岐山訪美計畫引發了中共在美潛伏特工的大分崩，分別忠於習近平與江澤民的人馬頻頻交手暗戰激烈，連部分美國政商界人士也被捲入，導致王岐山在多方考慮後推遲原定計畫。

　　報導說，王岐山訪美本以追逃為主要項目，涉及到中美之間的非引渡處理，即繞開無引渡條約的困難，將一些外逃貪官經由移民違法甄別，先逐出美國，再由中方以接人方式介入。據指，該消息不但在中共黨內引起強烈反響，也激起早已分化在美的中共情報人員全都開始行動。

報導引述來自內幕的消息表示，習王新掌控的那部分特工力量開始積極搜集在美貪官的更詳細信息，包括貪腐資產洗白後的投資合夥情況，重點是美國合夥人的選舉傾向及黨派背景。而被江澤民集團控制的一部分特工則反其道行之，一直想方設法給前者設置障礙與困難，甚至不惜在暗中以情報交易的方式換取美國合夥人的合作，利用美國法律的空子，引導政府相關勢力介入，雙方一直暗戰不已。

報導還稱，美國司法部以大摩（摩根史丹利，Morgan Stanley）為重點的調查就是後者極力活動的結果。由於王岐山處境長期從事金融工作，與「大摩」也有著長期的溝通關係，美司法部調取大摩相關資料自然會涉及王。儘管這只是美國內政，並且也只是美國法律下的正常行為，但其在外交上卻可能產生負面的影響。因此，王岐山在綜合考慮多方因素後，決定推遲此次訪美的時間。

不過，美國普林斯頓大學社會學博士、轉型問題學者程曉農不同意此看法。美國政府對摩根大通銀行的調查 2013 年 8 月就開始了，調查目的是，該銀行僱用中共高官子女，是否幫助該行獲得有關中國的業務、違反了《美國反海外腐敗法》。而王岐山提出訪美是 2015 年的事，說明他並不擔心此案調查的深入會牽涉到他本人。而且有關引渡的事，涉及各州獨立的司法機關，連總統也不能干預司法，所以王岐山想達成的是一個不可能完成的任務。

　　王岐山訪美真的只是為了引渡貪官嗎？是否在引渡的背後，還有無法公開而又必須與美國密談的事呢？讓我們整理下那段事件突發的事件，就不難看出，習近平派王岐山去美國，最想談的是由黃潔夫公開的周永康活摘器官罪行的處理問題。

黃潔夫爆周永康是活摘主要凶手

3 月 15 日，中共兩會一結束，鳳凰衛視播出黃潔夫受訪時傳遞一個驚人的信息：周永康就是中國器官移植黑幕的主要直接凶手。（視頻截圖）

　　在 2015 年 6 月 25 日出街銷售的第 434 期《新紀元》周刊，總結了在習近平與江澤民的激烈交鋒中，周永康案經歷了馬上就要重判到突然輕判的急轉過程，可謂「形勢急轉 輕判周永康 拉出了曾慶紅」。

　　周永康 2014 年 7 月 29 日被立案審查，4 個多月後的 12 月 6 日凌晨被開除黨籍，當時官方給周列出了七方面的罪行：嚴重「違紀」、巨額受賄、濫用職權、洩露機密、收受財物、通姦、權色錢色交易、其他犯罪線索。

　　人們都在猜測什麼是「其他罪行線索」，是薄熙來、周永康等人搞的政變？還是活摘器官的反人類罪行？

2015 年 3 月 15 日，中共兩會剛一結束，鳳凰衛視播出了對中共前衛生部副部長、器官移植界發言人黃潔夫的採訪，最初的標題為《黃潔夫：周永康落馬打破死囚器官移植利益鏈》，後來被改成了《黃潔夫：公民自願器官捐獻是陽光下的生命延續》。

採訪中黃潔夫說，是因為「打大老虎」的氛圍下，所以才有現在宣布取消死囚器官移植。當記者追問：「為什麼『打大老虎』就能把這個死囚器官這個事情推翻那？這個『大老虎』到底是指什麼人呢？」

黃潔夫回答：「太清楚了，周永康是『大老虎』，周永康是我們政法委書記，原來的政治局常委……那死囚器官的來源是從哪裡來的，不是很清晰了嗎？」他還稱，是在上一屆胡溫及這屆的習李的支持下，作出取消死囚器官移植的決定。

訪談中黃潔夫猶猶豫豫但最終還是清楚地傳遞了一個驚人的信息：周永康就是中國器官黑幕的主要直接凶手，這等於是中共官方變相第一次回應了《新紀元》等海外媒體幾年來的指控，等於點明了周永康的主要罪行就是反人類的強制摘取販賣器官罪。

黃潔夫是中國器官移植業的代言人，他本人就做了幾千例器官移植手術，對於中共非法活摘器官是知情人和參與者，他因此也被國際人權組織調查。美國華府中國專家季達分析說，就黃潔夫本人來說，他既沒有意願，也沒有膽量通過媒體去指證周永康涉及大陸器官移植黑幕，故此黃潔夫在鳳凰衛視的這一舉動，必然帶有高層背景因素，他不得不出面來做這個事情。

《新紀元》文章介紹了隨後十多天大陸媒體都在為重判周永康輿論造勢，比如 3 月 17 日傳出王岐山要訪美、3 月 19 日傳出栗戰書要訪問俄羅斯等。這兩個習近平左膀右臂的出訪，外界猜測是習要採取大行動之前的投石問路，先與美俄通報和協商，以便取得他們的支持。

此前，歐盟在 2013 年 12 月 12 日通過緊急決議，強烈譴責中共活摘法輪功學員器官，而且美國國會也通過議案，譴責中共活摘人類器官、謀取暴利。分析認為，為了給國際社會一個答覆，習近平很可能交出周永康，以平息國際社會的憤怒，同時也與江派切割。

曾慶紅派郭文貴叫囂反擊致形勢轉

直到 2015 年 3 月 29 日，官方的很多動靜仍在暗示習近平將重判周永康。然而，4 月 3 日官方宣布起訴周永康時，罪名卻只剩下無關緊要的 3 條貪腐了，活摘、政變等罪行隻字未提。

是什麼促成了形勢急轉彎呢？《新紀元》文章曾分析說，從目前外界獲知的信息來看，造成急轉彎的主要事件發生在 3 月 29 日，原定參加香港基本法頒布 25 周年座談會的張德江，奇怪地沒有現身；相反在這一天，曾慶紅的爪牙郭文貴卻在海外對習陣營支持的財經網女老闆胡舒立發起了猛烈攻擊。

郭文貴宣稱王岐山的好友、同是太子黨出生的胡舒立，和北大方正老闆李友生下私生子李澤某。後來李友的弟弟出面承認孩子是他的，只是過繼給了李友。另外，孩子身分證上生日的當天，胡舒立還在一公共場所露面。但外界猜測，這孩子的父親也許和習陣營的某人有著特殊關係，否則郭文貴不會那麼猛烈的攻擊。

就如同 2012 年 10 月 26 日薄熙來落馬前出現的《紐約時報》報導溫家寶家族財富的風波一樣，無論是胡錦濤還是習近平，最害怕江派那種你死我活、魚死網破的亡命徒行動。

　　為了安撫和阻止江派幹出更加令習難堪，令中共更快滅亡的瘋狂行動，習近平也不得不像胡錦濤的京西賓館協議那樣，進一步妥協。於是從 3 月 29 日到 4 月 3 日的幾天內，習決定讓周永康案由重判變成了輕判。很快，原本高調叫囂的郭文貴也不吱聲了。

　　《新紀元》文章還分析習近平為何不得不妥協的其他原因，比如經濟下滑導致的政治危機，讓習、李、王不得不暫時放緩打虎力度，先渡過經濟難關；而隨後發生的大陸 A 股股災也從另一側面曝光了中國經濟的亂象。同時也有人說，留下周永康做活口，也是為日後給審判江澤民時做證人。

江派夥同令完成 拿國家機密要挾

　　結合 2015 年 7 月《爭鳴》報導稱王岐山訪美計畫引發中共在美潛伏特工的大分裂，江派特工拼命阻止的是習近平公布活摘器官案。其實早在 2012 年 2 月 6 日重慶公安局長王立軍出逃美國在成都領事館時，美國就拿到了中共活摘法輪功學員器官的更多證據；而美國在 2006 年就專門修改了入境簽證中的罪行申報，把是否參與活摘器官悄悄加了進去。

　　令計劃長期擔任中共中央辦公廳主任這一核心職務，有媒體說他「偷盜機密文件」，不過，這話說得不太專業，其實那些文件就是令計劃起草和制定的，一切都在他的控制下，不存在偷盜的問題，只是違規處置文件而已。

　　據說令計劃將 2700 多份中辦機密文件交給弟弟令完成帶到了美國，想以此來要挾習近平。為此，習派出很多外交、國安人員去美國「拆除炸彈」，勸令完成回國配合調查，並承諾從輕發落令計劃。

7 月 20 日，就在江澤民開始鎮壓法輪功 16 年的官方敏感日，令計劃被開除黨籍和公職，移送司法審判，有人說，這標誌著對令完成的勸說與協商失敗。

北京沒有在周永康案上公布活摘器官真相，於是王岐山推遲訪美，但器官案是北京的心腹大患，是遲早必須解決的棘手問題。不難猜測，在不久的某個時候，王岐山還會就器官案訪美。

第三節

習訪美前夕四連擊 布署倒江

就在大陸暴發股災與維權律師被捕之際，習近平的 9 月訪美之行備受外界矚目。中國問題專家認為，習在訪美前夕四度連擊江澤民集團，意在向美展示自己實權在握。同時，還有多項習訪美期間可能觸及的重大布署也在醞釀之中，包括經濟、政治和軍事等多個層面。

習 9 月訪美引發江澤民集團恐慌

2015 年 2 月 11 日，中共官媒新華社報導，習近平應約同美國總統奧巴馬通電話。奧巴馬邀請習近平 2015 年 9 月結合出席聯合國成立 70 周年紀念活動對美國進行國事訪問，習接受了邀請。

美國白宮也證實了習近平 9 月的訪美消息。白宮的聲明表示，奧巴馬在電話中呼籲北京採取「迅速行動」，拉近中美在網路議題上的分歧。習近平則在電話中表示，希望美方重視中方在台灣、涉藏等問題上的關切，防止中美關係受到不必要的干擾。

就在習近平訪美的消息確認後，江派成員紛紛露面。

3 月 22 日下午 1 點半左右，學習粉絲團發微博消息稱：「（李）長春現身婺源景區，是來看菜花嗎？」。3 月 25 日，學習粉絲團的微博再發消息稱：上午 10 點 17 分，「吳邦國現身婺源，看油菜花……」。

李長春和吳邦國此舉被指為江派站台。因為江澤民的祖籍就在江西婺源縣江灣村。2001 年 5 月，江澤民曾去婺源並題字「江灣」。

3 月 31 日，江派前常委賈慶林在貴州侗族大歌之鄉小黃高調現身，當地官員發微博稱，「全村千人盛裝迎接」。賈此舉被指違反「習八條」出行從簡的規定。

4 月 2 日上午，吳邦國夫婦在江西省部分官員的陪同下到真如禪寺，該寺方丈純聞大和尚接待了吳邦國一行。吳邦國並為真如禪寺題字「雲居勝境」，被指是挑釁「習八條」、挺江澤民。

外界觀察認為，由於習近平訪美期間或將與美國達成某些默契，其中很可能涉及如何清算江澤民集團罪惡的議題，故引起江派人馬的極大恐慌。

習當局速判周永康

吳邦國在真如禪寺露面題字後的隔日，4 月 3 日上午，中共前政法委書記周永康被天津檢方以「涉嫌受賄、濫用職權、故意洩露國家祕密」三宗罪提起公訴。

周永康被公訴的三宗罪少於官方 2014 年通報周案時提及的「六宗罪」。而周永康案的核心罪行——政變與活摘器官在起訴書中被掩蓋。

4 月 26 日是清華大學 104 周年校慶日。胡錦濤低調露面，「見字不見人」。而據清華大學新聞網報導，清華校慶期間，另一名清華校友、前中紀委書記吳官正也到訪清華，參加母校校慶活動。

5 月 6 日，賈慶林到國家博物館參觀書畫作品等。6 月 8 日，賈慶林又到國家博物館參觀「大道周口——王學嶺詩文書作展」和「伏爾加河迴響——特列恰科夫畫廊巡迴畫派精品展」。

6 月 12 日，賈慶林露面的消息被中共官媒及新浪等陸媒多家網站高調轉載，之前 5 月初賈的露面也是如此。

5 月前後，海外一些媒體曾放出「打虎放緩」論說：習近平、王岐山的反腐在黨內遭到阻擊，不會再進一步推進，周永康後台江澤民、曾慶紅受清算的機會不大。

分析認為，很可能就是為了打破這種「反腐剎車論」，習近平當局加速了對周永康案的處理，以此警告江派各路人馬。

6 月 11 日，中共官媒通報，天津市第一中級法院當天對周永康受賄、濫用職權、故意洩露國家祕密案進行了一審宣判，周永康被判處無期徒刑。

報導還稱，周永康被庭審的時間是在 5 月 22 日，當時，天津市第一中級法院對周永康案進行了不公開審理。

外界分析，周永康被免死輕判，或因其認罪並供出江澤民、曾慶紅。時評人士陳破空早前表示，周永康若判死緩，等於留下活口，為隨時拿下江澤民及其家族，留下重要人證。

江、曾家族被指製造大陸股災

周永康剛剛被判處無期徒刑，大陸股市就出了問題。

6 月 15 日，滬指早盤高開低走，盤中震盪走低跳水近 1% 逼近 5100 點；收盤報 5062.99 點，跌 103.36 點，跌幅 2.00%。

當時報導稱，證監會有意批准國泰君安證券在習近平生日（6 月 15 日）當天上市。大陸股市盛傳，這是中國證監會特別選定的股票，寓意「國泰君安」，向習獻禮賀壽。

接下來，大陸股市接連暴跌，在一個月內，上證指數下跌了 26.6%，其間最深跌幅達到 34.86%。A 股的總市值蒸發掉了 20 萬億元。

從 7 月 4 日開始，習李當局全力救市，但依然阻止不了大陸股市的持續暴跌。7 月 8 日，習近平當局火力全開，共推出了「17 道權杖」救市。

7 月 9 日上午，中共公安部副部長孟慶豐帶隊到證監會，會同證監會排查惡意賣空股票與股指的線索，以顯示監管部門要出重拳打擊違法、違規行為的動作。

在央行、國資委、財政部等多部門託市下，再加上公安的介入，7 月 9 日，股市反彈。至收盤，滬指漲 5.76%，回到 3700 點。其餘指數也有上漲。

對於這次股災，7 月 2 日，網上傳出消息稱，「現在是江澤民、曾慶紅兩個家族在做空，這是一個政治博弈，習總會用盡各種手段的。」

消息稱，「他們（指江澤民和曾慶紅）兩家集合了幾萬億在搞。」消息還稱，「上面給出的時間點是 8 月 15 日前解決所有問題。」

另有傳聞稱，江曾的勢力想借股市反制習，拉下劉鶴等習近平的智囊，或防止習近平羽翼豐滿，甚至阻止習進一步反貪。「北戴河會議前對壘的山頭攤牌，有人想利用經濟問題反制習。」

江派再生毒計 打壓大陸維權律師

7月9日凌晨，中共警方突然綁架大陸維權王宇律師全家。隨後，中共警方開始針對大陸維權律師進行大規模鎮壓。

據最新統計，截至7月21日，涉及24個省份，至少242名律師、律師事務所人員和人權活動人士被刑拘、帶走、失聯、約談、傳喚、短期限制人身自由。

中共警方的這一行動震驚國內外，7月11日，美國白宮網站出現一份請願書，要求美國政府取消習近平9月的訪美之行。

7月12日，美國國務院發言人譴責中共拘押人權捍衛者，並強烈督促中共釋放最近所有因維護中國公民權益而被拘押的人士。

中共警方在7月9日開始打壓維權律師，而當天正是中共公安部副部長孟慶豐帶隊到證監會，調查惡意做空。這個巧合令外界感到蹊蹺。

分析認為，如果江派勢力真的暗中策劃了這次股災，習近平當局此舉顯然會扭轉股市暴跌局面，導致江派無法繼續攪亂股市，江派或許因此試圖開闢「第二戰場」——大肆打壓大陸維權律師，從而讓習近平在國際社會難堪，最終達到阻止習近平訪美的目的。

2013 年，習近平訪美期間，江澤民集團也曾策劃過類似的事件。

2013 年 6 月 5 日，美國中情局前僱員斯諾登突然出逃香港，隨後媒體爆出美國的「稜鏡計畫」內幕，指稱美國國家安全局在全球範圍大規模監控電子郵件，引發世界譁然。江派媒體大肆炒作斯諾登事件，借此掀起反美情緒。

2013 年 7 月，《亞洲周刊》撰文曝光，斯諾登此前的直接僱主博思艾倫為美國情報機構最大的外包商，其背後財團為凱雷投資。而凱雷投資與中共高層後代關係密切，包括江派常委劉雲山的兒子劉樂飛和江澤民的孫子江志成。

外界據此分析認為，江澤民集團在幕後策劃了斯諾登逃亡事件，藉此給習近平外訪造成難堪。

習當局在「7．20」公布令計劃案

江澤民集團的做法顯然激怒了習近平。很快，習近平開始接連還擊。

7 月 20 日 22 時 53 分，中共官媒新華網報導，中共全國政協原副主席、統戰部原部長令計劃被以涉嫌受賄罪立案偵查，並被逮捕。該案件正在偵查中。

通報列舉令計劃「違反黨的政治紀律、政治規矩」、收受巨額賄賂、獲取大量「黨和國家大量核心機密」、與多名女性通姦等罪名。通報還稱，調查中還發現令計劃其他涉嫌犯罪線索。

7 月 20 日 23 時 28 分，新華網轉載光明網評論文章稱，從周永康、徐才厚、蘇榮到令計劃等「大老虎」被查處表明，反腐敗沒有禁區、特區、盲區，沒有「鐵帽子王」。「不管涉及什麼人，不論權力大小、職位高低，只要觸犯黨紀國法，都要嚴懲不貸。」

7月20日是江澤民集團製造的中共「敏感日」。1999年7月20日，江澤民公開非法鎮壓法輪功。時至今年7月20日，這場迫害已經持續16年。

令計劃雖然不是江澤民集團的核心人物，但也曾深度參與迫害法輪功。2012年9月1日，令計劃接替江派杜青林，出任中共統戰部部長。

令計劃上任後，中共統戰部加強向海外輸出迫害法輪功政策，在台灣、香港、美國，受統戰部控制的特務組織對法輪功的打壓變本加厲，甚至給出國訪問的習近平製造難堪。

2014年7月19日，習近平訪問阿根廷，中共雇用福建同鄉會的打手阻擋法輪功學員的請願活動，並當著世界新聞記者的面毆打法輪功學員，阿根廷警方逮捕了現場組織襲擊法輪功女學員的一名中領館官員。

1999年6月10日是中共專職迫害法輪功的「610辦公室」成立的日子。而2015年的6月11日，周永康被判無期徒刑，正好是「610敏感日」的第二天。

外界因此視令計劃案為周永康案的延伸，認為習近平當局在釋放清算江澤民「血債幫」的信號。

習秒殺周本順 破北戴河政變陰謀

2015年7月24日傍晚，中紀委官網通報，中共河北省委書記周本順正在接受調查。

周本順是習近平上台後第一個被調查的在職省委書記，其落馬引起海內外媒體的廣泛關注和解讀。

7 月 28 日，前香港《文匯報》記者姜維平刊文披露，周本順在被查處的前半年，祕密起草了一份《河北政情通報》由現任河北省委常委、政法委書記張越直接呈送給曾慶紅，並進而轉呈江澤民。

文章引述消息人士說，這份《河北政情通報》是由周本順授意，張越一手操辦，組織人力撰寫的。他把所有責任和問題全部歸咎於中共中央，推到了習、王反腐的頭上，應和了江、曾的口味，他們看到這份報告後，認為這是北戴河會議向習王發難的一顆「重型核彈」。而這份提前外洩的報告，也幾乎同時擺上習近平和江澤民的案頭。

文章還說，因此曾慶紅親自出面，多次表示保護和支持周本順、張越等人。但河北另一些對立派認為，江、曾、周本順和張越等人，是顛倒黑白，混淆視聽。

文章最後說，周本順的被抓，說明習近平、王岐山沒有絲毫妥協，「河北幫」炮製「政治核彈」變「臭彈」，已揭示了後台的面紗，下一步，貪腐的總根子，不拔也無法向世人交代，假如抓捕了江澤民和曾慶紅，中國的政局就將大變。

現居美國的海外著名民運人士、前「六四」學生、民主大學校長唐柏橋則曝料，周本順和令計劃曾經都在湖南大學商學院管理工程專業讀碩士，關係非常深。而周本順同時又是周永康的鐵桿心腹。2012 年 3 月 18 日的北京「法拉利事件」以後，實際上是周本順的牽線讓周永康跟令計劃聯盟。

習當局拋出郭伯雄 鎖定江澤民

7月30日22時，新華網報導，郭伯雄被開除黨籍處分，並被移送軍事檢察機關。

據通報，2015年4月9日，北京當局決定對郭伯雄進行調查。經查，郭伯雄利用職務便利，為他人謀取職務晉升等方面利益，直接或通過家人收受賄賂，涉嫌受賄犯罪，情節嚴重，影響惡劣。

郭伯雄落馬一小時後，7月30日23時11分，大陸財新網發表長文《郭伯雄沉浮》，起底郭伯雄自47軍發跡的過程，點名江澤民。

報導稱，1990年7月，郭伯雄出任陸軍第47集團軍軍長。第一站就來到號稱是蘭州軍區第一團的步兵第139師第415團。郭伯雄對全團二百多名將官講話，「他說要把415團的紅一連建成時任軍委主席江澤民五句話統領的免建團。」

時政評論員謝天奇認為，親習近平陣營的財新網迅速推出起底郭伯雄的長文，顯然是有備而來。其中最大的信號是披露郭伯雄拍馬江澤民而獲得一路高升的細節，並直接點名江澤民。這暗示習近平當局已鎖定郭伯雄的後台江澤民。

7月31日零時17分，新華網轉載《人民日報》評論員文章稱，查處郭伯雄，體現了習近平的反腐決心。反腐不是「權宜之計」，也不搞「適可而止」。「絕不姑息、絕不手軟，誰都不能心存僥倖心理，誰都不要指望法外開恩」。

習當局正醞釀多項布署

2015 年 5 月 1 日起，大陸法院開始實行立案登記制，大陸法輪功學員迅速掀起向中共最高法院和最高檢察院控告迫害法輪功的元凶江澤民的浪潮。

據明慧網報導，從 5 月底到 7 月 30 日，明慧網已收到總數 12 萬 125 名（99155 案例）法輪功學員及家屬遞交給中共最高檢察院、法院、公安部等相關部門的訴訟狀副本。

海外法新社、澳洲聯合新聞社、加拿大《太陽報》、英國《每日郵報》、以色列第七頻道等近 30 家全球主流媒體紛紛報導控告江澤民大潮，引發國際關注。

法國大律師威廉‧布赫冬接受採訪時表示，國際社會合作在中國以外起訴江澤民是可行的；他本人十分願意接手此類案件，並做好了與各國律師合作的準備。

另外，6 月 20 日，追查迫害法輪功國際組織（簡稱：追查國際）發布最新公告稱，大量證據證明：活摘法輪功學員器官是江澤民親自下令的全國性的群體滅絕大屠殺。

僅因活摘取器官而被殺戮的法輪功學員的最低數量超過 200 萬人。這是一場對普通民眾的群體滅絕性國家行為。江澤民集團涉嫌犯下了群體滅絕罪、反人類罪。

美國華府中國問題專家季達認為，習近平 2015 年 9 月訪美，會涉及很多大問題，包括「一路一帶」的推行、人民幣貶值問題以及美元加息問題等。而如果美國政府公布中共活摘器官的內幕，則美國民眾一定會要求美國政府對中共進行制裁，對江澤民罪行的國際審判也會提上日程。

季達表示，要解決這些問題的難度很大，美國人覺得習近平搞不下去。習近平在最近兩個月之內，鐵腕清洗江派勢力，接連處理了 4 隻大老虎，以此向美國人展示他大權在握，進而推動更多重大布署的醞釀。

王岐山布陣 19 大

第十六章

王岐山的去與留

按中共官場政治局常委「七上八下」的潛規矩，王岐山到中共 19 大時需退下。不過習近平上台後已打破潛規矩「刑不上常委」，處置了周永康。繼而出台中共官員「能上能下」新規，為王的連任清除障礙。王岐山在 19 大後的去留備受關注。

（AFP）

第一節

大變在即
推薦《舊制度與大革命》

王岐山推薦書 掀「法國大革命」解讀熱

在 2012 年的中國，100 多年前探討「法國大革命」起源的一本書大熱，尤其在新任中共紀委書記王岐山公開推薦之後，該書在各大網路書店銷售一空。洛陽紙貴，媒體爭相採訪專家評論，各大網站並設了專題討論，堪稱中國現代奇異的「法國大革命熱」現象。

王岐山 2012 年 11 月 30 日在主持召開反腐座談會時，向與會的八名學者推薦《舊制度與大革命》一書。王岐山稱，「我們現在很多的學者看的是後資本主義時期的書，應該看一下前期的東西，希望大家看一下《舊制度與大革命》。」

其實在更早時，這本書已經在中國高校中、民間研究人士的言談中成為「時尚」。很多學者在此之前一兩年，就已經將它作為重要書目，在網上與公眾分享。先是有經濟學家傳言，在一個主管經濟工作的高層領導桌上，發現有這本書；後是地產大老任志強在微博裡提到，央行副行長易綱推薦大家閱讀這本書，認為該書有助於反思中國的文革。

「法國大革命」的慘烈

法國貴族托克維爾 19 世紀撰寫的《舊制度與大革命》，是探討 1789 年至 1799 年的法國大革命的起因。托克維爾提出，路易十六的統治要比路易十四寬鬆得多，人們也覺得自由得多，甚至該時期還是法國最繁榮時期，並已開始改革，可是偏偏爆發了大革命。

他的另一本更著名的書《論美國民主》引人深思，在西方各國走入民主的過程中，為何唯獨法國大革命來得慘烈？據維基百科數據，自 1791 年至 1794 年，巴黎設置斷頭台，被斬首的「反革命」分子達 6 萬至 7 萬人之多。

托克維爾提出一個重要觀點，革命的發生並非總來自人們的處境越來越壞。最經常的情況是，一向毫無怨言、彷彿若無其事地忍受著最難以忍受的法律的人民，一旦法律的壓力減輕，他們就會爆發。

這種「法國大革命熱」是否反映了中共高層的某種共識？中國也有著類似「法國大革命」的前兆？

黨媒直指中國現狀類似法國大革命前夜

2013 年 1 月 18 日，大陸官媒《人民日報》海外版報導，當前中國社會背景複雜和社會矛盾激化的處境，與法國大革命時期有某種相似性：中國與大革命前的法國都處於最繁榮的時期，催促了人們權利意識的覺醒和敏感，對特權、腐敗、不公正的容忍度更低。而《舊制度與大改革》這本書能帶來一些啟示。

報導說，事實上，在革命來臨之前，法國政府已開始進行改革，然而，「最危險的時刻通常就是開始改革的時刻」。一向毫無怨言忍受著最難以忍受的法律的人民，一旦法律的壓力減輕，他們就會猛力拋棄舊體制。

報導說，毫無疑問，中國改革已進入深水區，改革風險很大，但不改革風險更大。改革勢必會遭到特殊利益集團的阻礙，尤其那些依靠權力尋租、依賴特權致富的人群。但是停滯、不改革、忽視社會公平正義，只會增加群眾的不滿，甚至使社會陷入動盪的危險境地。

《人民日報》公開承認中共的「改革」正處於兩難，舉步維艱的境地。

外媒：習近平稍不慎會被炸得粉身碎骨

外界對中共的「改革」也多有評論。《紐約時報》發表資深媒體人西堯的文章表示，王岐山向全黨推薦《舊制度和大革命》一書，正是中共對局面強烈不安和焦慮的流露，也是中共第五代對當前改革局勢憂慮所在。

托克維爾在《舊制度與大革命》中提到的「經濟的繁榮加速了革命的到來」，無疑是中共當前的噩夢。改革一定程度上已經變成了「排雷」，在目前中共體制內，由妥協換取穩定的空間已經日益逼窄，力度拿捏稍有不慎，就會被炸得粉身碎骨。

文章表示，過去十年，眾多事關社會整體利益的改革幾乎變成官僚體制內部的閉門分肥，民眾對這種改革已經演變出反感和抵制，強烈暗示改革的社會凝聚力和共識正在大面積坍塌。

《華爾街日報》則評論，在維持改革和保守主義之間微妙的平衡時，習近平可能將發現，他真正的敵人不是那些呼籲更大限度開放和自由的人，而是他的同事小圈子。

文章認為，在過去，保守派廢黜那些不願意鎮壓親民主力量的最高領導人。因此，由於習近平對異議人士的政治軟弱，他可能同樣面臨著被強硬派趕下台的風險，中共面臨分崩瓦解。

《南周》事件激起的震盪

2013 年新年伊始，《南周》的新年獻辭《中國夢 憲政夢》被廣東宣傳部長庹震刪改事件，引發《南周》職工的強烈抗議，全國各界聲援，震動中南海。

當局作出妥協。事發風口上的《南周》總編輯黃燦或被撤職。1 月 20 日，香港《南華早報》援引接近廣東省政府的消息人士稱，南方傳媒集團副總編輯王更輝接替於 2009 年任職的黃燦，出任《南周》新任總編輯。

而中心人物庹震，香港《動向》雜誌透露，事發之初，胡春華為避免誘發體制內改革力量的反感，曾迅速設計了「送庹震回北京」的對策。文章稱，胡春華經請示政治局由中組部操作，將其三度共事的河北官員劉可為調往廣東，打算接替庹震任廣東宣傳部長。

　　日媒報導，習近平在中南海會議上，評論劉雲山的處理手法是「一系列的措施，加劇混亂。難道不是越壓越亂嗎？」報導稱，習還決定除去廣東宣傳部長庹震的職務。

　　「《南周》事件」雖然暫時平息，但中國人民要求「言論自由」的呼聲越來越高漲。當今中國，不論是高層官員，或底層的工人農民，或中層的教師公務員等，幾乎沒有人對現狀滿意，都在呼籲變革；不管哪個領域「官方醜聞」一曝光，網上一呼百應，瞬間掀起風暴，官方不得不很快妥協處理民怨太大的事件。

王、薄事件引發中南海海嘯 民怨沸騰已久

　　自 2012 年 2 月爆發王立軍、薄熙來事件後，引發中南海政治海嘯。中共上層的政治黑箱如潘朵拉盒子被打開，像好萊塢肥皂劇，叛逃、追捕、放毒、謀殺、焚屍、政變等一幕幕，紛呈於國家高層的舞台上，展現給老百姓看，其殘忍、無恥、無德等惡劣本質令人膛目結舌，讓中國民眾對中共徹底絕望。

　　據民眾統計，僅 2013 年 1 月 21 日，中國各地共有 30 起群體事件發生。自 1 月 20 日開始，連續兩日，廣州越秀區 400 多名環衛工人集會罷工，要求提高工資；河北省秦皇島市文化北路市政府門口，市民堵路示威；廣州市越秀區數百環衛工人連續兩天罷工，在人民公園集會要求加薪；天津市衛國道武警指揮學院門口，拆遷戶堵路維權；浙江省樂清市政府門口，市民集會維權……

　　此外還有：1 月 18 日，逾千名上海日資神明電機公司的工人進行大罷工，抗議該公司強推 49 條「霸王條款」，工人包圍了

廠區，並軟禁了 10 多名日本籍及中國籍的管理層人員；18 日，三亞市鳳凰鎮林家村村民抗議政府強挖數千座祖墳和偷走屍骨，村民維權上訪無果，數百村民上街堵路；1 月 12 日晚因醫患糾紛，湖北荊州市監利縣發生大規模警民衝突事件。數千民眾和警察「激戰」，憤怒的民眾將警車掀翻……

中共歷來變革失敗 民心盡失

這當中，哪一個事件都可能引爆更大的風波。華府中國問題專家石藏山此前表示，「南周事件」會加快觸發中國更大規模、不同版本的南周事件，而習、李是走在「南周」的鋼絲上試圖平衡，難免會「擦槍走火」。

半個世紀以來，中共執政發起的各種「剿民」運動，造成中國民眾冤魂千千萬。民眾失望已久。鄧小平曾經在毛澤東暴政後打算重拾民心，包括大平反、政治上放鬆箝制、經濟政策開放等。然而自「六四」後，更加嚴厲的打壓異議人士，經濟改革養肥了一幫紅色貴族。

石藏山認為，中共不可能迴避和繞開已經犯下的罪惡，已經沒有機會了，「擊鼓傳花」到誰手上，若不主動解體中共、清算罪惡，就會作為中共向人民贖罪的總代表。

在中共這個體制中，歷來的總書記什麼變革也做不成，下場也很慘。從早期的陳獨秀，到近期的胡耀邦、趙紫陽。胡、趙兩人因念鄧小平的恩，而放棄了「拋棄邪惡中共、改變中國」的機會，結果自己被廢黜。趙被軟禁之際，甚至萌發「退黨」的意願。

對照前蘇聯的崩潰，前蘇共總書記戈巴契夫也是從「保黨」

的願望出發，改革最先從道德及意識形態領域的開放討論開始，然而卻觸發了共產黨體制的徹底崩潰，沒有一個「凝聚民心的道德力量」支持他的所謂改革。

因此，在中共體制內的「改革」，已沒有人相信會給中國帶來希望和光明。

大變在即 如何選擇

18 大後，中共高層的江胡鬥延續到江習鬥。《大紀元》曾報導，法輪功問題是中國最核心的問題，也是江胡鬥以及江習鬥的核心所在。由於鎮壓法輪功，江澤民與很多高層人士意見分歧，造成中共內部分崩離析。而江澤民恐懼被清算，退而不休，安插親信在高層，維持巨大資源鎮壓法輪功，並延伸至異議人士、藏人、新疆人等，誰上台都無法正常執政。

石藏山說，現在若再不布署安排逮捕江澤民、主動解體中共，通過「《南周》事件」顯示，局勢會更加激烈動盪，江派和薄黨殘餘一定會更加沒有道德底線地「出牌」來挑戰民意，屆時火山爆發，再分辨真假「黃四郎」對民眾也已經沒有意義了，錯過了一個主動贖罪的機會，真假黃四郎對民眾來說已不重要，會統統隨中共一起被清算和殲滅。

托克維爾一書的啓示

一、意想不到的爆發

法國大革命被西方認為是迄今為止最激烈的革命，在它爆發前夜，沒有任何人能夠提前洞察到它必然降臨於世。就連被托克維爾認為是大革命先行者和代理者的德國弗里德里希大帝，在大革命迫近時，也沒有辨認出來；而歐洲其他國家的君主和大臣們，普遍認為革命只不過是一場周期性疾病，是一次轉瞬即逝的地方性事件。

「他們的準備可謂面面俱到，唯獨沒有料到即將發生的事情。」即使在革命結束之後，革命呈現出來的各種清晰可見的後果，也沒有讓人們得以準確地把握到革命何以爆發的因素。托克維爾對此寫道：「偉大的革命一旦成功，便使產生革命的原因消失，革命由於本身的成功，反而變得不可理解了。」

二、革命的發生並非因民不聊生

一般認為，革命爆發無外乎國王獨裁專制，政府腐敗，苛捐雜稅，民不聊生；老百姓活不下去了才起來鬧革命。然而法國不是這麼回事。路易十六統治時期是舊君主制最繁榮時期。

托克維爾的判斷是：革命的發生並非因為人們的處境越來越壞。最經常的情況是，一向毫無怨言彷彿若無其事地忍受著最難以忍受的法律的人民，一旦法律的壓力減輕，他們就將它猛力拋棄。流弊被消除，使得人們更容易覺察尚存的其他流弊；痛苦的確已經減輕，但是感覺卻更加敏銳。

此前人們對未來無所期望，現在人們對未來無所畏懼，一心朝著新事物奔去。伴隨著社會繁榮，國家財產和私人財產從未如此緊密混合。國家財政管理不善在很長時間內僅僅是公共劣跡之一，這時卻成了千家萬戶的私人災難。

三、對舊體制的仇恨 引發最大動盪

托克維爾說：「經驗告訴我們，對於一個壞政府來說，最危險的時刻通常就是它開始改革的時刻，國民明顯地走向革命。」

托克維爾描述，「每個人都在自己的環境中焦慮興奮，努力改變處境：追求更好的東西是普遍現象；但這是一種令人焦慮憂傷的追求，引人去詛咒過去，夢想一種與眼前現實完全相反的情況」，最終造成了前所未有的最大的動盪和最可怕的混亂。

四、革命引來拿破崙新獨裁

通常人們認為革命開天闢地，迎來一個更好的社會。但法國在舊制度的廢墟上建立起了更加專制和強大的中央政權，雖然革命後的專制制度比舊的專制制度更合邏輯，更加平等，也更加全面。

托克維爾認為，這是從羅馬帝國崩潰以來，世界上還沒有過一個與此相似的政權。中央集權專制作為舊制度的遺產，在大革命以後則又得到前所未有的發展，最後在拿破崙帝國中達到頂峰。

《大革命》之後 王再讀《公正》

2013 年 4 月，與習近平、王岐山關係密切的大陸傳媒《Lens 視覺》雜誌曝光了中國遼寧馬三家勞教所酷刑虐待被勞教人員的罪惡。事件引起社會輿論的強烈抨擊與發酵之際，大陸各大網站的相關轉載卻被刪除，微博也開始刪帖，種種跡象突顯中共高層

分裂。有港媒報導，哈佛大學名著《公正》目前是中共中南海高層的熱點書籍，傳王岐山正在看此書。

報導馬三家勞教黑幕的新聞在 4 月 7 日出現後，全數被刪除。4 月 10 日，習近平突然放出對中共鐵道部原部長、黨組書記也是江派的劉志軍案提起公訴的消息，警告意味濃厚。官方《人民日報》在 4 月 10 日，卻發表了已故中共元老陳雲的兒子、著名太子黨陳元「重溫」江澤民言論的文章。第二天，就傳出陳元將被解除國家開發銀行行長職務的消息。

繼《舊制度與大革命》後，據傳，王岐山開始閱讀哈佛大學名著《公正》。香港《亞洲周刊》報導，《公正》也是中南海高層的熱點書籍。

當時，大陸地產大亨華遠集團董事長任志強透露，據說《公正》是王岐山正在看的書，王岐山讀這本書的意思，就是要在「兩難」之間找一個選擇點。

社會矛盾激化 再不改就「革命」

2012 年 11 月 30 日，王岐山在主持召開反腐座談會時，向與會的八位學者推薦《舊制度與大革命》一書。2012 年的中國，100 多年前探討「法國大革命」起源的一本書大熱，特別是在王岐山公開推薦之後，該書在各大網路書店很快斷貨，洛陽紙貴，媒體爭相採訪專家評論，各大網站並設了專題討論。

任志強接受《人物》雜誌採訪時表示，為什麼高層都在看《舊制度與大革命》，是因為他們認識到了再不改就是「革命」。

托克維爾在《舊制度與大革命》一書中發現歷史上的大革命

並非發生在貧窮時期，而是發生在經濟成長並帶來社會兩極分化之後。這種時刻，各階層矛盾激化，社會底層的民眾特別容易把憤懑轉變為戰火。

《舊制度與大革命》描寫大革命前法國的社會衝突及其發展過程，若去掉「法國」兩字，彷彿是如今中國社會的寫照。在中國，多年累積下來的多種社會矛盾越來越激化，沸騰的民怨猶如烈火乾柴一觸即發，罷工、討薪等群體事件風起雲湧。有時連一起交通事故也能觸發數千人抗議。

馬三家勞教所黑幕被習、王拋出

2013 年 4 月 7 日晚，大陸媒體《Lens》視覺雜誌《走出馬三家》的報導突然被大陸各大門戶網站高調推出，以《還原女子勞教所真實生態：坐老虎凳縛死人床》或《揭祕遼寧馬三家女子勞教所：坐老虎凳綁死人床強制孕婦勞動》等標題轉載。

親歷者還原了這座女子勞教所內的種種非人內幕。勞教人員遭到廉價勞作、體罰、蹲小號、被電擊、上「大掛」、坐「老虎凳」、縛「死人床」……等刑罰；還有女勞教人員在懷孕情況下，仍被強制勞教。

事件觸發國際媒體及大陸民眾對關押在馬三家勞教所的大量法輪功學員遭遇酷刑、性侵犯、活摘器官等駭人罪惡的強烈關注。

此文雖觸碰大陸媒體以往的報導禁忌，深度刻劃了馬三家的惡行，但文中有意過濾了關於馬三家勞教所黑幕中最關鍵的部分——受酷刑者大多為法輪功學員。

《財經》雜誌與習近平和王岐山關係密切，2013 年一直有步驟地幫著習近平陣營推出「廢除勞教制度」的文章和揭露江家幫的驚人腐敗鏈，直搗江澤民的死穴——勞教所，事件引發中共負責宣傳的常委江派劉雲山等人的極大恐懼。

從江澤民時期開始，許多的罪惡都發生在勞教所，或與勞教所有關聯，廢除勞教實際在「撬動」江派的「根基」。中國一切問題的核心是迫害法輪功問題，勞教所黑幕涉及江澤民流氓集團的罪惡核心，公開勞教所黑幕，是再次點了江澤民的死穴。

就在遼寧馬三家勞教所酷刑虐待罪惡黑幕曝光一文在中國及國際社會發酵之際，4月8日，大陸各大網站的轉載即被刪除，微博也開始刪帖，突顯中共高層分裂。

1月7日，中共政法委書記孟建柱在中共政法會議上宣布，中共將報請全國人大常委會批准後，2013年停止使用勞教制度。消息引起外界強烈關注，然而很快新華網、中共央視、《人民日報》上的相關新聞被迅速刪除。

此類連續兩次對勞教進行相關報導和刪除的行為實屬罕見，反映出中共高層分裂已經相當嚴重，中共七常委之間，並非如他們所營造的那麼「團結」。

《公正》是哈佛累計聽課人數最多的課程

《公正》一書的作者係哈佛大學教授、政治哲學家邁克爾·桑德爾（Michael J. Sandel），該書從「何為公正」的關懷出發，關注當代複雜問題，探討自由至上主義、市場與道德等，講述個人、政府以及社會組織在尋求公正和平衡的過程中應扮演的角色。此書是哈佛歷史上累計聽課人數最多的課程。

第二節

王岐山退休後誰來接班？

2015 年 2 月 7 日上午，新春團拜會上，王岐山發表退休相關言論，引起外界的紛紛解讀。有的認為王岐山是在暗示將加速打「大老虎」，有的認為習近平的親信栗戰書會接王岐山的班。眾說紛紜，令其成為一椿懸案。

王岐山談退休 兩種解讀

據港媒報導，2 月 7 日上午，出席中共紀檢監察系統退休官員新年團拜會的王岐山對在場的退休官員說：「今天的你們就是明天的我，我這個歲數也很快到老幹部的隊伍了，如果不是因為職務的原因，我現在就應該在你們其中，如果我是局長的話，我應該退休很多年了，如果我是副部長、部長的話，我也應該退休了。」

　　1948 年生的王岐山到中共 19 大時將是 69 歲。按中共官場政治局常委「七上八下」的規則，即 68 歲及以上年齡者在換屆時不擔任或者連任常委，2 年後政治局常委換屆時王岐山也得退下。

　　被稱為習近平的「清道夫」的王岐山真會退休嗎？《中國密報》的評論稱，王岐山去留的最大變數在於習近平是否會改變包括「七上八下」在內的中共規則，王岐山公開說退休，可能是政治試探。

　　不過，2 月 19 日香港東網的評論則稱，王岐山擔任過國有銀行高管、海南省委書記、北京市長、國務院副總理等職，並不戀棧官場。王岐山的退休言論，可能是釋放要在餘留任期將繼續窮追猛打老虎的訊號。中紀委曾發表文章稱，留給「老虎」的時間不多了。這或正反映王岐山的「心聲」，在餘下的兩年時間裡，要全力圍殲老虎。

　　該媒體還提到，臨近過年這幾天，中紀委公布，7 名省部級以上貪官被集中處理。2 月 16 日全國政協副主席蘇榮被雙開，浙江省政協前副主席斯鑫良涉貪被查。2 月 17 日廣東省政協前主席朱明國、山東省委常委兼濟南書記王敏及山西省委常委兼太原書記陳川平被雙開，而江西省政協副主席許愛民則被開除黨籍並從副部級降至副處級。

　　時政評論人士夏小強表示，習近平、王岐山針對江澤民集團展開的反腐「打虎」行動，已經進入到關鍵的節點。近期不斷興論造勢，釋放信號顯示已把「打虎」最終目標鎖定為中共前黨魁江澤民。王岐山暗示下屆將要退休的言論，釋放出其在任內將全殲江澤民集團、拿下江澤民的信息。

　　時政評論人士唐靖遠也認為，如果在今後的兩年裡，不能拿下「老老虎」江澤民，王岐山退休，將無異於反腐半途而廢；他主動提到關於退休的話題，「一則是針對退休幹部應景，二則恐怕也不無暗示的意味，即拔掉最大的老虎江澤民，很可能會在其任期內完成。」

港媒：王岐山反腐具四大個人因素

港媒《東方日報》2015 年 2 月 13 日報導稱，中紀委書記王岐山在紀檢監察系統新年「團拜會」上表示，因年齡問題可能不再延任，對此很多官員固然大鬆一口氣，但也有很多人擔心，反腐可能因人廢事，因中共上下難以找到能接棒王岐山之人。

報導稱，中共 18 大之後，王岐山之所以能全力反腐「打虎」，是因其具有四大因素。第一是他曾任多項職務，在中共官場是「異類」，而且王岐山沒有孩子，既無給子女謀福利的壓力，也沒有被子女坑爹的可能，更不怕別人要脅利誘。

第二個因素是習近平的鼎力支持。在反腐「打虎」中，王岐山開路，習近平則是總導演。習王兩人默契配合。

第三個因素是王岐山是元老姚依林的女婿，具有紅二代的政治優勢。第四個因素是王岐山的手段靈活，被外界形容為「救火隊長」。

報導稱，從某種意義上說，習近平當局的反腐行動帶有王岐山很強的個人色彩。問題是王岐山的年紀已偏大，按照政治局常委「七上八下」的潛規則，王岐山在下屆將退休，屆時誰能接替王岐山反腐呢？如果中途換人，反腐很可能半途而廢，因而該媒體認為王岐山應該留任。

外界看好的接班人選：栗戰書和趙樂際

《東方日報》署名柳扶風的評論分析，對習陣營而言，目前反貪腐形勢依然嚴峻複雜、貪腐存量仍多，增量未減，從上到下的大量貪腐朋黨團伙還沒有被清理乾淨。

王岐山的退休問題之所以引發高度關注，柳扶風認為，是因為很多人覺得如果王岐山卸任中共中紀委書記，現在的反貪腐能最終搞成什麼樣子、能堅持多久令人堪虞。

更現實的問題是，誰能接替王岐山？縱觀這一屆的中共政治局，鮮有合適繼任人選。

作為中紀委書記的人選必須當過中共政治局委員，中共黨政方面要有完整資歷。那麼，接班王岐山的人選只能從現屆中共政治局委員中，年齡不超過 67 歲的人中產生。

符合以上條件的有：王滬寧、劉奇葆、許其亮、孫春蘭、孫政才、李源潮、汪洋、張春賢、趙樂際、胡春華、栗戰書、韓正。

評論認為，看以上一行人似乎人選眾多，但加上必不可少的其他條件，沾上邊的大概只有栗戰書和趙樂際。尤其看好栗戰書，因為此人是習近平的「政治髮小」、親信、關係深厚、大內總管、中央書記處書記。

曾任陝西省委書記，現任中共中組部部長趙樂際被認為是團派大員、18 大上的熱門人物，與胡錦濤、習近平都保持著良好的關係，曾被胡錦濤指定為重點培植的人選。

據說，趙樂際的父親是習近平父親的朋友、下屬，所以趙樂際和習近平算是世交，所以受習近平的倚重。

汪洋可能成為接班人選

不過，觀察人士分析，曾經在中共 18 大前被認為是中紀委書記人選的汪洋，可能是一熱門人選，也具備接班的條件。汪洋雖然被認為是團派的重要成員，但中共 18 大後，也同時被習近平所信任和重用。另外，汪洋一向以中共黨內改革派的形象出現，在廣東打擊江系也不遺餘力，這些都會給汪洋加上不少分數。

文章說，按照中共「套路」，王岐山之後的中紀委書記只能從現任政治局委員中年齡合適者去找，大致算來有十多名。最具可能性和得到習近平信任的，有中央組織部部長趙樂際、中央辦公廳主任栗戰書等。文章最後反問，會不會有「冷門」，如副總理汪洋呢？

此前據報導，汪洋是胡錦濤團派的得力成員，也是打擊中共前黨魁江澤民人馬的主要人物。汪洋在任廣東省委書記時，與江系人馬、政變主角之一的前重慶市委書記薄熙來針鋒相對，並清洗了大量江派人馬。

江派媒體針對王岐山

2015 年 1 月中旬，被指江系的「明鏡網」發表獨家消息稱中共國安部副部長邱進被中紀委帶走調查，同時稱邱進因為向外人披露王岐山婚外情和貪腐，得罪和激怒王。但此獨家沒有任何細節，而近年來，在習江鬥中，這類放風的輿論戰一直沒有中斷過。

2 月 13 日，英國廣播公司（BBC）報導，2015 年 1 月，開始有海外媒體報導，身為中共國安部副部長的邱進也因為與周永康關係密切已被中紀委調查。BBC 對於這個獨家消息的內容是否來自於江系「明鏡網」，未予回應。

明鏡網的《明鏡郵報》1 月 18 日獨家報導：北京政界人士透露，中共國安部副部長邱進前天，16 日，被中紀委帶走。一位消息人士對明鏡網透露：「邱進被調查，是得罪了某位現任政治局常委，向外界透露了這位常委有婚外情，以及貪污腐敗等『謠言』，激怒了某常委。」

《明鏡郵報》此消息稱，邱進是團派重要成員，1978 年進入中國人民大學黨史系學習，畢業後進入共青團中央學校部，後為副處長，並擔任中共全國學生聯合會副祕書長，當時正是胡錦濤、王兆國、劉延東、李克強、李源潮等人主政團中央期間。

而後，同屬明鏡網旗下的《調查》雜誌文章直接點名王岐山：「知情消息人士透露說，邱進的確差點被抓起來，但不是因為間諜案，而是得罪了王岐山，向外界透露了王岐山有婚外情，以及貪污腐敗等『謠言』，激怒了王，等等。」

2 月 13 日的 BBC 文章表示，「不過，此次《人民日報》發表了邱進撰寫的長篇文章，顯然是專門為他『闢謠』的舉動，因為在此之前，很少會有國安部高級官員公開發表文章或出席公開活動。」

習近平將打破兩大潛規則？

習近平上台以來頻頻打破中共潛規則，尤其是查辦周永康打破「刑不上常委」的潛規則。也有消息稱，中共換屆時習近平將打破「七上八下」的潛規則。港媒分析，中共的執政模式或面臨大變。

習近平上任以來，在反腐運動中打掉大批江派高官，同時不斷有集權動作來架空江派常委，先後成立了「深改小組」、「國安委」、「財經領導小組」、「網路安全和信息化」等 10 多個重要小組，習近平兼任這 10 多個中央領導小組組長和主席。

《明報》2015 年 6 月 21 日的文章分析，有政治學者曾替中共執政總結出「四化五制」模式，其中一化為「高層制度化」。「高層制度化」包括常委新老雙層制、高層集體領導制、梯隊接班制、條塊代表制和軍委主席制。習近平上任後，至少高層集體領導制、梯隊接班制已經失效，19 大上且看新老雙層制還會不會有，看來中共的執政模式也面臨大變。

下屆常委人選頻傳　政治格局或還有變化

外界頻傳中共下屆常委的人事信息。香港《經濟日報》6 月 19 日報導稱，汪洋可能將在 19 大上成為政治局常委，接替張高麗擔任第一副總理。《新紀元》此前也獲悉，汪洋和栗戰書將在 19 大進入常委。現任常委王岐山幹完本屆將是 69 歲，按照中共「七上八下」的潛規則，必須退休。

習近平拿下周永康已經打破了中共內部「常委不得立案調查」的潛規則。港媒曾援引消息人士報導，中共「七上八下」規則的性質與「刑不上常委」一樣，僅屬某次政治局常委會議決議。如今常委的「免死金牌」已被習近平廢除，這個「七上八下」的意在套在政敵頭上的緊箍咒他不敢廢？

該消息人士認為，王岐山幾乎可以肯定延任下一屆常委，因為習近平反貪大戰不能沒有王，無人可以替代。

「18大」常委九變七 政法委書記不入常

2012 年中共「18 大」前，爆發重慶事件，胡錦濤、習近平聯手將政治局常委人數從 9 人減為 7 人。18 大周永康離任，政治局委員孟建柱接任中共中央政法委書記，此前周永康以常委身分任中央政法委書記。18 大的安排意味著中央政法委被降格，即政法委被削權。

隨著周永康出局，其掌控長達 10 年的中央政法系統內幕被逐步擺上檯面，血腥黑幕令人怵目驚心。

時事評論員李林一表示，從現在的局勢來看，習近平大權在手，廢掉中共一些潛規則也是有這個可能性，但中共 19 大可能還有其他的因素，所以現在討論所謂 19 大並沒有多少意義。

第三節

習提「能上能下」
留任王岐山

習近平幹部任用新規，掃除了中共中紀委書記王岐山留任的障礙，同時為打擊江派人馬開闢了新途。（Getty Images）

2015 年 7 月 23 日，有消息稱，中共高層北戴河會議將有重要人事安排。據海外中文媒體披露，習近平將讓能發揮重要輔助作用的官員變通留任，其中包括王岐山和劉源，而重慶市長黃奇帆據說也可能是人選之一。

據北京消息人士透露，習近平打算採取不拘一格的辦法，讓一些年齡踏界的高官，變通留任。這些人中，包括習近平的「鐵搭檔」、中紀委書記王岐山，還有劉少奇的兒子劉源，另外重慶市長黃奇帆也可能是人選之一。

因為此輪中國股市崩盤式震盪，習近平迫切需要懂金融的高官，幫助打理中國的金融經濟，黃奇帆被外界看好。黃奇帆先後在賀國強、黃鎮東、汪洋、薄熙來、張德江、孫政才等六任重慶市委書記手下當市長，可謂八面玲瓏。

等到了 7 月 28 日，據中共官媒報導，中共中央辦公廳印發了《推進領導幹部能上能下若干規定（試行）》，要求各地區各部門遵照執行。《規定》共分 19 條，詳細規定了中共官員「能上能下」，被問責（內含 5 小條），不適宜擔任現職需調整崗位、調離、降職、免職（內含 10 小條），留任條件等。

對於官員，如具有以下條件者，必須「下去」：1）到齡免職（退休）；2）任期屆滿；3）問責處理；4）不適宜擔任現職幹部；5）因健康原因，無法正常履行工作職責一年以上的；6）「違紀違法免職」的官員等。

但《規定》第五條規定：幹部達到任職年齡界限或者退休年齡界限的，應當辦理免職（退休）手續。確因工作需要而延遲免職（退休）的，應當按照幹部管理許可權，由黨委（黨組）研究提出意見，報上一級黨組織同意。

按照中共正省部級官員 65 歲退休線，一批中共黨政軍高官將在 2016 年達到退休年限，如同為太子黨、與習近平關係密切的劉源，到中共 19 大時，將年滿 66 歲。根據中共正國級換屆「七上八下」潛規則，政治局常委 67 歲可以連任，68 歲要離任的要求，中紀委書記、習近平的重要反腐、「打虎」幹將王岐山將屆滿 69 歲。

時政評論員方林達表示，在中共 18 屆五中全會、19 大前夕，習近平當局出台中共官員「能上能下」新規，可謂「一箭雙雕」，不但掃清了王岐山連任的障礙，而且為問責江派成員、包括江派常委張高麗、劉雲山、張德江在任內可能被免職提供了新的途徑。

方林達認為，代表江澤民勢力的三名政治局常委張德江、劉雲山和張高麗是習近平反腐「打虎」的主要阻力，按照中共原有的政治運行規則，很難利用組織程式讓政治局常委下台。但是，新規打破了不能讓政治局常委下台的局限，為日後江派三常委的下台做出了程式和法規方面的準備和鋪墊。

另外，北京消息人士也向媒體透露，習近平打算採取不拘一格的辦法，讓年齡踏界的高官，變通留任。包括習近平的「鐵搭檔」、中紀委書記王岐山，劉少奇之子劉源等。

此前，港媒也曾援引消息人士稱，王岐山幾乎可以肯定延任下一屆常委，因為習近平反貪大戰不能沒有王，無人可以替代。因為他身為「準紅二代」，又能指揮得動紀、公、檢、法系統一眾驕橫官員。

中國大變動系列 **036**

王岐山布陣19大

作者：王淨文 / 季達。**執行編輯**：張淑華 / 黃采文 / 韋拓。**美術編輯**：吳姿瑤。**出版**：新紀元周刊出版社有限公司。**地址**：香港荃灣白田壩街5-21號嘉力工業中心B座3樓25。**電話**：886-2-2949-3258 (台灣) 852-2730-2380 (香港)。**傳真**：886-2-2949-3250 (台灣) / 852-2399-0060 (香港)。**Email**:mag_service@epochtimes.com。**網址**: www.epochweekly.com。**香港發行**：田園書屋。**地址**：九龍旺角西洋菜街56號2樓。**電話**：852-2394-8863。**台灣發行**：高見文化行銷股份有限公司。**地址**：新北市樹林區佳園路二段70-1號。**電話**：886-2-2668-9005。**規格** ：21cm×14.8cm。**國際書號** ：ISBN978-988-13959-5-5。**定價** ：HK$128 / NT$450。**出版日期**：2015年9月。

新紀元
NEW EPOCH WEEKLY